KB267220

피지컬 AI가 온다

피지컬 AI 기술과
투자 지도

피지컬 AI가 온다 - 피지컬 AI 기술과 투자 지도

© 권군오 2026

1판 1쇄 인쇄_2026년 3월 10일
1판 1쇄 발행_2026년 3월 20일

지은이_권군오
펴낸이_홍정표
펴낸곳_글로벌콘텐츠
　　　　등록_제25100-2008-000024호

공급처_(주)글로벌콘텐츠출판그룹
　　　　대표_홍정표 이사_김미미 편집_백찬미 남혜인 홍명지 권군오 기획·마케팅_홍민지
　　　　주소_서울특별시 강동구 풍성로 87-6
　　　　전화_02) 488-3280 팩스_02) 488-3281
　　　　홈페이지_http://www.gcbook.co.kr
　　　　이메일_edit@gcbook.co.kr

값 25,000원
ISBN 979-11-5852-630-6 03320

피지컬 AI가 온다

권군오 지음

글로벌콘텐츠

Humanoid Robots

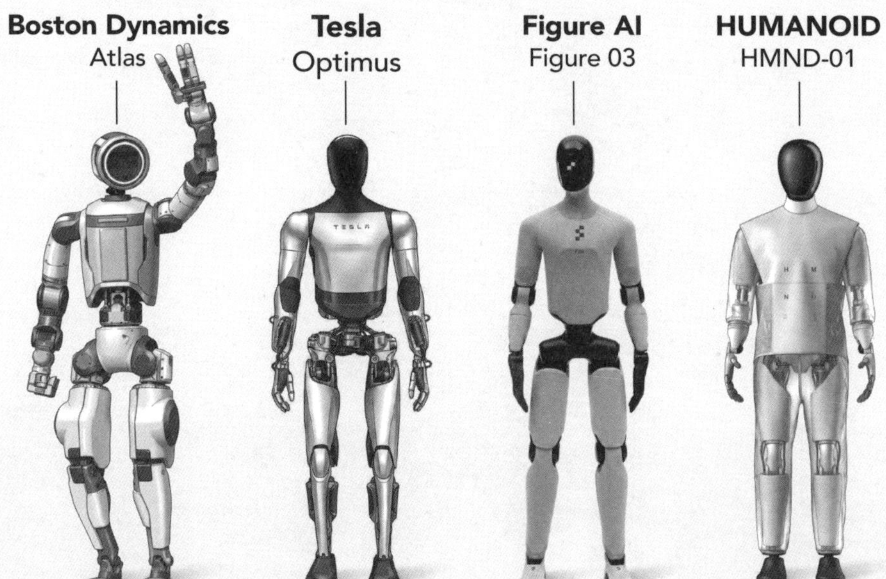

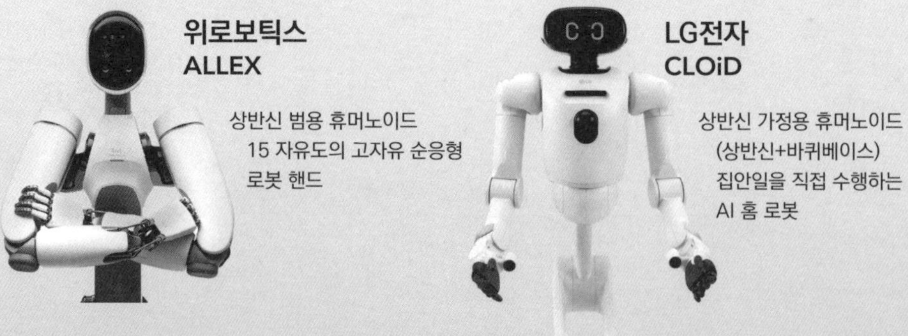

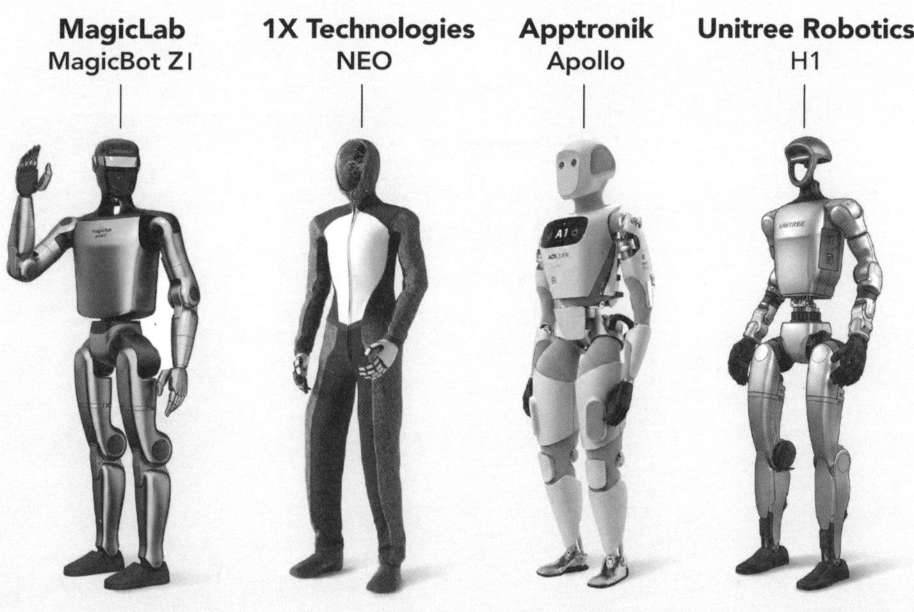

MagicLab
MagicBot Z1
1X Technologies
NEO
Apptronik
Apollo
Unitree Robotics
H1

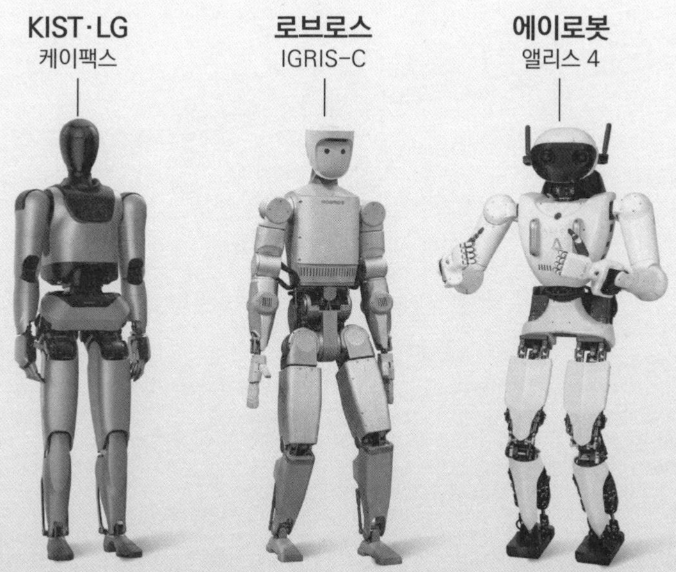

KIST·LG
케이팩스
로브로스
IGRIS-C
에이로봇
앨리스 4

피지컬 AI 테마주 열풍에
휩쓸리지 않고
진정한 밸류에이션을 찾아가는
피지컬 AI 투자 지도

서문

희망과 두려움이 공존하는
피지컬 AI

ChatGPT 이후 2년, 피지컬 AI의 본격화

2022년 11월, ChatGPT가 세상에 공개되며 인류가 AI를 바라보는 방식이 완전히 바뀌었다. 출시 두 달 만에 1억 사용자를 돌파한 이 챗봇은 생성형 AI 시대의 서막을 알렸다.

글로벌 생성형 AI 시장은 2022년 10억 달러에서 2024년 67억 달러로 급성장했고, 2027년에는 1,511억 달러(약 196조 원) 규모로 확대될 전망이다. 연평균 39.6%라는 경이로운 성장률은 AI가 단순한 기술 트렌드를 넘어 산업 전반을 재편하는 패러다임 전환임을 증명한다.

생성형 AI 열풍이 한창이던 순간, AI 업계는 다음 질문을 마주했다.

"화면 속에 갇힌 AI가 다음으로 갈 곳은 어디인가?" 답은 하나로 모였다. AI는 디지털 세계를 넘어 물리적 현실 세계로 나와야 했다. 텍스트 생성과 이미지 창작을 넘어, AI는 실제 세계에서 움직이고 작업을 수행해야 했다. 바로 이것이 피지컬 AI(Physical AI)의 시작이었다.

NVIDIA CEO 젠슨 황은 2025년 CES에서 "로보틱스의 ChatGPT 순간이 왔다"고 선언했다. "너무 오랫동안 AI는 모니터의 평평한 표면에 갇혀 있었다. 이제 우리는 피지컬 AI의 시대로 진입하고 있다"고 했다.

실제로 시장은 폭발적으로 반응했다. 2025년 미국의 피지컬 AI 스타트업은 150억 달러 이상의 투자를 유치했다. Jeff Bezos가 지원하는 Physical Intelligence는 2025년에 6억 달러를 조달했고, Figure AI는 시리즈 C에서 10억 달러를, Skild AI는 5억 달러를 조달했다. 글로벌 휴머노이드 시장 규모는 2033년 290억 달러까지 확대될 전망이다.

한국 휴머노이드 열풍의 역설 — 진짜를 만드는 곳은 소외되어 있다

CES 2026이 끝난 후 한국 증시는 들썩였다. Tesla Optimus와 Boston Dynamics의 Electric Atlas가 전 세계 화면을 뒤덮자, 한국 투자자들은 일제히 피지컬 AI 관련주로 달려갔다. 그 결과 레인보우로보틱스는 코스닥 시총 5위권에 올랐고, 두산로보틱스는 시총 6조 원대 중반을 기록했다.

그런데 이 두 회사의 주력 사업은 2족 보행 휴머노이드가 아닌 산업로봇·협동로봇이다. 한편 중소형주의 경우 회사 이름에 '로봇'이 있기만 하면 피지컬 AI 관련 주식으로 분류되어 주가가 치솟는 일이 벌어지고 있다.

정작 피지컬 AI의 주인공인 2족 보행 휴머노이드를 만들기 위해 고군분투해 온 기업들은 증시에 상장되어 있지 않아 이 열풍의 혜택을 받지 못한다. **로브로스**의 IGRIS-C는 IEEE-RAS Humanoids 2025에서 열린 2족 정적 장애물 회피 부문 경연에서 우승한 2족 보행 휴머노드이고, **에이로봇**의 앨리스 4는 자체 개발한 선형 액추에이터를 병렬로 적용해 에너지 효율과 내구성을 높인 휴머노이드다. KIST는 LG전자와 한국형 휴머노이드 케이팩스(KAPEX)를 공동 개발 중이고, **위로보틱스**의 알렉스(ALLEX)는 힘과 접촉까지 감지하는 상반신 휴머노이드다. 이들 모두 비상장사다(정부출연연구기관인 KIST 제외).

산업로봇·협동로봇 기업

고군분투해 온 휴머노이드 기업

자본시장의 파티는 열렸는데, 정작 파티의 주인공은 초대장을 받지 못했다. 시장이 열광하는 대상은 휴머노이드 로봇이지만, 그 수혜를 받는 기업은 휴머노이드와 거리가 먼 산업로봇·협동로봇 회사와 여기에 사용되는 부품을 만드는 회사이다.

물론 산업로봇·협동로봇과 휴머노이드 로봇이 겹치는 지점이 있지만 지금의 파티는 정도가 심하다. 산업로봇·협동로봇을 만들고 있는 곳이 휴머노이드 로봇을 만든다는 구체적인 로드맵이 없는 상태이며, 산업로봇·협동로봇에 사용되는 액추에이터 등의 부품이 휴머노이드 로봇에 곧바로 적용되는 것도 아니다.

투자자가 주목해야 할 이유

피지컬 AI는 단순한 기술 혁신이 아니라 수십조 달러 규모의 자본 이동을 촉발하는 경제적 대전환이다. 2025년 실리콘밸리 벤처캐피탈 투자의 93%(1,110억 달러)가 AI 관련 스타트업으로 흐르고 있으며, 이 중에서 피지컬 AI 섹터에 약 200억 달러의 자금이 투자되었다.

이 시장은 생성형 AI와 근본적으로 다른 투자 구조를 가진다. 생성형 AI는 SaaS 모델로 빠르게 수익화되지만, 피지컬 AI는 CAPEX(자본 지출) 산업에 OPEX(운영 비용) 부담이 더해진다.

시장의 승자는 2만 달러라는 인간-로봇 교체 임계점에서 이윤을 남기며 대량생산할 수 있는 기업이 될 것으로 예상된다. Tesla가 이 가격에 휴머노이드를 만들어낼 것이 유력하지만, 중국의 Unitree는 1만 3천 달러짜리 휴머노이드로 가격 경쟁을 촉발했다. NVIDIA는 '피지컬 AI의 인텔'

로 자리매김하며 칩부터 플랫폼까지 생태계 전체를 장악하고 있다. 한국은 세계 1위 로봇 밀도와 반도체·배터리 기술력을 보유했지만, AI 소프트웨어 역량이 약점이다.

투자자는 인프라(반도체, 센서), 플랫폼(VLA 모델, 시뮬레이션), 하드웨어(휴머노이드, 산업로봇), 응용(물류, 의료, 자율주행) 중에서 밸류체인의 어느 레이어에 베팅할 것인가를 결정해야 한다. 각 레이어는 서로 다른 리스크와 수익 구조를 가진다. 현재 밸류에이션이 고점인가, 시작점인가? 알 수 없다. 2026년 초의 로봇 관련주 랠리는 단순한 출발점일 뿐이다. 지금부터가 진짜 투자 기회다.

이 책의 구성

생성형 AI가 우리에게 대화하는 컴퓨터를 선사했다면, 피지컬 AI는 우리에게 일하는 로봇을 선사할 것이다. AI는 이제 몸을 가지고 공장 바닥을 걷고, 창고에서 물건을 옮기며, 도로를 달리고, 수술실에서 정밀한 작업을 수행할 것이다.

이 책은 그 전환의 한가운데에 서 있는 당신을 위한 안내서다. 피지컬 AI가 무엇인지, 어떻게 작동하는지, 누가 생태계를 만들고 있는지, 그리고 가장 중요하게는 투자자로서 어떻게 이 거대한 변화에서 기회를 포착할 것인지를 다룬다.

Part 1에서는 피지컬 AI의 기술적 본질을 탐구한다. 생성형 AI와의 차이, VLA 모델과 월드 모델, 강화학습의 작동 원리, 그리고 현 단계의 한계와 과제를 다룬다. 특히 AI 데이터센터의 전력 쇼크와 로봇 배터리의 3중 제약이라는 물리적 한계를 투자 관점에서 분석한다.

Part 2는 피지컬 AI 생태계의 거인들을 해부한다. NVIDIA의 Cosmos부터 Boston Dynamics Atlas, Tesla Optimus, 중국의 로봇 굴기까지, 누가 이 시장을 만들고 있는지, 각 기업의 전략과 경쟁 우위가 무엇인지 살펴본다.

Part 3은 피지컬 AI가 바꿀 미래를 그린다. 일자리 재편, 가정 속 로봇, 스마트 팩토리, AI 수술 로봇까지, 산업 현장의 구체적 변화와 경제적 임팩트를 제시한다.

Part 4는 대한민국의 기회와 도전을 집중 조명한다. 세계 1위 로봇 밀도, M.AX 얼라이언스를 통한 2030년 100조 원 부가가치 창출 프로젝트를 분석한다.

Part 5는 투자 실행 지도다. 미국과 한국 기업의 투자 기회, 재무제표 분석, 밸류에이션 평가, ETF 옵션, 리스크 관리, 그리고 보수적·공격적 투자자를 위한 포트폴리오 전략까지 구체적 실행 방안을 제시한다.

지금 당장 뭔가를 사고 싶은가?

"그래서 뭘 사야 되는데?"라는 질문이 당신 머릿속을 가득 채우고 있다면, 잠시 멈추시라.

지금 당장 종목 코드를 찾아 헤매는 순간, 당신은 이미 '피지컬 AI 테마주'라는 덫에 걸려들고 있는 것이다. 개인 투자자에게 테마주 열풍은 독을 품은 향수다. 잠깐의 향기에 취했다가 긴 시간의 회한만 남는다. 역사는 반복된다. 테마는 사라지지만 밸류는 남는다.

이 책은 종목을 알려주는 책이 아니다. 피지컬 AI 생태계의 밸류체인을 해부하고, 어디서 진짜 가치가 창출되는지 보는 눈을 기르는 책이다. 반도체 인프라부터 센서, 소프트웨어, 로봇 제조까지 이어지는 생태계를 이해하면, 당신은 더 이상 누군가의 추천에 휘둘리지도 않고 **'피지컬 AI 사업 진출'**이라는 공허한 보도자료에도 속지 않는다.

진정한 밸류에이션을 찾는 여정, 지금 함께 시작해보자.

차례

<table>
<tr><td>PART 1</td><td>몸을 가지게 된 AI</td></tr>
</table>

Chapter 1　휴머노이드 경쟁

Chapter 2　현실 세계에서 '행동'하는 AI

PART 2   피지컬 AI 생태계의 거인들

Chapter 9　피지컬 AI의 인프라

Chapter 10　센서와 인식 기술의 선두주자들

PART 3   **피지컬 AI가 바꿀 미래**

Chapter 20　투자 시 고려 사항

Chapter 21　투자 전략과 포트폴리오

PART 1

몸을 가지게 된 AI

"AI는 이제 콘텐츠를 넘어

현실 세계에서 행동하기 시작했다."

휴머노이드 경쟁

인류가 인간의 형상을 한 기계를 꿈꾼 역사는 놀라울 만큼 길다. 1495년경 레오나르도 다빈치는 갑옷을 입은 기사 형태의 인간형 자동 기계(로봇 기사) 설계도를 남겼다. 이것이 기록상 최초의 휴머노이드 로봇 구상으로 평가된다.

2024~2025년, 휴머노이드 로봇은 연구실의 데모를 넘어 산업 현장으로의 진입을 본격적으로 시도하기 시작했다. Tesla는 2022년 'AI Day'에서 Optimus 프로토타입을 처음 공개한 이후, 불과 2년 만에 공장 내 부품 분류 작업에 투입할 수 있는 수준으로 발전시켰다.

Figure AI는 OpenAI와의 협업을 통해 대규모 언어 모델을 로봇에 탑재하여 자연어 명령을 이해하고 수행하는 데모를 선보였고, 중국의 Unitree는 저가형 휴머노이드 G1을 약 1만 6천 달러라는 파격적인 가격에 내놓으며 시장의 판도를 뒤흔들었다. 휴머노이드 로봇이 더 이상 수십억 원짜리 연구 장비가 아니라 산업용 도구로 전환되기 시작한 것이다.

2026년 1월 라스베이거스에서 열린 CES 2026은 휴머노이드 로봇의 각축장이었다. Tesla의 Optimus, Boston Dynamics의 Electric Atlas, 중국의 Unitree G1까지 전 세계 로봇 제조사들이 자사의 최신 휴머노이드를 앞다투어 공개했다.

CES가 끝난 뒤에도 이 열기는 식지 않았고, 오히려 더욱 가속화되는 양상이다. 각 기업들은 로봇의 민첩성, 지능, 그리고 상용화 가능성을 놓고 치열한 기술 경쟁을 벌이고 있으며, 누가 먼저 시장을 선점하느냐가 향후 10년의 판도를 결정한다.

글로벌 휴머노이드 로봇 시장은 2033년까지 290억 달러 규모의 시장이 될 것으로 예측된다. 미국과 중국의 휴머노이드 로봇 경쟁이 한창이며, 우리나라의 휴머노이드 시장도 급격히 사이즈가 커질 것으로 전망된다.

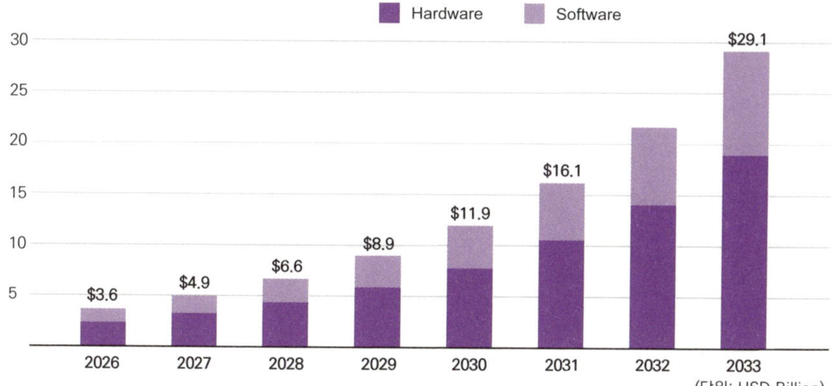

Tesla Optimus: 대량생산을 향한 머스크의 야심

Tesla의 Optimus는 일론 머스크가 추진하는 야심찬 프로젝트 중 하나다. 머스크는 "Optimus가 언젠가 Tesla 가치의 대부분을 차지할 것"이라고 공언했다. 전기차 회사가 로봇 회사로 변신한다는 구상이다. 2022년 AI Day에서 처음 공개된 후 불과 3년 만에 Gen 3까지 발전했다.

Optimus의 핵심 전략은 대량생산이다. Tesla는 전기차 제조로 쌓은 생산 기술을 로봇에 적용한다. 자동화된 공장, 수직 계열화, 규모의 경제를 통해 원가를 낮춘다. 목표 가격은 2만 달러다. 현재 대부분의 휴머노이드가 10만 달러 이상인 것을 고려하면 혁명적인 수준이다. 머스크는 "자동차보다 싸게 만들 수 있다"고 주장한다.

Tesla Optimus 세대별 비교

세대	발표 시기	주요 개선사항	무게	속도
Gen 1 (Prototype)	2022년 9월	최초 작동 모델	약 80kg	느린 보행
Gen 2	2023년 12월	무게 감소, 손 개선, 안정성 향상	약 73kg	시속 8km
Gen 3	2025년 10월	속도 증가, 배터리 개선, AI 강화	약 57kg	시속 10~12km

Tesla의 최신 휴머노이드 Optimus Gen 3는 2025년 공개되었다. 키 173cm, 무게 57kg으로 성인 남성과 비슷하다. 전체 40여 개의 몸 관절을 가지며 각 손에 22개의 자유도가 있어 섬세한 조작이 가능하다. 걷는 속도는

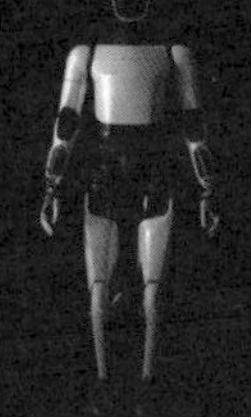

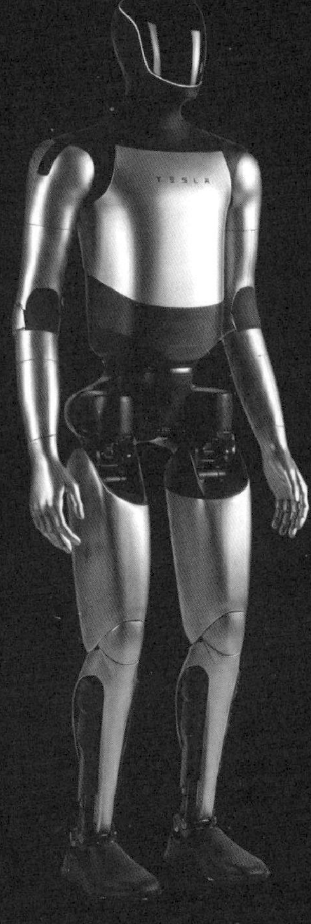

Tesla
Optimus Gen 3
▎옵티머스 Gen 3

키	몸무게	자유도(몸)	자유도(손)
173cm	**57**kg	**40+**DoF	**22**DoF

걷기 속도	작업 온도	컴퓨팅
10~12 km/h	**-15~45** °C(추정)	FSD(Full Self-Driving) v15 뉴럴 네트워크 아키텍처

배터리	이송 능력
2.3kWh 6~8시간	**20**kg 최대 무게 68kg

주요 특징

- **가벼운 무게** – 이전 세대 대비 22% 가벼워짐
- **인간 크기 설계** – 키 173cm
- **고자유도 손** – 각 손에 22개의 자유도, 정밀조작 가능, 촉각 센서로 물체를 세밀하게 다룸
- **긴 배터리 수명** – 5시간(8시간 동작 목표), 자율 충전
- **FSD 기반 AI** – 실시간 환경 인식과 자율 학습
- **정밀 조작 능력** – 텐던 시스템과 촉각 센서, 힘 토크 센터
- **대량 생산 준비** – 2027년 말 상용화 예정

시속 10~12km까지 가능하며 일반 작업에서 20kg, 최대 68kg의 물건을 들 수 있다. 배터리는 2.3kWh 용량으로 약 6~8시간 작동한다.

하드웨어는 Tesla의 자동차 기술을 활용한다. 액추에이터는 전기 모터 기반이며, 부품 일부는 Tesla의 전기차 Model 3·Model Y와 공통의 공급망·기술·공법을 공유한다. 이는 부품 단가를 낮추고 공급망을 단순화한다. 센서는 카메라 위주다. FSD*와 마찬가지로 라이다 없이 비전 AI만으로 환경을 인식한다. 머리에 8개, 몸통에 여러 개의 카메라가 장착되어 360도 시야를 확보한다.

AI는 Tesla의 최대 강점이다. 수백만 대의 Tesla 차량이 수집한 데이터를 로봇 학습에 활용한다. Dojo 슈퍼컴퓨터로 대규모 신경망을 학습시키며, FSD 개발 과정에서 쌓은 비전 AI, 경로 계획, 실시간 의사결정 기술이 Optimus에 적용된다.

Tesla는 Optimus를 자사 공장에 배치해 현장 실증을 진행하고 있다. Fremont와 Texas 공장에서 시범 운영 중이며 배터리 셀 운반, 부품 정리, 품질 검사 등을 담당한다. 머스크는 2026년까지 1,000대 이상을 자사 공장에 투입할 계획이라고 밝혔다. 이는 실전 테스트이자 홍보 효과도 있다.

외부 판매는 2027년부터 말부터 시작될 전망이다. 초기에는 기업용으로 제한하고 점차 일반 소비자에게 확대한다. 머스크는 "2030년대에는 누구나 집에 Optimus를 둘 수 있을 것"이라고 말했다. 빨래, 설거지, 청

Tesla Optimus 로봇의 생산 현장 실증 모습

소, 장보기 등 일상 가사를 로봇이 대신한다는 비전이다.

기술적 과제가 산적해 있다. 손재주는 여전히 부족하다. 복잡한 물건 조립이나 요리 같은 섬세한 작업은 아직 어렵다. 계단 오르기, 울퉁불퉁한 지면 걷기 등 이동 능력도 개선이 필요하다. 무엇보다 2만 달러 목표가가 실현 가능한지 의문이다.

그러나 Tesla의 실행력을 과소평가해서는 안 된다. 전기차 시장에서도 처음에는 회의론이 많았지만 Tesla는 증명해냈다. Optimus도 비슷한 경로를 밟을 수 있다. 핵심은 생산 규모다. 연간 수백만 대를 생산하면 단가가 급격히 떨어진다. 머스크는 "미래에는 사람보다 로봇이 더 많아질 것"이라며 시장 규모를 20조 달러로 전망한다.

Boston Dynamics Atlas: 휴머노이드의 페라리

Boston Dynamics는 휴머노이드 로봇의 대명사다. 1992년 MIT에서 분사하여 30년 이상 로봇 연구를 선도했다. YouTube에서 백플립을 하고 파쿠르를 하는 Atlas 영상은 수천만 조회수를 기록하며 전 세계를 놀라게 했다. 그러나 오랫동안 상업적 성공과는 거리가 멀었다. Google(Alphabet), Softbank를 거쳐 2021년 현대자동차그룹이 인수하면서 상용화에 본격적으로 나섰다.

2024년 Boston Dynamics는 완전히 새로운 전기식 Atlas를 공개했다. 기존 유압식 Atlas는 운동 성능은 뛰어났지만 시끄럽고 유지보수가 어려웠다. 전기식 Atlas는 조용하고 에너지 효율이 높으며 고장률이 낮다. 관절 구조도 혁신적이다. 사람처럼 움직이는 대신 더 효율적인 방식으로 설계되었다. 허리가 360도 회전하고 다리가 거꾸로 굽혀진다. 이는 사람이 못하는 동작을 가능하게 하여 작업 효율을 높인다.

현대차는 Boston Dynamics 인수 후 즉시 대규모 투자를 단행했다. 125조 원 규모의 로봇 투자 계획에 Atlas가 포함되어 있다. 현대차는 자동차 제조 경험을 바탕으로 Atlas의 양산 체계를 구축한다. 목표는 연간 3만 대 생산이다. 이는 Boston Dynamics 역사상 가장 큰 규모다.

Atlas는 2025년 10월부터 현대차의 미국 조지아주 사바나 EV 공장에서 부품 적재 작업을 테스트하고 있다. 2026년부터 본격 가동 예정인 RMAC(로봇 메타 애플리케이션 센터)는 Atlas 로봇을 실제 공장 환경과 유사한 가상·실제 혼합 환경에서 훈련·실증하는 용도로 사용할 예정이다.

Boston Dynamics
Electric Atlas

일렉트릭 아틀라스

키	몸무게	자유도(몸)	자유도(손)
190cm	**90**kg	**56**DoF	**7**DoF

걷기 속도	작업 온도	컴퓨팅
9km/h	**-20~40** °C	NVIDIA 기반 AI 프로세싱 실시간 환경인식, 자율 학습

배터리	이송 능력
3~3.7kWh(추정) 표준 4시간, 중량 2시간	**30**kg 순간 무게 50kg

주요 특징

- **다른 휴머노이드보다 무거운 무게** – 90kg(산업용)
- **고자유도 몸 구조** – 총 56 자유도, 관절 360도 회전 가능으로 인간 이상의 유연한 동작 구현
- **배터리 스왑** – 자율 배터리 교체로 24시간 연속 운영 가능
- **DeepMind AI 통합** – AI로 실시간 환경 인식, 짧은 시간 내에 작업 학습을 추구
- **최대 리치 2.3m** – 산업 환경 적합
- **손 교체 가능** – 탈부착으로 필요에 따라 손 재구성 가능
- **상용화 준비** – 2028년 현장 배치 시작, 2030년 배치 확대

Boston Dynamics의 Atlas가 사람의 동작을 학습하며 자재 정리 작업을 수행하는 모습

(출처: Boston Dynamics Press Kit)

가격은 공개되지 않았지만 업계 추정으로는 초기 모델이 10만~15만 달러 수준일 것으로 본다. 양산 규모가 늘면 5만 달러 이하로 내려올 수 있다. 이는 Tesla Optimus보다 비싸지만 운동 성능과 신뢰성에서 우위를 점한다. 프리미엄 시장을 공략하는 전략이다.

Boston Dynamics의 다른 로봇들도 중요하다. Spot은 네 발 달린 로봇으로 이미 상용화되어 건설 현장, 공장, 에너지 시설 등에서 순찰과 점검을 담당한다. Stretch는 물류 창고용 박스 하역 로봇으로, DHL과 마에스크(Maersk) 등 글로벌 물류 기업이 시범·상업 운영에 사용하고 있다.

AI 기술도 빠르게 발전하고 있다. Boston Dynamics는 전통적으로 제어 공학과 역학에 강했지만 AI는 상대적으로 약했다. 현대차가 인수 후 AI

팀을 대폭 강화했다. 강화학습, 컴퓨터 비전, 자연어 처리 전문가들을 영입하여 Atlas가 복잡한 작업을 스스로 학습하게 만들고 있다.

특히 시뮬레이션 환경에서 수백만 번의 시행착오를 거쳐 실제 로봇에 적용하는 '심-투-리얼(Sim-to-Real)' 기법은 학습 속도를 획기적으로 높이고 있다. 이를 통해 Atlas는 단순 반복 작업을 넘어, 예측 불가능한 환경에서도 스스로 판단하고 적응하는 수준으로 진화하고 있다.

Boston Dynamics의 4족 보행 로봇 스팟

과제도 있다. 배터리 시간이 짧다. 고강도 작업 시 2~3시간밖에 버티지 못한다. 손재주도 개선이 필요하다. 큰 물건 나르기는 잘하지만 작은 부품 조립 같은 정밀 작업은 아직 어렵다. 무엇보다 가격을 얼마나 낮출 수 있느냐가 대중화의 관건이다.

경쟁도 치열하다. Tesla, Figure AI, Agility 등이 빠르게 추격한다. 중국 기업들은 가격 공세를 펼친다. Boston Dynamics는 기술 우위를 유지하면서도 원가를 낮춰야 한다. 현대차의 제조 역량이 핵심 자산이다.

Figure AI: BMW 생산라인 실습을 마친 휴머노이드

Figure AI는 2022년 설립된 신생 기업이지만 빠르게 주목받고 있다. 창업자 Brett Adcock은 이전에 Archer Aviation(전기 수직이착륙기 개발)과 Vettery(채용 플랫폼)를 성공시킨 연쇄 창업가다. Figure AI는 설립 2년 만에 26억 달러 밸류에이션으로 6억 7천5백만 달러를 투자받았다. 투자자 명단이 화려하다. Microsoft, OpenAI, NVIDIA, Jeff Bezos, Intel Capital 등이 참여했다.

Figure 01은 2023년 공개된 첫 프로토타입이다. 키 170cm, 무게 60kg으로 비교적 가볍다. 손은 16개의 자유도를 가져 섬세한 조작이 가능하다. 5시간 작동하며 시속 4.8km로 걷는다. 2025년 공개된 Figure 03은 성능이 크게 개선되었다. 손이 더 정교해지고 AI가 강화되었다.

Figure 로봇은 "커피 한 잔 만들어줘" 같은 자연어 명령을 받아 커피를 만드는 데모를 시연했으며, 중간에 간단한 보정 지시까지 반영하는 수준의 인간-로봇 상호작용을 보여주었다. 다만, 이는 특정 환경·데이터로 제한된 데모 단계로서, 완전한 일반화보다는 향후 자연스러운 상호작용을 목표로 하는 기술 방향에 가깝다.

실제 배치 사례도 있다. BMW는 2024년 11월, Figure 02를 사우스캐롤라이나 공장에 시범 도입해 차체 부품을 운반하는 작업을 수행했다. 11개월간 1,250시간 이상 가동하며 9만 개 이상의 판금 부품을 교대당 99% 이상의 정확도로 적재했다는 점에서, 단순한 시범이 아닌 실질적인 양산 라인 투입으로 평가받는다.

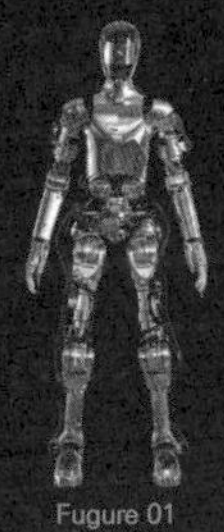

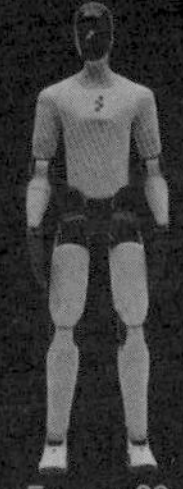

Fugure 01
2023년

Fugure 02
2024년

Fugure 03
2025년

Figure AI
Figure 03

▌피규어 03

키	몸무게	자유도(몸)	자유도(손)
168cm	**61**kg	**30**DoF	**20**DoF

걷기 속도	작업 온도	컴퓨팅
4.3km/h	**0~40**℃ (추정)	**Helix AI** Helix AI로 픽셀-to-액션 학습

배터리	이송 능력
2.3kWh 5시간 동작	**20**kg

주요 특징

- **인간 크기 설계** – 60kg, 168cm, 가정 환경 최적화
- **고정밀 손 감지** – 손끝 3g 촉각 센서, 팜 카메라 탑재로 섬세 조작
- **고속 비전 시스템** – 카메라 프레임 2배, 지연 1/4, 시야각 60% 확대
- **Helix VLA AI** – 비전-언어-행동 모델로 실시간 추론·학습
- **무선 충전 지원** – 2kW 발판 도킹, 5시간 런타임 지속 운영
- **말하기 상호작용** – 향상된 마이크·스피커로 자연어 지시 이해·응답

Figure AI의 전략은 빠른 반복 개발이다. 스타트업 특유의 민첩성으로 1년 안팎의 주기로 새 버전을 출시한다. 고객 피드백을 반영하여 문제점을 개선한다. 대기업보다 의사결정이 빠르고 리스크를 감수한다. 이는 빠르게 변하는 시장에서 경쟁 우위가 될 수 있다.

자체 AI 역량도 주목할 만하다. Figure AI는 자체 개발한 Helix AI를 로봇에 적용한다. Helix는 시각 정보와 언어 명령을 통합 처리하는 범용 로봇 지능 시스템으로, 외부 플랫폼에 의존하지 않고 Figure의 하드웨어에 최적화된 형태로 설계되었다. 이는 소프트웨어와 하드웨어의 긴밀한 통합을 가능하게 하며 기술 개발 속도를 크게 높인다.

Figure 03의 목표 가격은 명확하지 않지만 CEO인 Adcock은 "대량 생산 시 자동차 가격 수준"이라고 언급했다. 이는 2만~5만 달러 범위로 해석된다. 초기에는 기업용으로 판매하고 점차 가정용으로 확대한다는 계획이다.

과제는 생산 능력이다. Figure AI는 자체 대량 생산 시설인 BotQ를 구축하면서 양산 체계를 확보하고 있다. 다만 Tesla나 현대차 같은 대기업과 달리, 아직은 공장 인프라와 제조 경험 측면에서 규모의 경제와 노하우가 부족하다.

투자 관점에서 Figure AI는 아직 비상장이다. 일반 투자자는 접근하기 어렵다. IPO를 하면 큰 관심을 받을 것이다. 밸류에이션이 26억 달러인데 실적이 거의 없으므로 투기적 투자에 가깝다. 성공하면 10배 이상 성장할 수 있지만 실패 리스크도 크다. 벤처캐피탈이 베팅하는 하이리스크 하이리턴 종목이다.

Agility Robotics: 외모보다 실용성을 추구하는 휴머노이드

Agility Robotics는 오리건주립대학교 연구에서 파생된 스타트업이다. 2015년 설립되어 두 발 로봇 연구에 집중했다. 대표 제품 Digit는 독특한 외형을 가진다. 사람형이지만 머리가 없고 다리가 뒤로 굽어진 새처럼 생겼다. 이는 조류의 효율적인 이동 방식에서 영감을 받았다.

Digit의 강점은 실용성이다. 화려한 백플립 대신 묵묵히 일한다. 박스를 나르고 계단을 오르며 좁은 통로를 지나간다. 무게 중심이 낮아 안정적이고 넘어져도 스스로 일어선다. 배터리는 4시간 작동하며 충전 스테이션에서 자동으로 충전한다.

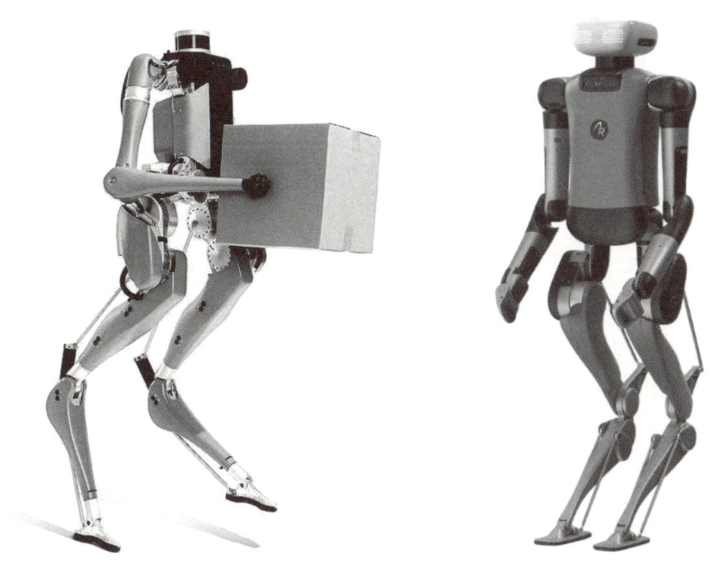

Agility Robotics의 실용적 로봇 Digit

Amazon은 Agility Robotics의 주요 투자자이자 고객이다. 2024년 Amazon 물류 센터에 Digit을 시범 배치했다. 빈 상자를 운반하고 선반에 물건을 정리하는 작업을 담당한다. 또한 Digit은 2026년 2월부터 도요타 자동차 캐나다(TMMC)의 온타리오주 우드스톡 공장에 투입되어 자율주행 지게차에서 부품 상자를 싣고 내리는 작업을 수행하고 있다.

Agility는 2023년 오리건주 Salem에 RoboFab이라는 공장을 열었다. 연간 1만 대 이상 생산 가능한 규모다. Digit의 가격은 공개되지 않았지만 리스 형태로 제공된다. 월 구독료를 내고 로봇을 빌려 쓰는 RaaS 모델이다. 초기 비용 부담을 줄이고 고장 시 교체나 수리를 Agility가 책임진다. 기업 고객에게 매력적인 옵션이다.

Agility는 보수적이고 단계적인 접근을 택한다. 단순 반복 작업부터 시작하여 점차 복잡한 작업으로 확장한다. 현재는 물류에 집중하지만 향후 제조, 소매, 건설 등으로 넓힐 계획이다. 과장된 약속 대신 실제 작동하는 제품을 보여주는 전략이다.

투자자들도 믿음을 보인다. 2023년 시리즈 B에서 1억 5천만 달러를 조달했다. DCVC, Playground Global, Amazon Industrial Innovation Fund 등이 참여했다. 2026년까지 누적 투자액은 약 6~7억 달러다.

과제는 범용성 확보다. 현재 Digit은 박스 운반에 최적화되어 있다. 다른 작업을 하려면 소프트웨어와 하드웨어 개선이 필요하다. 손도 간단한 그리퍼 수준이라 섬세한 조작은 어렵다. 경쟁사들이 빠르게 발전하는 상황에서 Agility도 속도를 높여야 한다.

투자 관점에서 Agility는 비상장이다. Amazon이 주요 주주이므로 간접적으로 Amazon에 투자하면 된다. Agility가 IPO를 한다면 보수적 투자자에게도 매력적일 수 있다. 실제 고객과 매출이 있고 공장까지 갖췄으므로 Figure AI보다 리스크가 낮다.

중국의 피지컬 AI 굴기: AgiBot, Unitree, UBTECH

중국은 피지컬 AI 분야에서 무섭게 추격하고 있다. 정부의 강력한 지원, 저렴한 제조 비용, 거대한 내수 시장이 결합하여 빠른 성장을 이룬다. 특히 가격 경쟁력이 압도적이다. 서구 기업이 10만 달러에 파는 로봇을 중국 기업은 2~3만 달러대에 공급한다. 현재 이마트 영등포점에서 Unitree G1 로봇이 3,100만 원에 판매되고 있다.

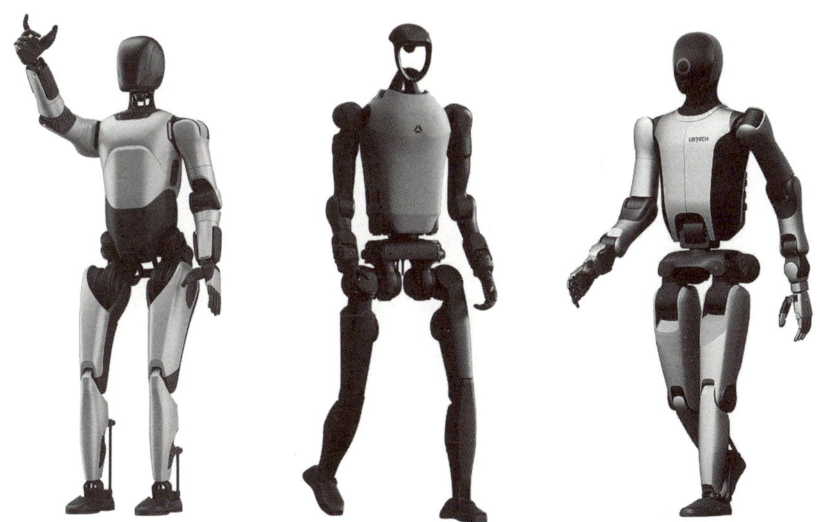

2025 글로벌 휴머노이드 출하량 순위. AgiBot, Unitree, UBTECH의 로봇

Unitree Robotics는 4족 보행 로봇과 휴머노이드를 모두 개발한다. Unitree Go2는 Boston Dynamics Spot의 중국판으로 불린다. 가격은 1,600달러부터 시작하여 Spot의 10분의 1 수준이다. 가성비가 뛰어나 교육, 연구, 경비 용도로 채택되고 있다.

Unitree H1은 2024년 공개된 휴머노이드다. 키 180cm, 무게 47kg으로 매우 가볍다. 시속 5km로 걸으며 배터리는 2시간 작동한다. 가격은 9만 달러로 시작하지만 대량 주문 시 더 낮아진다.

Fourier Intelligence는 재활 로봇과 휴머노이드를 만든다. GR-1은 인간형 범용 로봇으로 산업 자동화, 의료·재활, 서비스, 물류 분야에 시범·연구용으로 공급되고 있다.

DeepRobotics는 4족 보행 로봇 Jueying를 개발했다. 평탄한 지면을 빠르게 달리고 계단·장애물·불규칙한 지형을 다리로 넘는 로봇이다. 전력 설비, 재난 대응, 위험 지역 점검, 공공 보안 순찰 등에 활용되고 있다.

XPeng Robotics는 전기차 제조사 XPeng이 지원하는 로봇 계열 기업이다. PX5와 Iron은 각각 1.5m급과 1.7m급의 휴머노이드 2족 보행 로봇이다. XPeng은 2026년 대량생산을 목표로 수만 대 수준의 휴머노이드 생산을 계획하고 있다.

중국 기업들의 공통점은 속도와 규모다. 연구개발부터 양산까지 1~2년밖에 걸리지 않는다. 정부 보조금과 대규모 투자로 공격적으로 시장을 공략한다. 지적재산권 문제는 회색 지대다. 일부는 서구 기술을 모방한다는 비판을 받지만 중국 내에서는 문제가 되지 않는다.

중국 정부는 '로봇+' 정책으로 2021~2025년까지 로봇 산업을 전략 산업으로 육성해 왔다. 제조, 건설, 농업, 서비스 등 10개 중점 분야를 선정해 R&D·실증·보급을 지원한다. 2030년까지 전 산업에 로봇 100만 대 이상 보급하여 글로벌 로봇 시장을 선도한다는 계획이다.

서구 기업들에게는 위협이다. 가격 경쟁에서 이기기 어렵다. 중국 시장 진출도 쉽지 않다. 중국 정부는 자국 기업을 우대하며 외국 기업에 각종 규제를 가한다. 반면 중국 기업들은 동남아, 중동, 아프리카, 남미 등 신흥 시장을 적극 공략한다.

중국 로봇은 초기에는 고장률이 높고 정밀도가 낮다는 평가를 받았으나, 최근에는 휴머노이드·4족 보행 로봇이 높은 신뢰성과 제어 정밀도를 보이고 있다. 10년 전 중국 전기차가 조롱받았지만 지금은 중국의 BYD가 Tesla를 위협한다. 로봇도 같은 경로를 밟을 수 있다.

중국 휴머노이드 로봇 기업 비교

기업명	대표 제품	가격	주요 특징	목표 시장
AgiBot	Lingxi X2	$40,000 내외	1.3m, 약 33.8kg, 28DoF	공장, 물류 5,000대 이상 출하
Unitree	H1	$90,000	초경량, 빠른 속도	산업, 연구
Fourier Intelligence	GR-1	$150,000 내외	재활 로봇	연구·교육· 서비스
MagicLab	Magicbot Z1	미공개	모듈형 관절 제어와 고수준 계획 모듈을 분리 설계	산업용 보조 플랫폼
DeepRobotics	Jueying	미공개	4족 로봇	군사·구조·산업 인프라 점검
XPeng Robotics	PX5, Iron	미공개	자동차 기술 융합	물류, 제조

한국의 휴머노이드

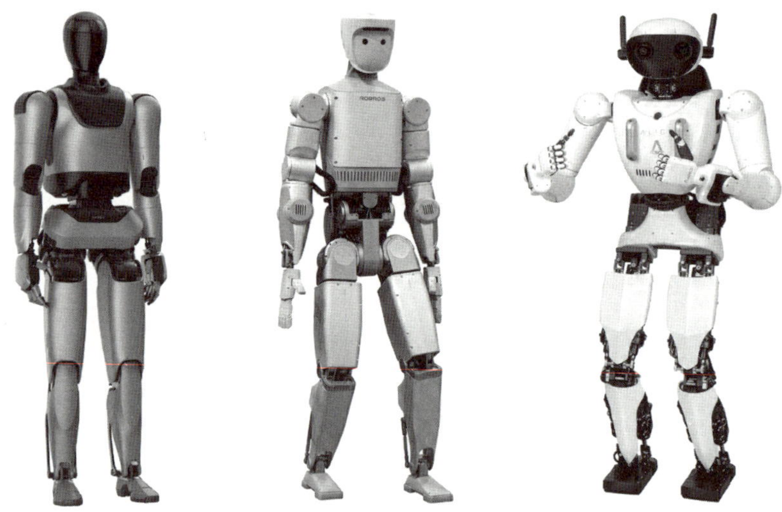

프로토타입이 개발되어 시연과 현장 실증 중인 한국의 2족 보행 휴머노이드.
왼쪽부터 KIST·LG의 케이팩스(KAPEX), 로브로스의 IGRIS-C, 에이로봇의 앨리스 4

한국도 휴머노이드 로봇 개발이 본격화되고 있다. 미국과 중국이 주도하는 글로벌 휴머노이드 시장에서 한국은 정부출연연구소-대기업 협력, 스타트업의 기술 혁신, 정부의 전략적 지원을 통해 독자적인 생태계를 구축하고 있다.

한국의 휴머노이드 로봇은 2025년 필드 테스트 단계에 진입했다. 특히 KIST·LG의 케이팩스(KAPEX), 로브로스의 IGRIS-C, 에이로봇의 앨리스(Alice)가 대표적인 성과로 평가받고 있다. 이들은 각각 공용 플랫폼 전략, 컴팩트 설계, 리니어 액추에이터 기술이라는 차별화된 접근으로 조선·건설·제조 현장의 인력난 해소를 목표로 하고 있다.

KIST·LG의 케이팩스(KAPEX): 한국형 차세대 휴머노이드의 도전

케이팩스는 단일 기업이 아닌 한국과학기술연구원(KIST), LG전자, LG AI연구원이 공동으로 개발하고 있는 한국형 차세대 휴머노이드 로봇 플랫폼으로 2025년 11월 첫 실물 공개를 통해 상세 시연을 했다. 케이팩스 프로젝트는 미국과 중국이 주도하는 휴머노이드 시장에서 한국의 독자적 기술력을 확보하기 위한 전략적 협력의 산물이다.

케이팩스 프로젝트는 KIST AI·로봇연구소의 AI 휴머노이드 원천 기술, LG전자의 제품화·양산 역량과 글로벌 사업 경험, LG AI연구원의 초거대 AI 모델 엑사원(EXAONE) 비전 랭귀지(VL) 기반 로봇 브레인 기술이 융합된 형태다. 연구팀은 개발 성과를 단계적으로 공개할 계획이며, 2029년까지 산업 현장 실증과 상용화를 목표로 하고 있다.

케이팩스의 기술적 특징

케이팩스는 스스로 학습하고 환경 변화에 적응하며 정밀한 조작과 사람과의 협업까지 수행할 수 있는 차세대 휴머노이드로 설계되었다. 경험을 통해 배우고 성장하는 지능형 동반자를 지향한다는 점에서 기존 로봇과 차별화된다.

핵심 기술은 크게 세 가지로 구성된다. 첫째, 인간 수준의 신체 능력과 사람 손처럼 섬세한 촉각 센싱을 갖춘 다지 로봇 핸드를 통해 정밀한 조작 능력을 구현한다. 둘째, 강화학습과 비전 언어 모델(VLM) 기반의 증강형

AI 학습 능력을 통해 상황을 인지하고 스스로 학습한다. 셋째, 복합 환경 인지와 자율 보행 기술을 적용해 재난 대응, 물류, 생활 지원 등 다양한 환경에서 범용적으로 작업을 수행할 수 있도록 설계되었다.

특히 주목할 만한 점은 고출력 전신 액추에이터 등 주요 핵심 부품을 자체 개발해 탑재함으로써 한국형 휴머노이드의 기술 자립도를 높였다는 것이다.

현재 휴머노이드 플랫폼은 사실상 미국과 중국이 양분하고 있는 상황에서, 케이팩스는 우리나라가 독자적이고 차별화된 기술 해법을 제시하는 대안으로 부상하고 있다.

로브로스의 IGRIS-C: 컴팩트한 크기에 담긴 강력한 성능

로브로스는 피지컬 AI 기반 휴머노이드 로봇 개발 스타트업이다. '서비스 분야에 특화된 안전한 로봇'을 연구개발하는 기업으로 사람과 함께, 같은 공간에서 협업할 수 있는 서비스 로봇 개발에 주력하고 있다.

로브로스는 서울대학교 동적로봇시스템연구실(DYROS) 출신의 박사급 인력들로 구성된 연구진을 보유하고 있으며, 사람과 충돌하더라도 안전성을 담보할 수 있는 컴플라이언스 기반 제어 기술, 강화학습을 통한 시뮬레이션 기술, 비정형 물체를 자유자재로 움직일 수 있는 핸드 조작 기술 등 세계적인 수준의 로봇 제어 기술을 보유하고 있다.

2023년 7월 시드 라운드에서 16억 원을 투자받은 데 이어, 2025년 7월에는 스틱벤처스, HB인베스트먼트, 롯데벤처스로부터 40억 원 규모의 프리 시리즈A 투자를 유치하며 누적 투자금 60억 원을 넘어섰다.

IGRIS-C의 혁신적 설계

IGRIS-C는 키 154cm, 무게 56kg의 컴팩트한 설계를 특징으로 하는 2족 보행 휴머노이드 로봇이다. 좁고 복잡한 환경에서도 유연하게 작동하도록 설계되어 연구소·사무실·제조 현장 등 다양한 실내 공간에서 협업할 수 있도록 개발된 범용형 플랫폼이다. 일반적인 성인 남성 휴머노이드보다 작은 크기로 제작되어 협소한 공간에서도 안전하고 기민한 퍼포먼스를 발휘한다는 장점이 있다.

IGRIS-C의 핵심 기술은 저감속비 구동 시스템과 토크 기반 제어 기술이다. 자체 개발한 리니어 액추에이터는 전류 민감도가 높고 백 드라이브(Back-drive)*가 가능하며, 낮은 감속비로 인해 저소음 구동이 가능하다. 또한 자율 이동과 로봇 손을 활용한 양팔 작업까지 지원하여 연구실을 넘어 실제 산업 환경까지 아우르는 확장성을 제공한다. 인체와 유사한 손을 포함한 양팔 모듈, 직관적인 LED 인터페이스, 전용 모바일 앱으로 제품 활용과 제어의 편의성을 크게 향상시켰다.

---

* 외부에서 힘이 가해질 때 모터가 저항하지 않고 역으로 회전하며 힘을 자연스럽게 전달하는 기술이다.

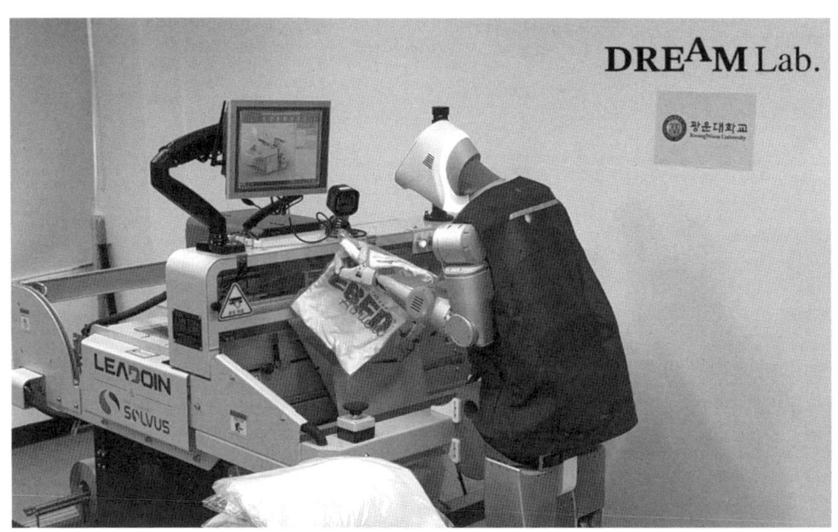

IGRIS-C가 롯데글로벌로지스의 오토베거와 연동해 의류를 비닐 봉투에 포장하는 작업을
광운대학교 실증 환경에서 수행하고 있다.

(출처: 로브로스 링크드인)

검증된 기술력과 글로벌 진출

IGRIS-C는 2025년 9월 30일부터 10월 2일까지 서울 코엑스에서 개최된 IEEE-RAS 제24회 휴머노이드 로봇 국제학술대회(Humanoids 2025)의 부대 로봇 경쟁 행사에서 이족보행 정적 장애물 회피 성인 사이즈 부문 1위를 차지했다.

이 대회는 IEEE 로봇자동화학회(IEEE RAS)가 주관하는 연례 국제 학술 행사로, 연구기관·기업·대학 등에서 참가한 6개 팀이 보행 성능을 겨뤘다. IGRIS-C의 우승은 로브로스가 강화학습 기반 이족보행 기술을 자체 구현해 국제 학술 행사에서 성과를 거뒀다는 점에서 주목된다.

로브로스는 하드웨어 설계부터 제어, 인터페이스, AI 기반 예측 및 적응 제어까지 전 과정을 자체 기술로 구축하고 있다. 2026년 1월 라스베이거스에서 열린 CES 2026에서 로브로스는 'K-휴머노이드 M.AX 얼라이언스' 공동관에서 IGRIS-C의 실시간 보행 시연을 진행하며 피지컬 AI 기술의 현실 적용 가능성을 보여주었다.

에이로봇의 앨리스 4: 리니어 액추에이터 기반의 실용적 휴머노이드

에이로봇은 2018년 4월에 설립된 휴머노이드 로봇 전문 기업이다. 한양대학교 로봇공학과 한재권 교수 연구실의 스핀오프 기업으로 탄생했다.

에이로봇은 2024년 5월 하나벤처스, SGC파트너스, 가우스캐피탈매니지먼트로부터 35억 원의 시드 라운드 투자를 유치한 데 이어, 2025년 7월에는 100억 원 규모의 시리즈A 투자를 유치하며 빠른 성장세를 보이고 있다. 또한 로보컵(RoboCup) 대회에서 휴머노이드 어덜트 리그 준우승 및 테크니컬 챌린지 우승을 차지하는 등 기술력을 인정받고 있다.

앨리스의 차별화된 기술

앨리스의 가장 큰 특징은 자체 개발한 선형 액추에이터 기반의 구동 시스템이다. 대부분의 로봇이 회전형 관절을 사용하는 것과 달리, 앨리스는 선형 액추에이터로 직선형 구동을 구현해 인간 근육을 모방하는 방향에 가깝게 설계되었다. 이 액추에이터는 감속기를 사용하지 않아 더 정교한 힘 기반 제어가 가능하며, 사람과의 물리적 상호작용에서도 자연스러운 대응이 가능하다.

앨리스는 팔과 손을 통해 섬세한 조립 작업부터 복잡한 조작까지 수행할 수 있으며, 외부 힘에 반응할 수 있도록 임피던스 제어[*]가 적용되어 있다. 이는 인간과 함께 작업하는 로봇에게 필수적인 제어 방식이다. 또한 임베디드 AI 시스템을 탑재하여 로봇에 탑재된 컴퓨터에 인공지능 알고리즘을 내장함으로써 통신에 의존하는 방식보다 안정적인 작동을 구현한다.

실용성 중심의 제품 라인업

에이로봇은 현장 환경에 따라 로봇의 구동 방식을 분리해 운영하는 투트랙 전략을 펼치고 있다. 바닥이 평탄한 제조 공정에는 이동 효율이 높은 바퀴형 로봇 '앨리스 M1'을 배치하고, 사다리나 계단이 있는 조선소와 건설 현장에는 2족 보행형 '앨리스 4'를 투입하는 방식이다.

에이로봇은 산업통상자원부의 로봇산업기술개발 국가 R&D 과제에 선정되어, 총 42개월간 앨리스를 조선·건설 현장에 투입하는 프로젝트를 진행하고 있다. 포스코이앤씨, 현대미포조선, 삼성중공업을 비롯한 주요 조선·건설사가 참여하며, 실제 산업 현장에서의 검증을 추진하고 있다.

---

[*]　임피던스 제어는 로봇이 외부에서 가해지는 힘에 대해 일정한 탄성·감쇠 특성을 가진 것처럼 반응하도록 만들어, 힘과 위치를 동시에 부드럽게 조절하는 제어 방식이다.

글로벌 인정과 NVIDIA 파트너십

에이로봇의 기술력은 글로벌 무대에서도 인정받고 있다. 2026년 1월 라스베이거스에서 열린 CES 2026에서 NVIDIA 젠슨 황 CEO의 기조연설 인트로 영상에 에이로봇의 앨리스가 소개되었다. 조선소 선박 내외부의 용접을 수행하는 모습이 담긴 이 영상은 피지컬 AI 기술의 실제 산업 적용 사례로 제시되었다.

에이로봇은 NVIDIA의 로보틱스 플랫폼 아이작(Isaac)과 로봇 파운데이션 모델 그루트(GR00T)를 활용해 로봇의 지능형 동작을 구현하고 있으며, NVIDIA로부터 아이작 그루트 모델을 활용하는 한국 파트너로 인정받고 있다.

에이로봇의 앨리스 4가 조선소에서 용접 실증을 하는 모습

(출처: 에이로봇 유튜브)

한국은 휴머노이드 로봇 제조 내수시장이
'아직' 없다

피지컬 AI 열풍과 투자 과열의 현주소

2026년 1월, 미국 라스베이거스에서 개최된 CES 2026 이후 국내 로봇 관련 주식 시장이 과열 양상을 보이고 있다. 휴머노이드 로봇, 부품, 배터리 관련 기업들의 주가가 연일 상승하며 투자자들의 관심이 집중되는 가운데, 국내에서 공개된 휴머노이드 로봇 프로토타입과 로봇 관련 기술 개발 뉴스가 넘쳐나면서 '한국도 휴머노이드 강국이 될 수 있다'는 기대감이 시장을 지배하고 있다.

그러나 투자자들이 간과하는 중요한 사실이 있다. **한국에는 휴머노이드 로봇을 실제로 대량생산하는 기업이 '아직' 없다**는 점이다. 중국의 Unitree는 이미 G1 휴머노이드를 대량생산하고 있고, 미국의 Tesla는 Optimus의 대량생산 일정을 구체적으로 수립해놓았지만, 한국은, 미국에 본사를 둔 Boston Dynamics를 제외하면 가까운 미래에 대량생산 계획이 '확정'된 기업이 없다. **이는 피지컬 AI의 대명사인 휴머노이드 로봇 관련 부품 업체들에게 내수 시장이 존재하지 않는다는 의미이며, 당분간 해외 수출 외에는 매출 창출 경로가 없다는 구조적 문제를 드러낸다**(산업로봇·협동로봇은 예외로 하자).

프로토타입 공개와 양산 능력의 간극

투자자들이 가장 경계해야 할 것은 프로토타입 공개와 양산 능력 사이의 간극이다. KIST와 LG가 공동 개발한 케이팩스는 2029년에야 상용화를 목표로 하고 있으며, 로브로스의 IGRIS-C는 기술력을 입증했지만 대량 생산까지는 아직 길이 멀다.

반면 중국 Unitree G1은 우리나라 이마트에서 3,100만 원에 판매되고 있고, Tesla Optimus는 2만 달러 이하를 목표로 공장 자동화를 통한 대량생산 체제 구축에 집중하고 있다. 프로토타입 단계의 기업들은 부품 조달의 안정성 확보, 제조 원가 절감, 내구성과 안전성 검증이라는 난관에 직면하게 되며, 이를 해결하는 데만 수년이 소요된다.

내수 시장 부재가 만드는 구조적 취약성

한국 휴머노이드 로봇 부품 업체들이 직면한 가장 큰 문제는 내수 시장의 부재다. 일반적으로 제조업에서 부품 업체의 성장은 완성품 제조사와의 긴밀한 협력을 통해 이루어지는데, 한국의 자동차 부품 산업이 현대·기아차와 함께 성장한 것이 대표적 사례다.

그러나 현재 한국 휴머노이드 로봇 부품 업체들은 이러한 선순환 구조를 기대할 수 없으며, 해외 제조사 납품이 유일한 선택지다. 문제는 Tesla, 중국 업체들이 이미 자체 부품 생산 능력을 갖추고 있거나 중국의 저렴한 공급망을 활용한다는 점이다.

닷컴 버블의 재연: '피지컬 AI 테마주' 열풍의 위험성

현재 로봇 관련주 시장의 움직임은 2000년대 초 닷컴 버블을 연상시킨다. 당시 굴뚝 기업들이 '인터넷 쇼핑몰 진출' 공시 하나로 주가가 급등했던 것처럼, 지금은 '휴머노이드 부품 개발'이나 '○○휴머노이드 제작사와 협력'이라는 재료 하나로 주가가 요동치고 있다. 투자자들은 테마가 아닌 실체를 주목해야 한다.

휴머노이드 로봇 관련 부품 매출이 전체에서 차지하는 비중, 정부 R&D 의존도, 영업이익률 추이를 확인해야 하며, 구체적인 납품 계약이 체결되어 있는지, 주요 고객사가 실제로 양산하고 있는지, 보유 기술이 차별화된 경쟁력이 있는지, 대량생산을 위한 제조 설비를 갖추고 있는지를 점검해야 한다. 이러한 질문에 명확히 답하지 못한 채 미래 성장 가능성이라는 모호한 표현으로 투자자들을 유인하는 주식 분석가들도 많다.

냉철한 이성과 장기적 안목의 필요성

한국은 휴머노이드 로봇 생산 능력에서 중국, 미국에 뒤처져 있지만, 이것이 한국 기업들에 기회가 없다는 의미는 아니다. 부품, 소재, 소프트웨어 등 특정 영역에서 글로벌 경쟁력을 확보한 기업들은 큰 성장을 이룰 수 있다.

아무리 '주가는 미래를 선반영한다'고 하지만, 투자자들은 화려한 프로토타입 시연과 장밋빛 전망에 현혹되지 말고, 차가운 숫자와 구체적인 실적으로 기업을 평가해야 한다. 피지컬 AI 투자는 마라톤이지 단거리 달리기가 아니다. 시장의 열풍에 휩쓸리지 않고 냉철한 이성으로 기업의 실체를 파악하는 투자자만이 진정한 승자가 될 것이다.

Chapter 2

현실 세계에서 '행동'하는 AI

디지털에서 물리적 세계로의 전환

AI의 역사를 돌이켜보면, 대부분의 발전은 디지털 영역 안에서 이루어졌다. 1997년 IBM의 Deep Blue가 체스 챔피언 가리 카스파로프를 꺾었지만, 그것은 화면 위의 승리였다. 2016년 AlphaGo가 이세돌을 바둑에서 이겼을 때도, 그 대결은 바둑판이라는 추상화된 공간에서 벌어졌다.

2022년 ChatGPT가 등장했을 때, 우리는 AI가 인간처럼 대화하고 글을 쓸 수 있다는 사실에 놀랐지만, 그것 역시 텍스트와 이미지의 디지털 세계에 국한되어 있었다.

이 모든 AI는 한 가지 공통점이 있었다. 그들은 몸이 없었다. 물리적 세계와 직접 상호작용할 수 없었다. 센서로 현실을 느끼지 못했고, 액추에이터로 현실을 변화시킬 수 없었다. 중력도, 마찰도, 관성도 고려할 필요가 없었다. 디지털 AI는 완벽한 정보를 가진 환경에서 작동했다. 바둑판의 모든 돌의 위치는 명료했고, 텍스트 데이터는 정확히 입력되었으며, 게임의 규칙은 변하지 않았다.

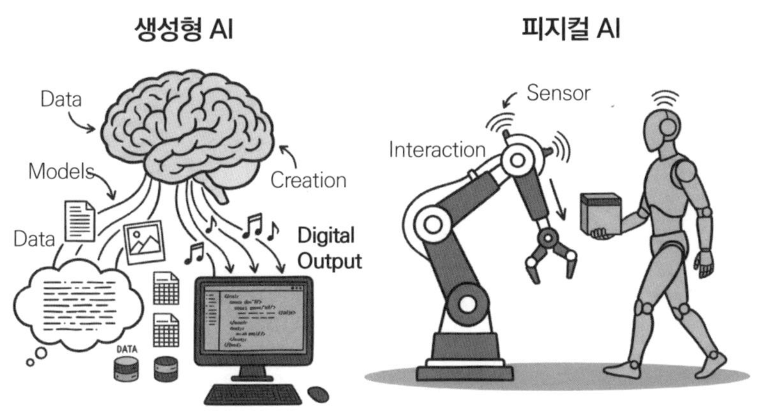

생성형 AI - 디지털 데이터를 만든다.　　　피지컬 AI - 물리적 행동을 한다.

그러나 현실 세계는 전혀 다르다. 현실 세계는 불완전한 정보로 가득하다. 조명이 바뀌면 물체의 색깔이 다르게 보인다. 바닥이 미끄러우면 로봇의 움직임이 예측과 달라진다. 잡으려는 물건이 예상보다 무겁거나 가벼울 수 있다. 사람이 갑자기 나타나 경로를 막거나 공장의 소음이 센서를 방해한다. 이러한 불확실성과 역동성이 바로 물리적 세계의 본질이며, AI가 지난 수 년간 넘지 못한 벽이었다.

피지컬 AI는 바로 이 벽을 넘으려는 시도다. AI에게 몸을 주고, 센서로 세상을 감지하게 하며, 액추에이터로 세상에 작용하게 하는 것이다. 디지털 데이터를 처리하는 것을 넘어, 물리 법칙이 지배하는 3차원 공간에서 작동하는 AI를 만드는 것이다. 이는 단순히 소프트웨어에 하드웨어를 추가하는 문제가 아니다. 그것은 AI가 작동하는 방식 자체를 근본적으로 재설계하는 일이다.

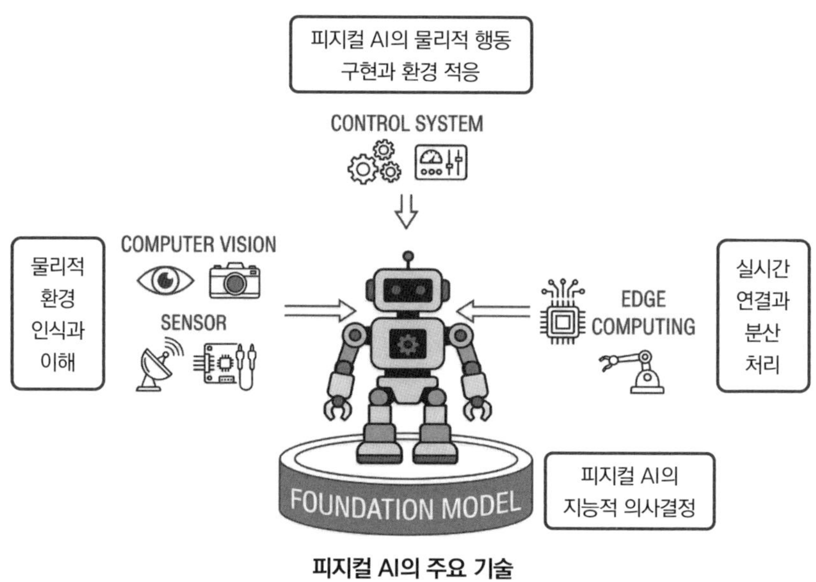

피지컬 AI의 주요 기술

이러한 전환을 가능하게 한 핵심 기술적 돌파구는 크게 세 가지다. 첫째, 센서 기술의 발전이다. 라이다(LiDAR), 레이더, 카메라, 힘 센서, 촉각 센서 등이 저렴해지고 정확해지면서 로봇이 환경을 인식할 수 있는 눈과 귀를 갖게 되었다. 둘째, AI 모델의 진화다. Vision-Language-Action 모델은 보고, 이해하고, 행동하는 것을 하나의 통합된 과정으로 처리할 수 있다.

셋째, 시뮬레이션 기술의 성숙이다. NVIDIA의 Omniverse, Isaac Sim 과 같은 플랫폼은 로봇이 가상 환경에서 수백만 번의 시행착오를 겪으며 학습할 수 있게 했다. 이는 실제 세계에서 같은 학습을 하는 것에 비해 비용 과 시간을 수천 배 절감한다.

물리적 세계로의 전환은 또한 AI의 실용성을 극적으로 확장한다. ChatGPT는 놀라운 도구지만, 그것이 할 수 있는 일은 정보를 제공하고 콘텐츠를 생성하는 것에 국한된다. 반면 피지컬 AI는 실제 문제를 직접 해 결한다. 창고에서 상자를 옮기고, 공장에서 부품을 조립하며, 병원에서 수 술을 보조하고, 농장에서 작물을 수확한다. 이는 GDP에 직접적으로 기여 하는 경제 활동이다. McKinsey의 분석[*]에 따르면 자동화가 가능한 미국 내 근로 시간은 약 57%에 달하며, 이는 수십조 달러 규모의 경제적 가치를 의미한다.

Embodied AI와 Physical AI

피지컬 AI를 이해하기 위해서는 먼저 Embodied AI(체화된 인공지능)라 는 개념을 살펴봐야 한다. Embodied AI는 AI 연구의 한 분야로, 물리적 몸을 가진 에이전트가 환경과 상호작용하며 학습하고 작동하는 것을 연 구한다. 이는 전통적인 AI가 순수하게 계산적이고 추상적인 문제를 다루

---

[*] https://www.mckinsey.com/mgi/our-research/agents-robots-and-us-skill-partnerships-in-the-age-of-ai

는 것과 대조된다.

Embodied AI의 핵심 아이디어는 지능이 몸과 환경으로부터 분리될 수 없다는 것이다. 인간의 지능을 생각해보자. 우리는 순수한 논리적 사고만으로 세상을 이해하지 않는다. 우리는 만지고, 보고, 듣고, 움직이며 세상을 경험한다. 아기가 물체의 개념을 배우는 것은 책을 읽어서가 아니라 장난감을 잡고, 떨어뜨리고, 던지면서다. 이러한 물리적 상호작용이 바로 학습의 기반이다. Embodied AI는 이 원리를 AI에 적용한다.

임베디드와 임바디드

Embedded와 Embodied는 AI가 '어디에 있느냐'와 '어떻게 존재하느냐'를 구분하는 개념이다.

Embedded는 특정 기기 내부에 내장되어 정해진 기능을 안정적으로 수행하는 시스템을 의미하며, 제어와 신뢰성이 핵심 목적이다. 이 경우 AI나 소프트웨어는 환경을 학습하기보다는 미리 정의된 규칙에 따라 동작한다.

Embodied는 AI가 물리적 몸과 감각을 통해 현실 세계와 직접 상호작용하는 존재 방식을 뜻한다. 지능은 센서, 행동, 피드백의 반복 속에서 형성되며 환경 변화에 따라 학습하고 적응한다. 따라서 Embedded가 '기계 속에 들어간 지능'이라면, Embodied는 '몸을 통해 완성되는 지능'이라 할 수 있다.

Physical AI는 Embodied AI의 실용적 구현이라고 볼 수 있다. Physical AI는 센서를 통해 물리적 환경을 인식하고, AI 알고리즘으로 상황을 이해 및 판단하며, 액추에이터를 통해 현실 세계에서 물리적 행동을 수행하는 통합 시스템으로 정의할 수 있다. 여기에는 로봇, 자율주행 차량, 드론, 스마트 제조 시스템 등 물리적 세계와 직접 상호작용하는 모든 AI 기반 시스템이 포함된다.

피지컬 AI의 핵심 구성요소는 세 가지로 요약된다.

1. 지각(Perception): 센서를 통해 환경을 감지하는 능력. 이는 단순히 카메라로 이미지를 캡처하는 것을 넘어, 라이다로 3차원 공간을 매핑하고, 힘 센서로 물체의 무게와 질감을 느끼며, 마이크로 소리를 듣고, 온도 센서로 열을 감지하는 등 멀티모달* 감각을 포함한다.

2. 인지(Cognition): AI 모델을 통해 감지된 정보를 해석하고, 상황을 이해하며, 적절한 행동을 계획하는 능력. 여기에는 물체 인식, 장면 이해, 경로 계획, 의사결정, 그리고 중요하게는 물리 법칙에 대한 이해(월드 모델)가 포함된다.

3. 행동(Action): 액추에이터를 통해 계획된 행동을 물리적으로 실행하는 능력. 로봇 팔이 물체를 집고, 다리가 로봇을 이동시키며, 그리퍼가 힘을 조절하여 달걀을 깨지 않고 잡는 등의 정밀한 제어를 포함한다.

지각-인지-행동의 순환은 폐쇄 루프로 작동한다. 로봇이 행동을 취하면, 그 결과가 다시 센서로 감지되고, AI는 이를 바탕으로 다음 행동을 조정한다. 예를 들어 로봇 팔이 컵을 잡으려 할 때, 힘 센서가 그리퍼가 컵에 충분한 압력을 가하고 있는지 감지한다. 너무 약하면 컵이 떨어지고, 너무

---

* 멀티모달(multimodal)은 텍스트·이미지·음성·영상 등 서로 다른 형태의 데이터를 동시에 이해하고 통합해 처리하는 기술을 말한다.

강하면 컵이 깨진다. AI는 실시간으로 이 피드백을 받아 그리퍼의 힘을 조절한다. 이러한 지속적인 피드백과 조정이 바로 피지컬 AI가 불확실한 현실 세계에서 작동할 수 있게 하는 핵심이다.

피지컬 AI 시스템의 작동 구조

단계	기술 요소	구체적 예시	관련 기술
입력(지각)	센서 시스템	카메라, 라이다, 레이더, 힘 센서, 촉각 센서, IMU[*]	컴퓨터 비전, 신호처리, 센서 퓨전
처리(인지)	AI 두뇌	VLA 모델, 월드 모델, 경로 계획 알고리즘	딥러닝, 강화학습, 트랜스포머
출력(행동)	액추에이터	모터, 서보, 그리퍼, 바퀴, 다리	제어 이론, 로보틱스, 메카트로닉스
피드백	실시간 조정	센서 데이터 재입력, 오류 수정	폐쇄 루프 제어, 적응형 알고리즘

피지컬 AI와 전통적인 로봇공학의 차이도 명확히 해야 한다. 전통적인 산업용 로봇은 미리 프로그래밍된 동작을 정확히 반복한다. 자동차 조립 라인의 로봇 팔은 정확히 같은 위치에서 정확히 같은 방식으로 용접을 수행한다. 환경이 조금이라도 바뀌면(예: 부품의 위치가 1cm 어긋나는 경우) 로봇은 실패한다. 이러한 로봇은 지능이 아니라 정밀성에 의존한다.

반면 피지컬 AI는 적응한다. 상자가 예상 위치에서 벗어나 있어도 카메

---

[*]   관성측정장치(Inertial Measurement Unit, IMU)는 로봇의 자세, 기울기, 회전, 가속도를 실시간으로 측정하는 센서이다.

라로 찾아낸다. 물체가 예상과 다른 모양이어도 인식한다. 사람이 경로를 막으면 우회한다. 바닥이 미끄러우면 보행을 조정한다. 이러한 적응성이 바로 AI가 제공하는 가치다. 이는 로봇을 구조화된 환경에서만 작동하는 도구에서, 비구조화된 현실 세계에서 유용한 에이전트로 전환시킨다.

NVIDIA의 젠슨 황이 '로보틱스의 ChatGPT 순간'이라고 표현한 것은 바로 이 지점을 의미한다. ChatGPT가 언어 AI를 전문가의 도구에서 누구나 사용할 수 있는 범용 인터페이스로 만들었듯이, 피지컬 AI는 로봇을 특정 작업에 특화된 기계에서 다양한 작업을 수행할 수 있는 범용 플랫폼으로 전환시킨다. 하나의 휴머노이드 로봇이 아침에는 창고에서 상자를 정리하고, 오후에는 부엌에서 요리를 돕고, 저녁에는 노인을 돌보는 것이 가능해진다. 이것이 바로 피지컬 AI가 약속하는 미래다.

▌ 생성형 AI는 '콘텐츠 생성', 피지컬 AI는 '행동'이 목표

생성형 AI와 피지컬 AI는 현대 AI의 두 가지 주요 흐름이다. 둘 다 트랜스포머 아키텍처와 대규모 데이터 학습에 기반하지만, 목적과 작동 방식은 근본적으로 다르다.

이 차이를 이해하는 것은 투자자에게 특히 중요하다. 왜냐하면 비즈니스 모델, 수익 구조, 시장 진입 장벽, 그리고 투자 수익 실현 시점이 완전히 다르기 때문이다.

생성형 AI는 콘텐츠 생성이 목표

생성형 AI의 핵심 목표는 새로운 콘텐츠를 만들어내는 것이다. 텍스트, 이미지, 음성, 비디오, 코드 등 디지털 형식의 결과물을 생성한다. ChatGPT는 에세이를 쓰고, Midjourney는 그림을 그리며, Sora는 비디오를 만들고, Claude Code는 코드를 작성한다.

이 모든 것의 공통점은 출력이 디지털 데이터라는 것이다. 생성된 결과물은 화면에 표시되거나 파일로 저장된다. 물리적 세계에는 아무런 직접적 영향을 미치지 않는다.

피지컬 AI의 핵심은 '행동'

피지컬 AI의 핵심 목표는 물리적 작업을 수행하는 것이다. 상자를 옮기고, 부품을 조립하며, 차량을 운전하고, 수술 도구를 조작한다. 출력은 디지털 데이터가 아니라 물리적 동작이다. 로봇 팔의 위치 변화, 자율주행차의 가속과 조향, 드론의 비행 경로가 결과물이다. 이러한 동작은 현실 세계에 즉각적이고 측정 가능한 영향을 미친다.

피지컬 AI는 현실 세계의 데이터로 학습

학습 방식에서도 큰 차이가 있다. 생성형 AI는 인터넷에서 수집한 방대한 텍스트와 이미지로 학습한다. GPT-4는 수조 개의 단어로 훈련되었고, Stable Diffusion*은 수십억 개의 이미지를 학습했다. 이러한 데이터는

---

* Stable Diffusion은 텍스트 설명을 입력하면 그 의미를 이해해 이미지를 생성하는 오픈소스 기반 생성형 AI 모델이다.

상대적으로 쉽게 수집할 수 있다. 웹 크롤링, 오픈소스 데이터셋, 라이선스 구매 등을 통해 대량의 학습 데이터를 확보할 수 있다.

피지컬 AI는 현실 세계에서의 상호작용 데이터가 필요하다. 로봇이 물체를 집는 수백만 가지 방법, 다양한 표면에서의 보행 패턴, 예상치 못한 장애물에 대한 반응 등을 학습해야 한다. 이러한 데이터는 실제 로봇이 실제 환경에서 시행착오를 겪으며 생성해야 한다. 시뮬레이션이 도움이 되지만, 시뮬레이션과 현실 사이의 간극은 여전히 극복해야 할 과제다. 중국에서 로봇 학교가 등장한 것은 바로 이 데이터 생성 병목을 해결하기 위해서다.

생성형 AI와 피지컬 AI의 차이점

비교 항목	생성형 AI	피지컬 AI
주요 목표	디지털 콘텐츠 생성	물리적 작업 수행
출력 형태	텍스트, 이미지, 음성, 비디오, 코드	물리적 동작, 조작, 이동
작동 환경	디지털 공간, 제약 없음	물리적 공간, 중력·마찰 등 제약
오류 비용	낮음(재생성 가능)	높음(물리적 손상, 안전 위험)
학습 데이터	인터넷의 방대한 텍스트·이미지	제한적(현실 세계 시행착오 필요)
응답 속도	초 단위(사용자가 대기 가능)	밀리초 단위(실시간 필수)
하드웨어 의존성	GPU/TPU(범용)	특수 센서, 액추에이터(맞춤형)
시장 성숙도	빠르게 성장 중	초기 단계(2~5년 전망)

안전성과 신뢰성 요구사항도 완전히 다르다. ChatGPT가 잘못된 정보를 생성하면 사용자가 그것을 무시하거나 재생성을 요청할 수 있다. 불편

하지만 위험하지는 않다. 반면 자율주행차가 잘못 판단하거나 수술 로봇이 오작동하면 생명이 위험해진다. 창고 로봇이 사람과 충돌하면 부상을 입힐 수 있다. 이는 피지컬 AI가 훨씬 더 높은 안전 기준을 충족해야 함을 의미한다.

생성형 AI는 '직접 사용', 피지컬 AI는 '간접 사용'

사용 방식에서 가장 중요한 차이는 접근성이다. 생성형 AI는 일반인이 직접 사용하고 활용할 수 있다. ChatGPT를 사용하기 위해 특별한 장비가 필요하지 않다. 웹브라우저나 스마트폰 앱만 있으면 된다. 누구나 텍스트를 입력하고 결과를 받을 수 있다. 이러한 직접 접근성이 ChatGPT가 출시 두 달 만에 1억 사용자를 확보할 수 있었던 이유다.

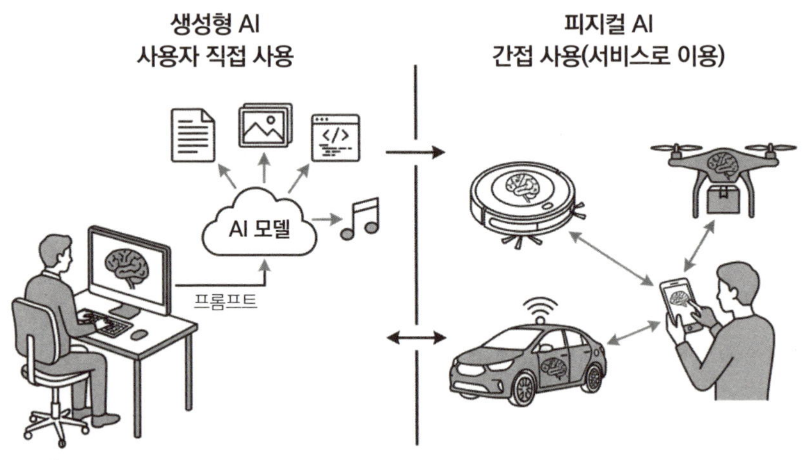

피지컬 AI는 서비스로 소비된다. **소비자는 피지컬 AI라는 소프트웨어 자체를 직접 사용하지 않으며 피지컬 AI의 작동에 대해 관여하지 않는다.** 대신 자율주행 택시를 타거나, AI가 정리한 창고에서 배송된 상품을 받거나, AI 로봇이 조리한 음식을 먹는다. 피지컬 AI는 B2B 또는 B2B2C 모델로 작동한다. 기업이 로봇을 구매하거나 임대하고, 그 로봇이 수행하는 서비스를 최종 소비자가 이용하는 구조다. Waymo의 자율주행 택시를 예로 들면, 소비자는 차량을 소유하지 않고 탑승 서비스만 이용한다.

이러한 차이는 시장 확산 속도에 직접적 영향을 미친다. 생성형 AI는 네트워크 효과와 바이럴 확산의 혜택을 받는다. 한 사람이 ChatGPT를 사용해보고 놀라운 결과를 얻으면, 소셜미디어에 공유하고 친구들에게 추천한다. 친구들은 즉시 시도해볼 수 있다. 다운로드나 설치도 필요 없다. 이것이 기하급수적 성장을 만든다.

피지컬 AI의 확산은 훨씬 느리다. 기업이 로봇을 도입하기로 결정하는 것은 복잡한 과정이다. ROI 분석, 파일럿 테스트, 기존 시스템과의 통합, 직원 교육, 안전 규정 준수 등 여러 단계를 거쳐야 한다. 하드웨어 제조와 배송에는 시간이 걸린다. 한 공장에서 성공했다고 해서 다음 날 모든 공장에 배치할 수 없다. 이는 선형적이고 점진적인 성장 곡선을 만든다.

Chapter 3

피지컬 AI 개발의 험난한 여정

소프트웨어와 하드웨어의 이중 과제

생성형 AI와 피지컬 AI의 개발과정은 근본적으로 다른 접근방식을 요구한다. 생성형 AI는 소프트웨어만 소비자에게 노출되는 반면, 피지컬 AI는 소프트웨어와 하드웨어 모두가 소비자에게 노출된다. 이러한 차이는 단순히 최종 제품의 형태가 다르다는 것을 넘어서, 개발 과정 전체에 걸쳐 완전히 다른 엔지니어링 철학과 방법론을 필요로 한다는 것을 의미한다.

ChatGPT나 Claude와 같은 생성형 AI는 서버의 GPU 클러스터에서 작동하며, 사용자는 웹 브라우저나 모바일 앱을 통해 텍스트를 입력하고 결과를 받는다. 이 과정에서 사용자가 직접 접하는 것은 소프트웨어 인터페이스뿐이며, 실제 AI 모델이 작동하는 하드웨어는 데이터센터에 숨겨

져 있다.

반면 피지컬 AI는 AI가 작동하기 위한 컴퓨팅 하드웨어와 소프트웨어는 물론이고, AI가 물리 세계에서 동작하기 위한 추가적인 하드웨어 시스템 전체를 개발해야 한다.

휴머노이드 로봇의 경우 관절을 움직이는 액추에이터(Actuator), 주변 환경을 인식하는 센서(Sensor), 전력을 공급하는 배터리 시스템, 그리고 이 모든 것을 통합하는 기계적 구조물까지 설계하고 제작해야 한다. 이는 마치 자동차 회사가 엔진, 변속기, 섀시를 모두 개발해야 하는 것과 유사하다.

생성형 AI 기업이 소프트웨어 엔지니어와 데이터 과학자를 중심으로 조직을 구성한다면, 피지컬 AI 기업은 여기에 더해 기계 공학자, 전기 전자 공학자, 재료 공학자, 제어 시스템 전문가까지 확보해야 한다.

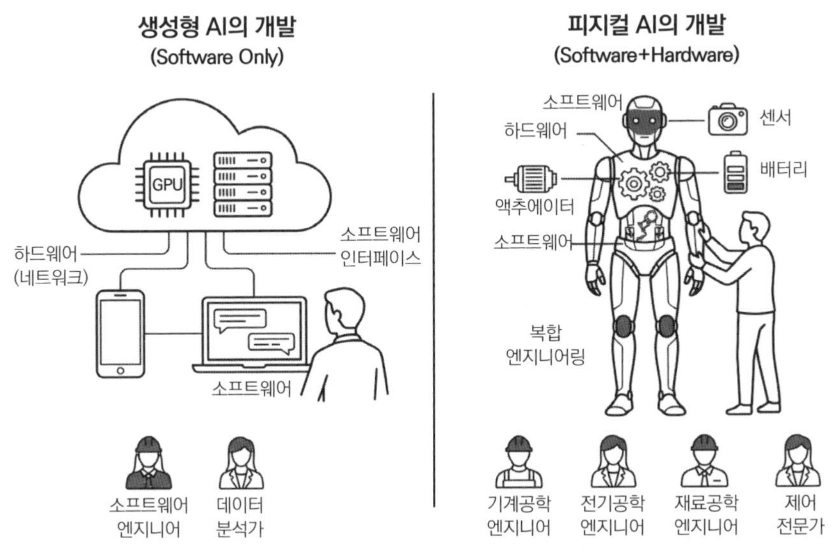

생성형 AI와 피지컬 AI의 개발 과정의 차이

피지컬 AI 개발의 복잡성은 소프트웨어와 하드웨어가 긴밀하게 통합되어야 한다는 점에서 더욱 증폭된다. 소프트웨어 알고리즘이 계산한 동작 명령은 하드웨어의 물리적 한계 내에서 실행 가능해야 하며, 하드웨어 설계는 소프트웨어가 요구하는 성능을 충족해야 한다.

예를 들어 AI가 로봇 팔을 특정 속도로 움직이라고 명령했을 때, 액추에이터는 그 속도를 낼 수 있는 토크(Torque)를 발생시켜야 하고, 센서는 그 움직임을 실시간으로 피드백할 수 있어야 한다. 이러한 하드웨어와 소프트웨어의 공동 설계 과정은 생성형 AI 개발에서는 존재하지 않는 추가적인 복잡성이다.

데이터 수집과 학습 환경의 차이

생성형 AI는 인터넷에 존재하는 방대한 텍스트, 이미지, 비디오 데이터를 수집하여 학습한다. OpenAI의 GPT 시리즈나 Anthropic의 Claude는 웹에서 수집한 수조 개의 토큰을 학습 데이터로 사용한다.

피지컬 AI는 완전히 다른 데이터 수집 방식을 요구한다. 로봇이 물리 세계에서 작동하기 위해서는 실제 환경에서 수집한 데이터가 필요하다. 대부분의 휴머노이드 로봇은 인간의 동작을 모션 캡처(Motion Capture)로 기록하여 학습 데이터로 사용할 수 있다.

Figure AI의 Helix 모델은 원격 조종(Teleoperation)을 통해 인간이 로봇을 조작하는 동안의 데이터를 수집한다. 이러한 데이터 수집은 물리적 로봇 하드웨어가 필요하며, 실시간으로 진행되어야 하고, 다양한 환경 조건을 반영해야 한다. 단순히 텍스트를 수집하는 것과 달리, 로봇을 실제로 움직여 데이터를 생성하는 과정은 시간과 비용이 많이 든다.

더욱이 피지컬 AI는 시뮬레이션과 실제 환경 사이의 간극을 극복해야 한다. NVIDIA의 Isaac Sim과 같은 시뮬레이션 플랫폼을 사용하여 가상 환경에서 로봇을 학습시킬 수 있지만, 시뮬레이션에서 학습한 행동이 실제 세계에서 제대로 작동하지 않는 경우가 많다. 물리 엔진의 근사치, 센서 노이즈의 부재, 재질의 미세한 차이 등이 원인이다.

과거에는 새로운 조작 작업을 학습하기 위해 수백에서 수천 번의 인간 시연이 필요하고, 이런 데모 수집과 반복에 며칠에서 몇 주가 걸리는 경우도 많았다. 다만 최신 연구에서는 시뮬레이션, 물리 월드 모델, zero-shot 전이 등을 통해 실제 로봇 시도를 크게 줄이고 학습 속도를 빠르게 하고 있다.[*]

하드웨어 설계의 복잡성

피지컬 AI의 핵심은 정밀한 하드웨어 설계에 있다. 휴머노이드 로봇을 구성하는 주요 하드웨어 컴포넌트는 액추에이터, 센서, 컴퓨팅 플랫폼, 전

---

[*]   https://news.aibase.com/news/16610. zero-shot 전이는 별도의 추가 학습이나 실제 시연 없이, 이미 학습된 모델을 새로운 작업과 환경에 바로 적용하는 방식이다.

력 시스템으로 구분할 수 있다. 각 컴포넌트는 서로 밀접하게 연관되어 있으며, 하나의 설계 결정이 전체 시스템에 영향을 미친다.

Tesla Optimus는 전신에 40개 이상의 맞춤형 전기 액추에이터를 탑재하고 있다. 각 액추에이터는 관절의 위치와 요구되는 토크에 따라 다르게 설계된다. 예를 들어 다리의 고관절 액추에이터는 로봇의 전체 무게를 지탱하며 걷는 동작을 수행해야 하므로 높은 토크가 필요한 반면, 손가락 액추에이터는 섬세한 조작을 위해 정밀한 위치 제어가 중요하다.

로봇의 성능을 결정짓는 액추에이터 기술

로봇의 몸을 움직이는 액추에이터 기술의 선택은 로봇의 성능을 결정짓는다. Boston Dynamics는 2013년부터 유압식 Atlas를 개발해왔으나, 2024년 4월 전기식 Atlas로 완전히 전환했다. 그래서 2026년 1월의 CES에서 퍼포먼스를 펼친 Atlas를 **Electric Atlas**라고 부른다. 유압 시스템은 높은 출력 밀도를 제공하지만, 오일 누수 문제, 복잡한 유지보수, 높은 소음과 에너지 소비가 단점이다.

전기 액추에이터는 더 조용하고 깨끗하며, 제어가 용이하고 에너지 효율이 높다. 최근 전기 모터의 토크 밀도가 향상되면서 유압 시스템과 비슷한 성능을 낼 수 있게 되었다.

Boston Dynamics의 새로운 전기식 Atlas는 맞춤 설계된 고출력 전기 액추에이터를 사용하여 안마 운동, 덤블링 등에서 엘리트 운동선수 수준의 파워를 발휘하며, 고관절, 허리, 목 관절이 360도 회전할 수 있어 인간의 가동 범위를 초과한다.

주변 환경을 인식하는 센서 시스템

센서 시스템은 로봇이 주변 환경을 인식하고 자신의 상태를 파악하는 데 필수적이다. Tesla Optimus는 자율주행 기술에서 파생된 비전 시스템을 사용한다. 머리에 장착된 다수의 Autopilot급 카메라가 주변을 360도로 촬영하며, LiDAR 없이 카메라만으로 3D 공간을 인식한다.

발에는 2축 힘 센서가 내장되어 지면과의 접촉을 감지하고 균형을 유지한다. 손가락 끝에는 금속 힘줄(Metallic Tendon) 구조의 촉각 센서가 있어 물체를 잡을 때의 압력을 측정한다. 모든 관절에는 토크 센서가 내장되어 관절에 가해지는 힘을 실시간으로 모니터링하고 안전 제한을 적용한다.

Figure AI의 Figure 03은 한 단계 더 진보된 센서 시스템을 탑재했다. 헤드의 새로운 카메라 아키텍처는 이전 세대 대비 프레임 레이트가 2배 증가하고, 레이턴시는 4분의 1로 감소했으며, 시야각은 60% 넓어졌다. 각 손바닥에는 광각 카메라가 내장되어 물체를 잡는 순간의 근거리 시각 피드백을 제공한다. 이는 메인 카메라가 가려지는 상황에서도 계속 작업할 수 있게 한다.

컴퓨팅 플랫폼

컴퓨팅 플랫폼 선택도 중요한 하드웨어 결정이다. Tesla Optimus는 자사의 FSD(Full Self-Driving) 칩을 변형한 단일 Tesla SoC(System-on-Chip)를 사용한다. 이는 자율주행 차량에서 검증된 하드웨어를 로봇에 적용한 사례다.

Figure AI의 Figure 03은 듀얼 저전력 임베디드 GPU를 탑재하여 Helix

비전-언어-동작 모델을 온보드에서 실행하며, 이전 세대 대비 향상된 컴퓨팅 성능을 제공한다. NVIDIA는 휴머노이드 전용 컴퓨팅 플랫폼인 Jetson Thor를 출시했으며, 이는 추론 AI에 최적화된 아키텍처를 제공한다.

제조와 스케일업의 도전

생성형 AI는 한 번 학습된 모델을 무한정 복제하여 배포할 수 있다. OpenAI는 GPT-5를 학습시키는 데 수억 달러를 투자했지만, 학습이 완료된 후에는 추가 사용자에게 서비스를 제공하는 한계 비용이 매우 낮다. 서버 증설만으로 수백만 명의 사용자를 동시에 지원할 수 있다.

피지컬 AI는 각 로봇이 물리적 제품이므로 생산량을 늘리기 위해서는 제조 시설에 투자해야 한다. 이는 자동차 산업과 유사한 자본 집약적 사업 모델이다.

Figure AI는 이 문제를 해결하기 위해 BotQ라는 전용 제조 시설을 건설했다. 초기 생산 라인은 연간 12,000대의 휴머노이드를 생산할 수 있으며, 4년간 총 100,000대를 생산하는 것을 목표로 한다.

Figure는 핵심 모듈인 액추에이터, 배터리, 센서, 구조물, 전자장치를 모두 자체 설계하여 수직 통합(Vertical Integration)을 추구한다. 개별 부품에 대해서는 필요한 물량, 납기, 품질 기준을 충족할 수 있는 공급업체와 전략적으로 협력한다. 이러한 글로벌 파트너 네트워크는 Figure와 함께 성장하며 수천에서 수백만 개의 부품을 공격적인 확대 일정에 맞춰 공급할 수 있다.

Tesla는 자동차 제조 경험을 로봇 생산에 활용한다. 자동차 생산 라인에서 사용하는 경량 소재, 3D 프린팅 기술, 충돌 시뮬레이션 능력을 Optimus 개발에 적용했다. Tesla는 Austin 공장에 Optimus 메가팩토리를 건설 중이며, 2027년 말에 상용화 제품을 판매할 계획이다.

중국 기업들도 적극적으로 투자하고 있다. UBTECH Robotics는 2025년 12월 말에 Walker S2 휴머노이드 누적 생산량 1,000대를 달성했으며, 500대 이상을 고객에게 인도했다. XPeng은 2025년 초 휴머노이드 로보틱스에 138억 달러를 투자하겠다고 발표했으며, 2027년까지 수천 대의 공장 유닛을 배치할 계획이다.

Goldman Sachs는 2026년에 전 세계적으로 50,000대 이상의 휴머노이드가 출하될 것으로 전망하며, 단위 경제성은 대당 15,000~20,000달러로 개선될 것으로 예상한다.[*] Bank of America Institute는 휴머노이드 로봇의 재료 비용이 2025년 약 35,000달러에서 향후 10년간 13,000~17,000달러로 하락할 것으로 전망한다.[**]

Goldman Sachs는 2023년에서 2024년 사이 휴머노이드 제조 비용이 40% 감소했다고 보고했다. 이러한 비용 하락은 대량 생산과 부품 표준화, 공급망 성숙을 통해 달성된다. 그러나 여전히 자동차(평균 2만~3만 달러)에

---

[*] https://www.itiger.com/news/1134377125

[**] https://institute.bankofamerica.com/content/dam/transformation/humanoid-robots.pdf

비해 높은 가격이며, 소비자 시장으로 확대되기 위해서는 추가적인 비용 절감이 필요하다.

▎통합과 검증의 복잡성

생성형 AI는 개발이 완료되면 즉시 배포할 수 있다. 새로운 버전의 GPT 모델은 몇 시간 안에 전 세계 사용자에게 제공된다. 피지컬 AI는 하드웨어와 소프트웨어의 통합 테스트가 필수적이며, 안전성 검증에 수개월에서 수년이 걸린다.

로봇이 사람 근처에서 작동하기 때문에 고장이나 오작동이 물리적 위험을 초래할 수 있다. Boston Dynamics는 현대차 조지아 공장에서 Electric Atlas를 시범 배치하여 실제 자동차 부품 적재 작업을 수행하고 있다. 로봇은 특정 부품을 식별하고, 변화하는 창고 바닥을 탐색하며, 무거운 물품을 조립 라인의 정확한 슬롯에 배치한다.

Figure AI는 BMW의 사우스캐롤라이나 공장에서 Figure 02를 파일럿 프로그램으로 테스트했다. 11개월간 1,250시간 이상 가동하며 9만 개이상의 판금 부품을 적재했다. Mercedes는 Apptronik의 Apollo 로봇을물류 창고에 시범 배치했다. 이러한 초기 배치는 로봇이 실제 산업 환경에서 얼마나 안정적으로 작동하는지 검증하는 과정이다. 단순 반복 작업, 물리적으로 힘든 작업, 노동력 부족 분야에서 로봇을 테스트하며, 전면적인인력 대체보다는 자동화 가능성을 탐색하는 단계다.

생성형 AI와 피지컬 AI의 개발과정 차이는 소프트웨어 중심 개발과 하드웨어-소프트웨어 통합 개발의 근본적 차이를 반영한다. 생성형 AI 기업은 데이터 과학과 신경망 아키텍처에 집중하면서 클라우드 인프라를 활용하여 빠르게 확장할 수 있다.

피지컬 AI 기업은 액추에이터, 센서, 배터리 같은 물리적 컴포넌트를 설계하고, 이를 정밀하게 제어하는 소프트웨어를 개발하며, 대량 생산을 위한 제조 시설에 투자해야 한다. Tesla, Figure AI, Boston Dynamics의 사례는 각 기업이 이러한 복잡성을 어떻게 해결하고 있는지 보여준다. Tesla는 자동차 제조 경험과 자율주행 기술을 활용하고, Figure AI는 수직 통합과 대량 생산에 집중하며, Boston Dynamics는 수십 년간 축적한 동역학 전문성을 전기 플랫폼으로 전환했다.

2026년은 피지컬 AI의 전환점이 되었다. 앞으로 수많은 휴머노이드 로봇이 공장과 물류 센터에 배치되며 실제 가치를 입증하기 시작할 것이다. 비용은 계속 하락하여 2030년대에는 대당 1만 달러 대로 진입할 수 있다. 가정용 로봇도 1X Technologies의 NEO처럼 2026년 배송을 시작하며 소비자 시장에 첫발을 내딛는다.

그러나 생성형 AI처럼 폭발적으로 확산되기까지는 여전히 시간이 필요하다. 하드웨어 내구성, 에너지 효율, 작업 범용성, 안전성 등 해결해야 할 기술적 과제가 남아 있다. 피지컬 AI의 성공은 소프트웨어와 하드웨어의 완벽한 조화를 이루어내는 기업들에 의해 결정될 것이다.

휴머노이드는 피지컬 AI의 상징적인 존재

피지컬 AI라고 하면 대부분 휴머노이드 로봇을 떠올린다. Tesla의 Optimus, Boston Dynamics의 Atlas, Figure AI의 Figure 03, Unitree의 G1 로봇이 그들이다.

이러한 휴머노이드는 확실히 주목받고 있지만, 피지컬 AI의 적용 분야는 훨씬 광범위하다. 사실 휴머노이드는 피지컬 AI 시장의 일부에 불과하며, 현재 실제 경제적 가치를 창출하는 것은 다른 형태의 피지컬 AI들이다.

앨리스 4(한국)　　Atlas　　IGRIS-C(한국)　　Optimus

이미 산업현장의 용접 및 물류 분야에서는 협동로봇(Cobot)이 광범위하게 사용되고 있다. 이러한 협동로봇에 지능적 행동이 결합되면 곧 피지컬 AI로 진화하게 된다. 피지컬 AI는 물리적 환경을 인식하고 그 환경에서 행동하는 모든 AI 시스템을 포함한다.

이는 다양한 형태로 나타난다. 바퀴가 달린 로봇, 팔만 있는 로봇, 하늘을 나는 드론, 도로를 달리는 자율주행차, 공장 전체를 제어하는 통합 시스템, 농장에서 작물을 모니터링하는 센서 네트워크 등 모두가 피지컬 AI다. 중요한 것은 형태가 아니라 기능이다. **물리적 세계를 이해하고 그 세계에서 지능적으로 행동하는 능력**이 중요하다.

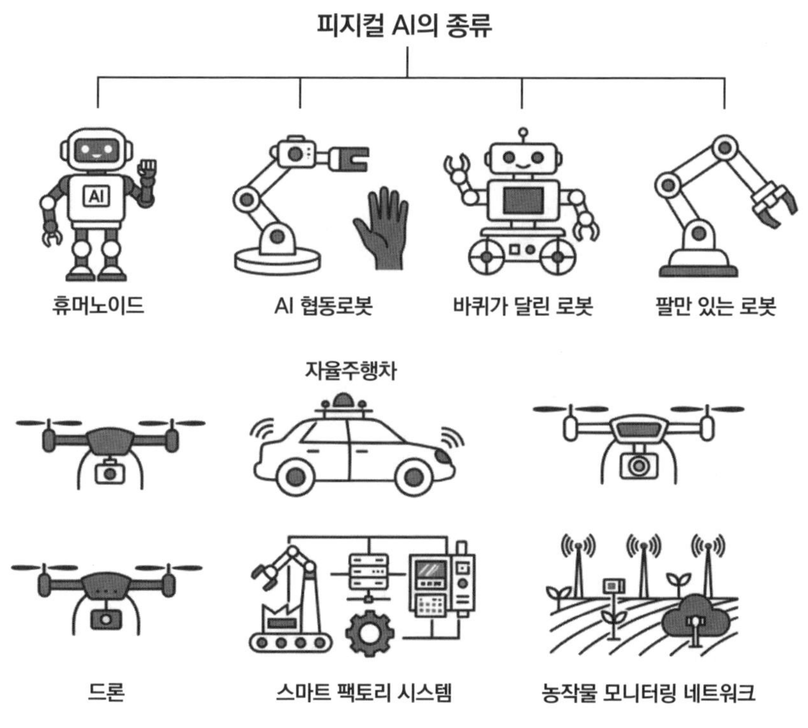

자율주행차: 도로 위의 피지컬 AI

자율주행차는 이미 실현되고 있는 피지컬 AI의 형태이다. 이는 센서(카메라, 라이다, 레이더), AI 두뇌(인식, 판단, 경로 계획), 액추에이터(조향, 가속, 브레이크)를 통합한 완벽한 피지컬 AI 시스템이다.

자율주행 기술은 레벨 0(수동)부터 레벨 5(완전 자율)까지 분류된다. 2026년 기준으로 대부분의 상용 차량은 레벨 2(부분 자동화, 운전자 감독 필요)에 있다. Tesla의 Autopilot, Mercedes-Benz의 Drive Pilot 등이 여기에 해당한다. 레벨 4(특정 조건에서 완전 자율)는 제한적으로 배치되고 있다. Waymo는 샌프란시스코, 피닉스, 로스앤젤레스 등에서 레벨 4의 완전 무인 택시 서비스를 운영 중이다.

Waymo는 미국 6개 도시에서 운영중이며, 향후 13개 도시가 추가될 예정이다.

(출처: 웨이모 홈페이지)

자율주행 시장의 성장은 가파르다. 2024년 681억 달러에서 2030년 2,143억 달러로 성장할 것으로 예측된다.[*] 이는 연평균 성장률 20%를 의

---

[*]　https://www.grandviewresearch.com/industry-analysis/autonomous-vehicles-market

미한다. 성장의 주요 동인은 안전성, 편의성, 그리고 경제성이다.

안전성 측면에서 보면 교통사고의 90% 이상이 인간의 실수로 발생한다. 피로, 주의 산만, 음주, 과속 등이 주요 원인이다. AI는 피로하지 않고, 주의가 산만해지지 않으며, 360도 시야를 가지고, 밀리초 단위로 반응한다.

Waymo의 데이터에 따르면 그들의 자율주행차는 인간 운전자보다 마일당 사고율이 현저히 낮다. 운전 중에 책을 읽고, 일하고, 잠을 잘 수 있다. 도시에서 주차 공간을 찾는 스트레스가 사라진다. 노인이나 장애인도 독립적으로 이동할 수 있다.

자율주행차 시장의 주요 플레이어

기업	접근 방식	현재 상태	강점
Waymo (Alphabet)	레벨 4 Robotaxi	상용 운영 중 (미국 6개 도시)	가장 많은 무인 주행 경험
Tesla	레벨 2 → 레벨 5 (비전 기반)	대량 배치 (수백만 대)	실제 주행 데이터 최대
Cruise(GM)	레벨 4 Robotaxi	운영 중단 후 재시작	GM의 제조 역량
Aurora	레벨 4 화물 트럭	파일럿 운영	장거리 화물에 집중
Waabi	AI-first 접근	시뮬레이션 훈련	데이터 효율성
Mobileye(Intel)	ADAS* → 자율주행	대규모 OEM 파트너십	칩과 소프트웨어 통합

경제성도 설득력 있다. 미국인은 평균적으로 연간 차량 소유 및 운영에 1만 달러 이상을 지출한다. 자율주행 택시 서비스(Robotaxi)가 마일당 비용

---

* Advanced Driver Assistance Systems. 첨단 운전자 보조 시스템으로 카메라·레이더·라이더 등 센서를 이용해 차선 유지, 충돌 방지, 어댑티브 크루즈 컨트롤 등의 기능을 제공한다.

을 충분히 낮추면, 많은 사람이 차량 소유를 포기할 수 있다. 특히 도시에서는 주차 비용과 보험료가 높아 Robotaxi가 더 경제적일 수 있다.

중국도 빠르게 추격하고 있다. Baidu의 Apollo Go는 베이징, 상하이, 선전 등 여러 도시에서 Robotaxi 서비스를 운영한다. Pony.ai, WeRide, AutoX도 상용화를 추진 중이다. 중국 정부의 적극적인 지원과 상대적으로 유연한 규제 환경이 빠른 배치를 가능하게 한다.

그러나 도전 과제도 만만치 않다. 기술적으로는 극단적 날씨 조건(폭설, 폭우), 복잡한 도심 환경, 예측 불가능한 인간 행동(무단횡단, 긴급 차량) 등이 여전히 어렵다. 규제적으로는 안전 기준, 책임 소재, 보험, 데이터 프라이버시 등 해결해야 할 문제가 많다. 경제적으로는 센서와 컴퓨팅 비용을 충분히 낮춰 대량 배치가 가능한 수준으로 만들어야 한다. 사회적으로는 운전사 일자리 감소에 대한 우려가 있다.

완전한 자율주행은 언젠가 실현될 것이다. 문제는 언제냐다. 낙관론자들은 3~5년 안에 주요 도시에서 로보택시가 보편화될 것이라고 본다. 보수론자들은 10~15년이 걸릴 것이라고 예측한다. 투자자는 이 불확실성을 고려해야 하지만, 장기적으로는 수조 달러 규모의 시장이 열릴 것이라는 점은 확실하다.

스마트 팩토리: 공장 전체가 하나의 지능형 시스템

스마트 팩토리는 피지컬 AI의 또 다른 중요한 적용 분야다. 여기서 AI는 단일 로봇이 아니라 공장 전체를 조율하는 통합 시스템으로 작동한다. 센서가 모든 기계, 제품, 환경 조건을 모니터링한다. AI가 이 데이터를 분석하여 생산을 최적화하고, 품질을 관리하며, 유지보수를 예측한다. 로봇과 자동화 장비가 AI의 지시에 따라 작업을 수행한다.

한국은 산업로봇 보급률이 세계 선두다. 2024년 통계 기준, 로봇 밀도(근로자 1만 명당 로봇 수)가 1,012대로 전 세계 1위다. 한국의 제조업, 특히 전자, 자동차, 조선 분야는 이미 고도로 자동화되어 있다. 이제 다음 단계는 이러한 자동화에 AI를 더하는 것이다.

실제 사례를 보자. GS칼텍스는 AI 최적화를 통해 정유 공정에서 연료비를 20% 절감했다. AI가 원유 특성, 시장 수요, 설비 상태 등을 실시간으로 분석하여 최적의 생산 조건을 결정한다. HD현대미포는 AI 로봇 용접 검사를 도입하여 검사 시간을 12.5% 단축했다. 컴퓨터 비전 AI가 용접 결함을 인간보다 빠르고 정확하게 감지한다.

스마트 팩토리 구현의 경제적 효과

효과 영역	개선 수치	구체적 예시
생산성 향상	15~30%	GE: AI 예지보전으로 다운타임 10~20% 감소
품질 개선	불량률 20~50% 감소	Siemens: AI 품질 검사로 결함 탐지율 99%
에너지 절감	10~20%	GS칼텍스: AI 최적화로 연료비 20% 절감
유지보수 비용	20~40% 감소	Rio Tinto: 예지보전으로 유지비 25% 절감
재고 최적화	20~30% 감소	Amazon: AI 수요 예측으로 재고 비용 감소
납기 단축	10~30%	BMW: AI 생산 계획으로 리드타임 15% 단축

M.AX 얼라이언스(Manufacturing +AI+X)은 한국 정부와 민간기업이 참여하는 제조 AI 전환 프로젝트다. 2027년까지 100개 이상의 휴머노이드

로봇 시범 사업을 진행하고, 지역별 AI-로봇 클러스터를 구축하며, 2028년까지 온디바이스 AI 반도체 프로토타입을 개발하는 것이 목표다. 이는 한국 제조업이 저비용 국가와의 경쟁에서 살아남기 위한 전략적 선택이다. 자동화와 AI를 통해 생산성을 높이고 품질을 개선하여 고부가가치 제조로 전환하는 것이다.

농업·의료·스마트시티로의 확장

피지컬 AI의 적용은 제조업과 운송을 넘어 농업, 의료, 스마트시티 등 다양한 분야로 확장되고 있다.

농업(Agriculture)에서 피지컬 AI는 정밀 농업(Precision Agriculture)을 가능하게 한다. 드론이 농장 상공을 비행하며 작물 상태를 모니터링한다. 멀티스펙트럼 카메라가 식물의 건강, 수분 스트레스, 병충해를 감지한다. AI가 이 데이터를 분석하여 관개, 시비, 농약 살포를 최적화한다. 이는 물과 비료 사용을 20~30% 줄이면서도 수확량을 10~15% 늘린다.

의료(Healthcare)에서 피지컬 AI는 수술, 재활, 돌봄 등 여러 영역에서 활용된다. Intuitive Surgical의 da Vinci 수술 로봇은 전 세계적으로 1만 대 이상 설치되어 수백만 건의 수술을 수행했다. AI 기반 수술 로봇은 수술 시간을 25% 단축하고 합병증을 30% 감소시킨다. 외과의가 콘솔에서 조작하면, 로봇 팔이 더 정밀하고 안정적으로 움직인다. 손 떨림이 제거되고, 3차원 확대 시야를 제공하며, 최소 침습 접근[*]이 가능하다.

---

[*]　침습 접근은 피부나 조직을 절개하거나 신체 내부에 기구를 삽입해 직접 치료·수술하는 방식이다.

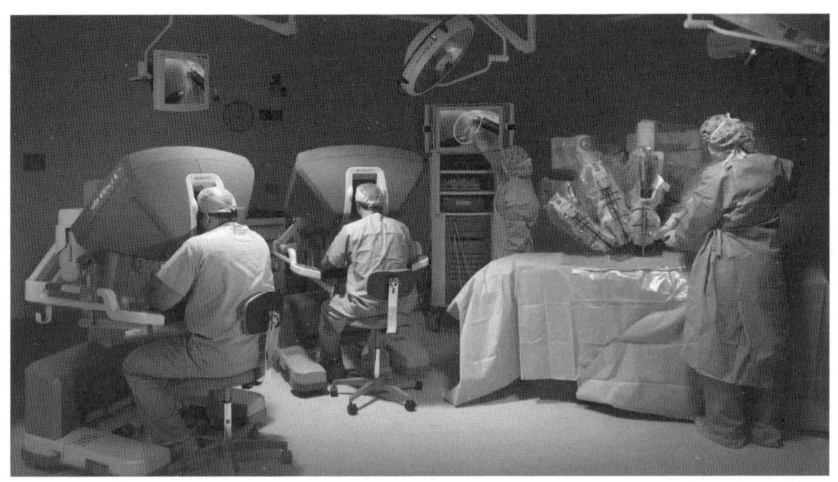

Intuitive Surgical의 AI 지원형 로봇 수술 플랫폼 다빈치. 외과의 주도+AI 보조 형태이다.

재활 로봇은 뇌졸중이나 척수 손상 환자의 회복을 돕는다. 한국의 휴로닉스는 AI 기반 웨어러블 로봇을 활용해 보행 재활을 지원하는 재활 로봇을 생산하고 있으며, 환자의 보행·근력 상태에 맞춰 맞춤형 보조를 제공한다. 한국의 휴먼인모션로보틱스는 휴머노이드 로봇 기술을 기반으로 한 하체 재활용 웨어러블 외골격 로봇 '엑소모션-R'을 생산한다.

일본에서는 노인 요양 시설에 돌봄 로봇이 배치되고 있다. 물리적 보조(이동, 식사, 목욕)뿐만 아니라 대화 상대 역할도 한다. 고령화 사회에서 돌봄 인력 부족 문제의 부분적 해결책이다.

스마트시티(Smart City)는 도시 전체가 하나의 피지컬 AI 시스템이 되는 비전이다. 센서가 교통, 에너지, 환경, 안전 등 도시의 모든 측면을 모니터링한다. AI가 이 데이터를 분석하여 도시 운영을 최적화한다.

피지컬 AI의 산업별 적용 사례

산업	적용 분야	주요 기업/프로젝트	경제적 효과
농업	정밀 농업, 자율 트랙터	John Deere, Blue River	수확량 10~15% 증가, 자원 20~30% 절감
의료	수술 로봇, 재활 로봇	Intuitive Surgical, Hurotics	수술 시간 25% 단축, 합병증 30% 감소
물류	창고 자동화, 배송 로봇	Amazon Robotics, Starship	효율 25% 향상, 인건비 40% 절감
건설	자동 측량, 로봇 시공	Built Robotics, Construction Robotics	생산성 20~30% 향상, 안전사고 감소
광업	무인 트럭, 드릴 자동화	Rio Tinto, Caterpillar	운영비 15% 절감, 안전성 대폭 향상
에너지	송전선 점검, 해양 플랫폼	Spot(Boston Dynamics), Saipem	유지보수 비용 20% 절감

이러한 다양한 적용 사례가 보여주는 것은 피지컬 AI가 단순히 로봇 기술이 아니라는 점이다. 그것은 AI가 디지털 세계에서 물리적 세계로 확장하여 산업과 사회의 거의 모든 측면을 변화시키는 범용 기술이다. 증기기관, 전기, 컴퓨터가 그랬듯이, 피지컬 AI도 여러 세대에 걸쳐 경제와 사회를 근본적으로 재구성할 것이다.

투자자에게 이는 중요한 의미를 갖는다. 피지컬 AI는 특정 산업이 아니라 거의 모든 산업에 영향을 미친다. 따라서 투자 기회도 다층적이다. 하드웨어(센서, 로봇), 소프트웨어(AI 모델, 제어 시스템), 플랫폼(클라우드, 시뮬레이션), 서비스(RaaS, 유지보수), 그리고 최종 사용자 산업(제조, 물류, 의료 등)에 이르기까지 밸류체인 전반에 기회가 분산되어 있다. 다음 챕터에서는 이러한 피지컬 AI 시스템을 구성하는 핵심 요소들을 자세히 살펴볼 것이다.

Chapter 4

피지컬 AI의 핵심 구성 요소

피지컬 AI 시스템이 작동하기 위해서는 하드웨어, 소프트웨어, 센서, 제어 시스템 등 여러 핵심 구성 요소들이 유기적으로 결합되어야 한다. **투자자들이 피지컬 AI 생태계를 이해하고 진짜 가치를 창출하는 기업을 찾아내려면 이러한 구성 요소들이 각각 어떤 역할을 하고 어떻게 연결되는지 파악해야 한다.**

예컨대 로봇의 정밀한 동작을 가능하게 하는 액추에이터 기술을 보유한 기업과, 단순히 이를 조립하는 완성품 제조사는 전혀 다른 투자 가치를 지닌다. 액추에이터, 센서 하나하나가 전체 시스템에서 차지하는 위치와 중요도를 알아야 부품사와 완성품 제조사 중 어디에 투자할지 판단할 수 있다. 특히 핵심 부품의 경우 여러 완성품 제조사에 공급되면서 안정적인 수익을 창출할 수 있어 투자 리스크가 상대적으로 낮을 수 있다. 피지컬 AI

의 핵심 구성 요소를 이해하는 것은 기술을 이해하는 동시에 투자 기회를 포착하는 첫걸음이다.

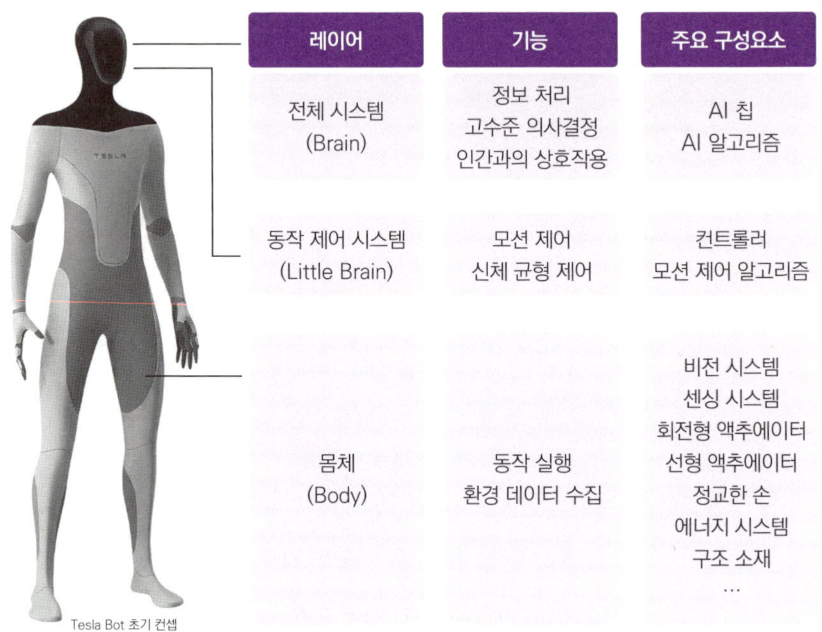

Tesla Bot 초기 컨셉

레이어	기능	주요 구성요소
전체 시스템 (Brain)	정보 처리 고수준 의사결정 인간과의 상호작용	AI 칩 AI 알고리즘
동작 제어 시스템 (Little Brain)	모션 제어 신체 균형 제어	컨트롤러 모션 제어 알고리즘
몸체 (Body)	동작 실행 환경 데이터 수집	비전 시스템 센싱 시스템 회전형 액추에이터 선형 액추에이터 정교한 손 에너지 시스템 구조 소재 …

피지컬 AI의 두뇌: VLA 모델과 월드 모델

피지컬 AI 시스템의 중심에는 두뇌가 있다. 이 두뇌는 센서로부터 들어오는 방대한 데이터를 처리하고, 상황을 이해하며, 적절한 행동을 결정한다. 전통적인 로봇 시스템에서는 이 과정이 수많은 개별 모듈로 분리되어 있었다. 하나는 이미지를 처리하고, 다른 하나는 물체를 인식하며, 또 다른 하나는 경로를 계획하고, 마지막으로 별도의 제어 시스템이 모터를 작동시켰다. 각 모듈은 별도로 개발되고 튜닝되었으며, 이들 사이의 인터페이스는 복잡하고 취약했다.

피지컬 AI의 혁명은 이 모든 것을 하나의 통합된 AI 모델로 대체하는 것이다. Vision-Language-Action(VLA) 모델과 월드 모델(World Model)이 바로 그 핵심이다. 이들은 생성형 AI에서 발전한 트랜스포머 아키텍처를 물리적 세계로 확장한 것이다. ChatGPT가 텍스트를 읽고 텍스트를 생성하듯이, VLA 모델은 시각과 언어를 읽고 행동을 생성한다. 월드 모델은 물리적 세계의 작동 방식을 학습하여 미래를 예측하고 시뮬레이션한다.

Vision-Language-Action(VLA) 모델: 명령을 행동으로

VLA는 세 가지 모달리티를 하나의 통합된 프레임워크로 결합한다. 첫째, Vision(시각)은 카메라를 통해 환경을 인식한다. 둘째, Language(언어)는 인간의 명령을 이해하고 작업을 해석한다. 셋째, Action(행동)은 로봇이 실제로 수행할 물리적 동작을 생성한다.

과거에는 이 세 가지가 분리되어 있었다. 컴퓨터 비전 시스템이 '빨간 공'을 인식하면, 별도의 자연어 처리 시스템이 '공을 집어라'라는 명령을 해석하고, 또 다른 모션 플래닝 시스템이 로봇 팔의 궤적을 계획했다. 각 단계에서 정보가 손실되고 오류가 누적되었다. VLA 모델은 이 모든 것을 end-to-end로 학습한다*. 입력은 이미지와 텍스트 명령이고, 출력은 로

---

* 전체 과정을 중간 단계로 쪼개지 않고 하나의 모델이 통합적으로 한 번에 학습한다는 뜻이다.

봇의 관절 각도, 그리퍼 위치, 힘 제어 등 직접적인 행동 파라미터다.

VLA 모델의 작동 원리를 구체적으로 살펴보자. 모델은 트랜스포머 아키텍처를 기반으로 한다. 트랜스포머는 시퀀스 데이터를 처리하는 데 탁월하다. 텍스트는 단어의 시퀀스고, 비디오는 프레임의 시퀀스며, 로봇의 행동은 시간에 따른 동작의 시퀀스다. 트랜스포머는 이 모든 것을 동일한 방식으로 처리할 수 있다.

VLA 모델의 구조와 작동 과정

단계	입력	처리 과정	출력
1. 시각 인코딩	카메라 이미지 (RGB, 심도)	Vision Transformer로 이미지 특징 추출	시각적 토큰 시퀀스
2. 언어 인코딩	텍스트 명령 ("컵을 집어라")	Language Transformer로 의미 추출	언어 토큰 시퀀스
3. 융합	시각+언어 토큰	Cross-attention으로 두 모달리티 결합	통합 표현
4. 행동 디코딩	통합 표현+로봇 상태	Action Transformer로 행동 시퀀스 생성	관절 각도, 그리퍼 명령
5. 실행	행동 파라미터	제어 시스템이 모터에 전달	물리적 동작

구체적 예시로 "테이블 위의 빨간 머그컵을 집어서 선반에 놓아라"라는 명령을 생각해보자. VLA 모델은 다음과 같이 작동한다.

먼저 카메라 이미지를 받는다. 테이블, 여러 물체, 빨간 머그컵이 보인다. Vision Transformer가 이 이미지를 처리하여 물체들의 위치, 모양, 색깔을 인식한다. 중요한 것은 모델이 단순히 '머그컵'을 인식하는 것을 넘어, 그것이 3차원 공간에서 어디에 있고, 어떤 방향으로 놓여 있으며, 다른 물체들과 어떤 관계인지를 이해한다는 것이다.

동시에 텍스트 명령 "빨간 머그컵을 집어서 선반에 놓아라"는 내용이 Language Transformer로 들어간다. 모델은 이것이 두 단계 작업임을 이해한다. 1) 빨간 머그컵을 집기, 2) 선반에 놓기. 또한 '빨간'이라는 형용사가 여러 머그컵 중에서 특정 머그컵을 지정한다는 것을 이해한다.

융합 단계에서 시각 정보와 언어 정보가 결합된다. Cross-attention 메커니즘*이 '빨간 머그컵'이라는 언어적 개념을 이미지에서 해당하는 시각적 영역과 연결한다. 모델은 이미지의 어느 픽셀이 작업의 대상인지 정확히 알게 된다.

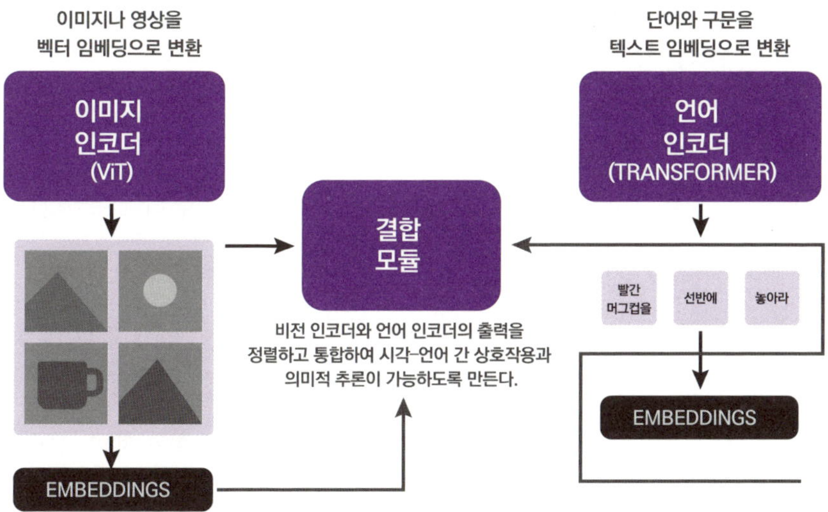

VLM 아키텍처. 이미지 인코더와 텍스트 인코더를 결합하여 통합된 표현을 생성한다.

---

* 한 정보(예: 언어)가 다른 정보(예: 이미지)의 중요한 부분에 선택적으로 주의를 기울이도록 연결해 주는 구조이다.

이제 Action Transformer가 행동 시퀀스를 생성한다. 로봇 팔을 머그컵으로 이동시키고, 그리퍼를 적절한 각도로 조정하며, 머그컵을 잡고, 들어 올리고, 선반으로 이동하고, 내려놓고, 그리퍼를 여는 일련의 동작이다. 중요한 것은 이 모든 것이 물리적 제약을 고려한다는 것이다. 로봇 팔이 도달할 수 있는 범위, 관절의 각도 제한, 충돌 회피, 안정적인 파지 등이 모두 모델에 내재되어 있다.

실제로 여러 VLA 모델이 공개되고 개선되고 있다. Physical Intelligence의 π0(pi-zero) 모델은 다양한 로봇에 적용 가능한 범용 VLA 모델이다. π0는 서로 다른 로봇(팔 로봇, 이동 로봇, 휴머노이드)에서 수집된 데이터로 훈련되어, 로봇의 종류에 관계없이 작업을 수행할 수 있다. Google DeepMind의 RT-2(Robotics Transformer 2)는 인터넷의 방대한 이미지-텍스트 데이터로 사전 훈련된 비전-언어 모델을 로봇 제어로 미세 조정한 것이다. 이는 로봇이 훈련 중에 본 적 없는 물체와 상황에서도 작동할 수 있게 한다. 예를 들어 RT-2는 "공룡 인형을 집어라"라는 명령에 대해, 훈련 데이터에 공룡 인형이 없었어도 인터넷에서 본 공룡 이미지의 일반적 개념을 활용하여 올바른 물체를 식별할 수 있다.

NVIDIA의 GR00T(Generalist Robot 00 Technology)는 휴머노이드 로봇을 위한 범용 모델이다. GR00T는 인간의 동작 비디오에서 학습하여 로봇이 인간의 행동을 모방할 수 있게 한다. 인간이 셔츠를 접는 비디오를 보면, GR00T는 그 동작의 구조를 이해하고 로봇 팔로 재현할 수 있다. 이는 로봇 프로그래밍을 극적으로 단순화한다. 엔지니어가 코드를 작성하는 대신, 인간이 시범을 보이면 된다.

주요 VLA 모델 비교

모델	개발사	훈련 데이터	적용 범위
$\pi 0$ (pi-zero)	Physical Intelligence	다양한 로봇의 실제 작업 데이터	조작, 이동, 복합 작업
RT-2	Google DeepMind	웹 이미지-텍스트 +로봇 데이터	새로운 물체 인식 능력
GR00T	NVIDIA	인간 동작 비디오	인간 모방 작업
Octo	UC Berkeley, Stanford	80만 개 로봇 궤적	연구 및 교육
OpenVLA	OpenRobotics	크라우드소싱 데이터	다양한 실험 환경

VLA 모델의 큰 장점은 일반화 능력이다. 전통적인 로봇 시스템은 특정 작업을 위해 명시적으로 프로그래밍되었다. 환경이 조금만 바뀌어도(예: 물체의 위치, 조명, 배경) 실패했다. VLA 모델은 훈련 데이터에서 본 수많은 변형을 통해 작업의 본질을 학습한다. 머그컵을 집는 것은 머그컵이 정확히 어디 있든, 어떤 색이든, 다른 물체들이 주변에 있든 수행할 수 있는 작업이 된다.

또 다른 장점은 언어 인터페이스다. 전통적인 로봇을 프로그래밍하려면 전문 엔지니어가 필요했다. VLA 모델은 자연어 명령을 이해하므로, 비전문가도 로봇에게 작업을 지시할 수 있다. 이는 로봇의 접근성을 극적으로 높인다. 공장 현장 관리자가 "저 상자를 팔레트에 쌓아라"라고 말하면, 로봇이 이해하고 실행한다. 복잡한 GUI나 프로그래밍 언어가 필요 없다.

그러나 VLA 모델에도 한계가 있다. 첫째, 데이터 효율성이 낮다. 좋은 VLA 모델을 훈련하려면 수십만에서 수백만 개의 로봇 궤적 데이터가 필요하다. 이는 로봇이 실제 환경에서 수많은 작업을 수행하며 생성해야 한다. 시뮬레이션이 도움이 되지만, 시뮬레이션과 현실의 차이(sim-to-real gap)는 여전히 문제다. 둘째, 긴 시간 범위의 작업이 어렵다. 대부분의 VLA 모델은 몇 초에서 몇 분의 작업을 다룬다. 몇 시간 또는 며칠에 걸친 복잡한 다단계 작업은 아직 도전 과제다. 셋째, 안전성 보장이 어렵다. VLA 모델은 블랙박스다. 왜 특정 행동을 선택했는지 설명하기 어렵다. 이는 안전이 중요한 응용(의료, 자율주행)에서 문제가 될 수 있다.

그럼에도 불구하고 VLA 모델은 피지컬 AI의 핵심 기술로 자리 잡았다. 2025년 한 해 동안 VLA 모델의 성능이 급격히 개선되었고, 더 많은 기업과 연구기관이 이 방향으로 투자하고 있다. 향후 2~3년 내에 VLA 모델이 대부분의 상용 로봇 시스템의 표준이 될 것으로 예상된다.

월드 모델(World Model): 물리 법칙을 이해하는 시뮬레이터

VLA 모델이 '무엇을 할지'를 결정한다면, 월드 모델은 '무엇이 일어날지'를 예측한다. 월드 모델은 휴머노이드 로봇·자율주행차가 물리적 세상을 이해하고 시뮬레이션할 수 있는 3D-물리-역학 기반의 세계 시뮬레이션 모델이다. NVIDIA Cosmos, Google Genie 3, Runway GWM-1, World Labs Marble 등이 핵심 프레임워크로 활용되고 있다.

월드 모델은 물리적 세계의 작동 방식을 학습한 AI다. 중력이 물체를 끌어당기고, 마찰이 움직임을 늦추며, 충돌이 궤적을 바꾸고, 유연한 물체가 변형되는 등 물리 법칙을 내재화한다. 이러한 이해를 바탕으로 로봇은 행동의 결과를 미리 시뮬레이션하고, 최적의 전략을 선택할 수 있다.

월드 모델의 개념은 새로운 것이 아니다. 인간도 머릿속에 월드 모델을 가지고 있다. 컵을 테이블 가장자리에 놓으면 떨어질 것이라고 예측한다. 공을 던지면 포물선을 그리며 날아갈 것을 예상한다. 이러한 직관적 물리학(intuitive physics)이 우리가 세상과 상호작용하는 방식의 기초다. AI에게도 같은 능력이 필요하다.

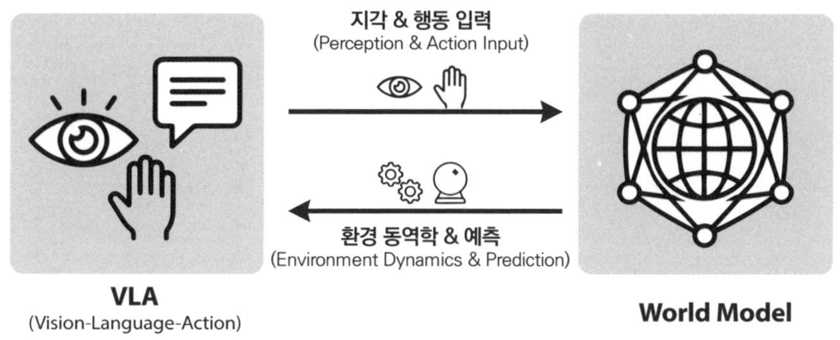

월드 모델은 세상이 어떻게 변하는지에 대한 내부 시뮬레이터
VLA는 그 위에서 보고·말로 이해하고·행동하는 실행 인터페이스

AI 월드 모델은 두 가지 방식으로 구축될 수 있다. 첫째는 물리 엔진 기반 접근이다. 컴퓨터 그래픽과 로보틱스에서 사용되는 물리 시뮬레이터(MuJoCo, PyBullet, Isaac Sim 등)를 활용한다. 이들은 뉴턴 역학 방정식을 수치적으로 풀어 물체의 움직임을 계산한다. 장점은 정확성과 해석 가능성이다. 물리 법칙이 명시적으로 코딩되어 있어 신뢰할 수 있다. 단점은 현실 세계의 복잡성을 완벽하게 모델링하기 어렵다는 것이다. 마찰 계수, 물체의 정확한 질량과 형태, 재질의 탄성 등 수많은 파라미터가 필요하다.

둘째는 학습 기반 접근이다. AI가 데이터로부터 물리 법칙을 학습한다. 로봇이 물체를 밀고, 던지고, 떨어뜨리는 수천 번의 실험을 통해 AI는 중력, 관성, 충돌의 패턴을 포착한다. 이는 명시적으로 물리 방정식을 알지 못해도 '공을 이렇게 던지면 저기 떨어진다'는 것을 예측할 수 있게 한다. 장점은 유연성이다. 복잡하고 예측하기 어려운 현상(예: 천의 움직임, 액체의 흐름)도 데이터에서 학습할 수 있다.

최근의 월드 모델은 두 접근을 결합한다. 물리 엔진의 구조적 지식과 학습의 유연성을 모두 활용한다. NVIDIA의 Isaac Lab은 GPU 가속 물리 시뮬레이션과 딥러닝을 통합한다. 이는 수천 개의 시뮬레이션을 병렬로 실행하여 로봇이 몇 시간 만에 수년치의 경험을 쌓을 수 있게 한다.

월드 모델의 종류와 특징

유형	원리	장점	단점	대표 사례
뉴럴 물리 시뮬레이터	명시적 물리 방정식	정확, 해석 가능	복잡한 현상 모델링 어려움	Brax, Genesis
학습 기반	데이터로부터 패턴 학습	유연, 복잡한 현상 처리	대량 데이터 필요, 외삽 약함	DreamerV3, GAIA-3
하이브리드	물리+학습 결합	양쪽 장점 활용	구현 복잡도 높음	Marble, Cosmos
생성형 비디오	비디오 예측으로 물리 학습	실제 비디오로 훈련 가능	물리적 정확도 낮을 수 있음	Cosmos, Genie 3, GWM-1

월드 모델은 생성형 비디오 AI의 발전과도 밀접하다. OpenAI의 Sora, Google의 Veo, Runway의 Gen-2 등 비디오 생성 모델은 본질적으로 시

각적 월드 모델이다. 이들은 비디오를 생성하면서 물체가 어떻게 움직이고, 빛이 어떻게 반사되며, 장면이 시간에 따라 어떻게 변하는지를 학습한다. NVIDIA의 Cosmos 플랫폼은 이러한 생성형 비디오 기술을 로봇 훈련에 적용한다. Cosmos는 방대한 실제 세계 센서 데이터로 훈련되어 로봇이 균형을 잡고, 물체를 파지하고, 동적으로 움직이는 방법을 이해하도록 돕는다.

월드 모델이 로봇에게 제공하는 구체적 이점을 살펴보자.

1. **계획**(Planning): 로봇이 행동을 실행하기 전에 그 결과를 머릿속에서 시뮬레이션할 수 있다. 여러 가능한 행동을 시도해보고, 가장 좋은 결과를 가져올 것을 선택한다. 예를 들어 로봇이 좁은 공간에서 물체를 꺼내야 한다면, 여러 파지 각도와 경로를 월드 모델에서 시뮬레이션하고, 충돌 없이 성공할 가능성이 높은 것을 선택한다.

2. **안전성**(Safety): 위험한 행동을 미리 감지할 수 있다. 월드 모델이 '이 속도로 회전하면 물체가 날아갈 것'이라고 예측하면, 로봇은 더 조심스럽게 움직인다. 사람이 로봇의 작업 공간에 들어오면, 월드 모델이 충돌 가능성을 예측하고 로봇을 멈춘다.

3. **적응**(Adaptation): 예상과 다른 일이 발생하면 빠르게 적응할 수 있다. 로봇이 월드 모델에서 '물체를 밀면 5cm 움직일 것'이라고 예측했는데, 실제로는 10cm 움직였다면, 이는 물체가 예상보다 가볍거나 표면이 더 미끄럽다는 신호다. 로봇은 월드 모델을 실시간으로 조정하고 다음 행동을 수정한다.

4. 학습 효율(Learning Efficiency): 월드 모델을 가진 로봇은 더 적은 실제 경험으로 학습할 수 있다. 실제 세계에서 한 번 시도하고, 그 결과를 월드 모델에 통합한 후, 월드 모델 안에서 수천 번 시뮬레이션한다. 이는 학습 속도를 극적으로 높인다. Tesla의 Dojo 슈퍼컴퓨터가 바로 이를 위한 것이다. 실제 Tesla 차량에서 수집된 데이터로 월드 모델을 훈련하고, 그 안에서 자율주행 소프트웨어를 개선한다.

자율주행에서 월드 모델은 더욱 중요하다. 차량이 교차로에 접근할 때, 다른 차량, 보행자, 신호등의 상태를 인식하는 것만으로는 충분하지 않다. 그들이 다음에 무엇을 할지 예측해야 한다. 월드 모델은 '저 보행자는 횡단보도를 건너려고 한다', '옆 차선의 차량은 차선을 바꿀 것 같다'는 예측을 제공한다.

이러한 예측을 바탕으로 차량은 안전한 행동을 선택한다. Waymo의 시스템은 주변 에이전트의 미래 궤적을 최대 8초까지 예측하며, 각 에이전트에 대해 여러 가능한 시나리오를 고려한다.

예를 들어 스쿨버스가 갓길에 정차하면, 단순히 '장애물'로 인식하는 것이 아니라 '아이들이 차도로 뛰어나올 수 있다'는 맥락까지 추론한다. Tesla의 FSD 시스템 역시 공사 구간에서 작업자의 손짓이나 임시 표지판의 의미를 해석해 속도와 경로를 자동으로 조정하는데, 이는 규칙 기반 코드가 아닌 상황 전체를 모델링하는 능력에서 나온다. 결국 월드 모델의 수준이 곧 자율주행의 안전 수준을 결정하며, '보는 것'에서 '이해하는 것'으로의 전환이 레벨 2와 레벨 4를 가르는 핵심 경계선이 된다.

VLA 모델과 월드 모델
왜 둘 다 필요한가?

피지컬 AI 시스템에서 VLA(Vision-Language-Action) 모델이 시각 정보와 언어 명령을 받아 직접 행동을 생성한다면, 왜 별도로 월드 모델이 필요할까? VLA 모델 하나면 충분하지 않을까?

VLA 모델의 한계

VLA 모델은 입력된 정보에 대해 즉각적인 행동을 생성하는 데 강점이 있지만, 장기 계획 수립이나 미래 상태 예측에는 취약하다. 예를 들어 "저 병을 집어라"는 명령을 받으면 VLA 모델은 즉시 그립 동작을 실행하지만, 로봇이 균형을 잃고 넘어질 가능성까지 고려하지는 못한다. 복잡한 공장 환경에서 여러 단계의 작업을 수행할 때 이러한 예측 오류가 누적되면 실패율이 급증한다.

월드 모델의 보완 역할

월드 모델은 물리 세계를 시뮬레이션하고 행동의 결과를 미리 예측하는 역할을 한다. VLA 모델이 생성한 행동 후보들을 가상으로 실행해보고, "이 동작을 하면 20% 확률로 넘어진다"는 식의 분석을 제공한다. 이를 통해 VLA 모델은 더 안전하고 효율적인 행동을 선택할 수 있다.

실제 적용 구조

1X의 NEO는 VLA와 월드 모델을 통합한 1X World Model을 통해, 시각과 언어 입력을 바탕으로 비디오 롤아웃을 생성하고, 이를 역동역학 모델로 변환해 22DoF 손가락을 포함한 관절을 제어하는 구조를 채택하고 있다. Tesla Optimus도 월드 모델과 VLA 기반 구조를 활용해 시뮬레이션·검증을 통해 실제 로봇 제어를 수행하는 방향으로 개발되고 있다.

인간은 단일 감각으로 세상을 이해하지 않는다. 우리는 보고, 듣고, 만지고, 냄새 맡고, 맛본다. 이 모든 감각 정보가 뇌에서 통합되어 풍부한 세계 인식을 만든다.

예를 들어 과일이 익었는지 판단할 때, 우리는 색깔(시각), 냄새(후각), 단단함(촉각)을 모두 고려한다. 어느 하나만으로는 불충분하다. 시각만으로는 속이 썩었는지 알 수 없고, 냄새만으로는 표면의 상처를 발견할 수 없다.

감각의 멀티모달

피지컬 AI도 단일 센서만으로는 복잡한 현실 세계를 이해할 수 없다. 카메라는 물체의 외형을 보지만 무게는 알 수 없다. 힘 센서는 무게를 느끼지만 색깔은 모른다. 마이크는 소리를 듣지만 거리는 판단하기 어렵다. 멀티모달 AI는 여러 감각 모달리티를 통합하여 더 완전하고 견고한 환경 인식을 만든다.

멀티모달 AI는 새로운 개념이 아니다. 생성형 AI에서도 이미 중요하다. ChatGPT는 초기에 텍스트만 다뤘지만 이제는 텍스트, 이미지, 음성을 모두 처리한다. Google의 Gemini도 멀티모달이다. 이러한 모델은 서로 다른 모달리티 간의 관계를 학습한다. 개 사진과 '멍멍' 소리, 그리고 '개'라는 단어가 같은 개념을 지칭한다는 것을 안다.

피지컬 AI에서 멀티모달성은 더욱 중요하다. 왜냐하면 물리적 상호작용이 본질적으로 멀티모달이기 때문이다. 로봇이 물체를 집을 때 시각으로 위치를 파악하고, 촉각으로 접촉을 감지하며, 힘 센서로 파지력을 조절하고, 본체감각(proprioception)[*]으로 팔의 자세를 인식한다. 이 모든 정보가 통합되어야 안정적인 파지가 가능하다.

피지컬 AI의 주요 감각 모달리티

모달리티	센서	제공 정보	중요한 작업
시각	카메라, 라이다	물체 외형, 위치, 거리	인식, 탐색, 경로 계획
청각	마이크	소리, 음향 패턴	기계 진단, 음성 명령
촉각	촉각 센서, 압력 센서	질감, 온도, 접촉	정밀 조작, 파지
힘/토크	힘 센서	힘, 압력, 무게	조립, 안전 제어
본체감각	인코더, IMU	관절 각도, 자세, 가속도	균형, 움직임 제어
후각	가스 센서	가스 농도, 화학 물질	가스 누출 감지, 품질 검사

서로 다른 센서의 데이터 결합

멀티모달 AI의 핵심 과제는 센서 퓨전(Sensor Fusion)이다. 서로 다른 센서의 데이터를 어떻게 효과적으로 결합할 것인가? 전통적 접근은 수동 융합(manual fusion)이었다. 엔지니어가 각 센서의 특성을 고려하여 규칙 기반 알고리즘을 작성했다.

예를 들어 '카메라가 물체를 감지하고 동시에 라이다가 1미터 거리를 측정하면, 그것은 1미터 떨어진 물체다'라는 식이다. 이는 간단한 경우에는 작동하지만, 센서가 많고 상황이 복잡하면 규칙이 폭발적으로 증가한

---

[*] 시각에 의존하지 않고도 자신의 관절 위치·자세·움직임 상태를 내부 감각으로 인식하는 능력이다.

다. 또한 센서 간 불일치를 처리하기 어렵다. 카메라는 물체를 보지만 라이다는 보지 못한다면? 어느 것을 믿을 것인가?

현대적 접근은 학습 기반 융합(learned fusion)이다. 딥러닝 모델이 데이터로부터 센서 융합 방법을 배운다. 여러 센서의 입력을 받아 통합된 표현(representation)을 생성한다. 모델은 각 센서가 언제 신뢰할 수 있고 언제 신뢰할 수 없는지를 학습한다. 예를 들어 비가 오면 카메라가 흐릿해지지만 라이다는 여전히 작동한다. 모델은 이런 상황에서 라이다에 더 가중치를 둔다. 밝은 햇빛 아래에서는 반대다. 라이다가 반사로 혼란스러울 수 있지만 카메라는 그렇지 않다.

Vision-Language-Action 모델에서 이미 멀티모달 융합을 봤다. 카메라 이미지(시각)와 텍스트 명령(언어)을 결합했다. 최신 모델은 더 많은 모달리티를 추가한다. RT-2는 시각, 언어에 더해 로봇의 본체감각 정보(관절 각도, 속도)를 통합한다. 로봇이 자신의 현재 자세를 인식하면서 작업을 수행한다. PaLM-E(Embodied)는 시각, 언어, 센서 측정값, 그리고 지속적인 상태 추정을 통합하는 530억 파라미터 모델이다.

로봇이 "빨간 블록을 집어서 파란 그릇에 넣어라"는 명령을 받으면, 카메라로 블록과 그릇의 위치를 파악하고, IMU(관성측정장치)로 자신의 균형을 유지하며, 힘 센서로 블록을 안전하게 잡고, 본체감각으로 팔의 궤적을 제어한다. 이 모든 것이 하나의 통합된 모델에서 일어난다.

촉각 센서의 통합은 특히 흥미롭다. 촉각은 인간의 손재주에 핵심적이다. 우리는 보지 않고도 주머니 속 동전을 구별할 수 있다. 촉각만으로 질감, 단단함, 모양을 감지한다. 로봇에게도 이러한 능력이 필요하다. 케이블을 삽입하거나 천을 접거나 음식을 다룰 때 촉각 피드백이 필수적이다.

멀티모달 AI의 미래는 더 많은 모달리티의 통합으로 향한다. 후각 센서 (전자코)는 식품 품질 검사, 가스 누출 감지, 환경 모니터링에 사용될 것이다. 미각 센서(전자혀)는 음료와 식품의 맛을 평가한다. 열 센서는 기계 과열, 화재, 사람의 체온을 감지한다. 전자기 센서는 금속 탐지, 전선 위치 파악에 사용된다.

궁극적으로 피지컬 AI는 인간의 다감각 통합을 모방할 것이다. 우리는 각 감각을 독립적으로 사용하지 않는다. 모든 감각이 뇌에서 융합되어 통일된 세계 경험을 만든다. AI도 마찬가지 경로를 따른다. 카메라, 라이다, 마이크, 촉각 센서, IMU, 힘 센서의 모든 데이터가 하나의 통합된 AI 모델로 흘러들어가고, 그 모델은 풍부하고 견고한 환경 이해를 바탕으로 지능적 행동을 생성한다. 이것이 진정한 피지컬 AI의 모습이다.

피지컬 AI의 두뇌: 엣지 컴퓨팅 – 현장에서의 즉각적인 판단

피지컬 AI의 두뇌(AI 모델)가 아무리 강력해도, 클라우드에 있으면 실시간 반응이 불가능하다. 로봇이 장애물을 감지하고 회피 동작을 결정하는 데 시간이 걸린다면, 그 사이에 이미 충돌했을 수 있다. 자율주행차가 급정거 판단에 1초가 걸린다면 치명적이다.

네트워크 지연(latency)은 피할 수 없다. 데이터를 클라우드로 보내고, 처리하고, 결과를 받아오는 데는 수십에서 수백 밀리초가 걸린다. 이는 안전이 중요한 응용에서는 받아들일 수 없다.

엣지 컴퓨팅

해결책은 엣지 컴퓨팅(Edge Computing)이다. AI 추론을 로봇 자체에 내장된 칩에서 실행하는 것이다. 이를 온디바이스 AI(On-Device AI)라고도 한다. 데이터는 로봇을 떠나지 않는다. 센서에서 프로세서로 직접 전달되고, 밀리초 안에 결정이 내려지며, 즉시 액추에이터로 전송된다. 이는 지연을 거의 제로로 만든다.

AI 추론을 로봇에 내장된 칩에서 수행하면 시간 지연을 제로로 만들 수 있다.

엣지 컴퓨팅의 장점은 지연뿐만이 아니다. 프라이버시도 개선된다. 로봇이 수집하는 센서 데이터(특히 카메라)는 민감할 수 있다. 가정용 로봇이 집 안의 모든 것을 볼 수 있다. 이 데이터를 클라우드로 보내는 것은 프라이버시 우려를 낳는다. 온디바이스 처리는 데이터를 로컬에 유지한다. 또한 네트워크 의존성이 제거된다. 인터넷 연결이 불안정하거나 없는 환경(예: 지하, 원격지, 재난 현장)에서도 로봇이 작동할 수 있다.

클라우드 AI vs 엣지 AI 비교

특성	클라우드 AI	엣지 AI
지연 시간	50~500ms	1~10ms
네트워크 요구	고대역폭 필수	독립적 작동 가능
프라이버시	데이터 외부 전송	데이터 로컬 유지
컴퓨팅 성능	무제한(확장 가능)	제한적(칩 성능)
전력 소비	데이터센터(외부)	배터리/전원(로봇 부담)
비용 구조	사용량 기반 OPEX	하드웨어 CAPEX
모델 업데이트	즉시 반영	펌웨어 업데이트 필요
적용 사례	학습, 배치 최적화	실시간 제어, 안전 기능

엣지 AI 전용 칩

엣지 AI를 위한 전용 칩이 개발되고 있다. NVIDIA의 Jetson 시리즈가 대표적이다. Jetson Thor는 2024년 출시되어 이전 세대보다 7.5배 높은 AI 성능을 제공하면서도 전력 소비는 더 적다. Jetson Thor는 자율주행차와 휴머노이드 로봇을 위해 설계되었다. Mercedes-Benz, Jaguar Land Rover, Volvo, Geely, Xiaomi 등이 채택했다.

Jetson의 핵심은 GPU와 딥러닝 가속기의 결합이다. GPU는 병렬 처리에 탁월하다. 수천 개의 작은 코어가 동시에 작동하여 AI 모델의 행렬 연산을 빠르게 처리한다. 딥러닝 가속기(Tensor Cores)는 AI 워크로드에 특화된 하드웨어다. FP16, INT8 같은 저정밀도 연산을 극도로 빠르게 수행한다. AI 추론에는 훈련만큼의 정밀도가 필요 없다. 16비트 부동소수점*으로도 충분하다. 이는 속도를 높이고 전력을 절약한다.

AI 전용 칩. NVIDIA의 Jeson Thor와 Intel의 Mobileye EyeQ

Qualcomm도 엣지 AI 시장에 적극적이다. Snapdragon 칩은 스마트폰에서 증명된 저전력 고성능을 로봇에 제공한다. Intel도 Mobileye를 통해 자율주행 칩을 제공한다. EyeQ 시리즈는 카메라 기반 인식에 최적화되어 있다. AMD는 Ryzen AI와 XDNA 아키텍처로 엣지 AI 시장에 진입했다.

중국 기업들도 빠르게 추격하고 있다. Huawei의 Ascend 칩, Horizon Robotics의 Journey 시리즈는 자율주행과 로봇에 사용된다. 중국의 전기차들은 대부분 자국산 AI 칩을 탑재한다.

---

* 실수를 16비트(부호 1비트·지수 5비트·가수 10비트)로 표현해 정밀도는 다소 낮지만 연산 속도와 전력 효율을 높일 수 있는 수치 표현 방식이다.

칩	제조사	AI 성능	주요 특징	타겟 응용
Jetson Thor	NVIDIA	2000 TOPS*	트랜스포머 최적화	휴머노이드, 자율주행
Jetson Orin	NVIDIA	275 TOPS	다양한 모델	로봇, 드론, AMR※
Snapdragon Ride	Qualcomm	700 TOPS	저전력 효율	자율주행
EyeQ Ultra	Mobileye (Intel)	176 TOPS	카메라 특화	ADAS, 자율주행
Ryzen AI	AMD	50 TOPS	통합 플랫폼	로봇, 엣지 서버

※AMR: 별도의 고정 경로 없이 센서와 인공지능을 활용해 스스로 주변 환경을 인식하고 자율적으로 이동하는 이동형 로봇

엣지와 클라우드는 경쟁 관계가 아니라 보완 관계다. 이상적인 아키텍처는 하이브리드다. 반응 속도가 생명이므로 실시간 제어와 안전 기능은 엣지에서 실행하고, 복잡한 계획, 학습, 모델 업데이트는 클라우드에서 수행한다. 이는 무제한 컴퓨팅 파워를 활용할 수 있다. 로봇은 주기적으로 클라우드와 동기화하여 개선된 모델을 다운로드하고, 수집한 데이터를 업로드한다.

Tesla의 아키텍처가 좋은 예다. Tesla 차량에는 FSD(Full Self-Driving) 컴퓨터가 탑재되어 있다. 이는 강력한 엣지 AI 칩이다. 실시간으로 주변을 인식하고 운전 결정을 내린다. 동시에 차량은 데이터를 Dojo 슈퍼컴퓨터로 전송한다. Dojo는 수백만 대의 Tesla가 수집한 데이터로 AI 모델을 훈련한다. 개선된 모델은 무선 업데이트로 모든 차량에 배포된다. 차량은 밤새

---

*   TOPS(Tera Operations Per Second)는 초당 1조(10^{12}) 번의 연산을 수행할 수 있는 처리 성능을 의미하는 단위이다. 2000 TOPS는 2000×10^{12}이다. AI 반도체나 NPU의 추론 연산 성능을 비교할 때 사용된다.

Wi-Fi를 통해 새 모델을 다운로드한다. 다음 날 아침, 운전자는 더 똑똑한 자율주행 시스템을 경험한다. 이것이 바로 엣지와 클라우드의 시너지다.

엣지 AI의 도전 과제도 있다. 첫째는 모델 크기다. 최고 성능의 AI 모델은 수십 기가바이트다. 이를 작은 엣지 칩에서 실행하기는 어렵다. 모델 압축 기술(양자화, 프루닝, 지식 증류)이 필요하다. 이는 모델 크기를 줄이면서 성능 저하를 최소화한다. 둘째는 전력이다. AI 추론은 전력을 많이 소비한다. 배터리로 작동하는 로봇에서 이는 작동 시간을 단축시킨다. 더 효율적인 칩과 알고리즘이 필요하다. 셋째는 열이다. 고성능 칩은 열이 발생한다. 소형 로봇에서 냉각팬이나 히트싱크는 무게와 부피를 증가시킨다.

그럼에도 불구하고 엣지 AI는 피지컬 AI의 필수 요소다. 센서와 액추에이터만큼이나 중요하다. 몸과 두뇌가 긴밀하게 통합되어야 로봇이 진정한 지능을 발휘할 수 있다. 향후 엣지 AI 칩의 성능은 계속 향상되고 비용은 하락할 것이다. 이는 피지컬 AI의 경제성과 성능을 모두 개선하는 핵심 동인이 될 것이다.

로봇의 몸: 센서-세상을 인식하는 눈과 귀

AI의 두뇌가 아무리 똑똑해도, 물리적 세계와 상호작용할 몸이 없으면 소용없다. 로봇의 몸은 센서와 액추에이터로 구성된다. 센서는 세상을 인식하는 눈과 귀이고, 액추에이터는 행동하는 근육이다. 이 두 가지는 서로 긴밀하게 협력한다. 센서가 제공하는 정보가 정확해야 AI가 올바른 결정

휴머노이드 몸체

인간	로봇	구성품
관절	액추에이터	인코더(Encoder) 스크류(Screw) 기어링(Gearing)/리듀서(Reducer) 모터(Motor) 베어링(Bearing)
대사	배터리	
신경	배선 및 센서	압력 센서(Pressure sensors) 힘 센서(Force sensors) 자기 센서(Magnetic sensors).
눈/귀	비전 센서	카메라(Camera) 라이다(LiDAR) 레이더(Radar) 광학 센서(Optical Sensor)
골격	알루미늄 주조 (Aluminum Castings)	

을 내릴 수 있고, 액추에이터가 정밀하게 작동해야 AI의 명령이 원하는 결과를 만든다.

센서는 물리적 세계의 정보를 디지털 신호로 변환하는 장치다. 피지컬 AI 시스템은 다양한 센서를 사용한다. 각 센서는 환경의 특정 측면을 측정한다. 이들을 결합하면 풍부하고 다차원적인 환경 인식이 가능하다. 이것이 피지컬 AI가 현실 세계를 이해하는 출발점이다. 단순한 데이터 수집을 넘어, 맥락을 파악하고 상황에 반응하는 지능의 토대가 여기서 비롯된다.

카메라

카메라(Camera)는 가장 기본적이고 중요한 센서다. 인간도 정보의 대부분을 시각으로 얻는다. RGB 카메라는 컬러 이미지를 제공한다. 물체의 외형, 색깔, 텍스처를 인식한다.

심도 카메라(Depth Camera)는 각 픽셀까지의 거리를 측정한다. 이는 3차원 공간을 이해하는 데 필수적이다. 스테레오 카메라는 두 개의 카메라를 사용하여 사람의 양안 시각처럼 깊이를 추정한다. 열화상 카메라(Thermal Camera)는 온도를 감지한다. 어둠 속에서도 작동하며, 사람이나 기계의 발열을 탐지한다. 이벤트 카메라(Event Camera)는 변화하는 픽셀만 기록한다. 매우 빠른 움직임을 포착하는 데 유용하다.

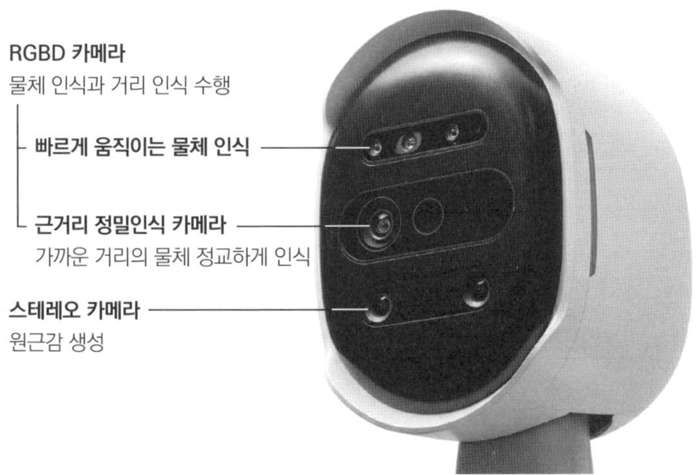

한국 위로보틱스의 상반신 휴머노이드 로봇 알렉스에 적용된 카메라

라이다

라이다(Light Detection and Ranging, LiDAR)는 레이저 빔을 발사하고 반사되어 돌아오는 시간을 측정하여 거리를 계산하며 매우 정확한 3차원 포인트 클라우드를 생성한다. 자율주행차에서 필수적이다. Waymo 차량의 지붕에 있는 회전하는 장치가 라이다다. 주변 360도를 스캔하여 차량, 건물, 나무, 보행자의 위치를 정밀하게 파악한다.

라이다의 장점은 조명 조건에 영향을 받지 않는다는 것이다. 밤에도 낮과 동일한 성능을 낸다. 단점은 비용이다. 고성능 라이다는 수천 달러에서 수만 달러다. 그러나 가격이 빠르게 하락하고 있다. 고체 라이다(Solid-State LiDAR)는 움직이는 부품이 없어 내구성이 높고 저렴하다.

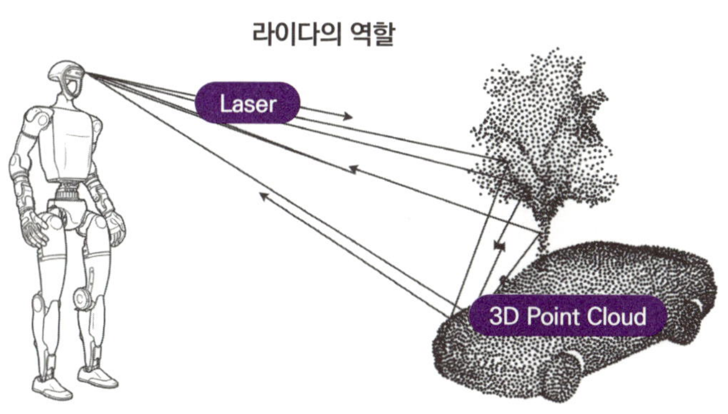

라이다의 역할

광 검출 및 거리 측정	3D Point Cloud 생성	다중 데이터
레이저 신호의 반사 시간을 계산하여, 센서와 물체 사이의 실제 거리를 측정	센서 주변 수백만 개 지점의 거리와 방향 정보를 수집하여 3D 공간 데이터로 구성	단순한 영상 정보분 아니라 정확한 공간·치수 데이터를 함께 제공

중국의 휴머노이드 로봇은 라이다를 통해 고정밀 3D 인식을 강화하며, Unitree G1, Qinglong, PHYBOT M1 등 주요 모델에서 널리 채택되고 있다. 이러한 로봇들은 자율주행 기술 이전으로 상용화 속도가 빠르다.

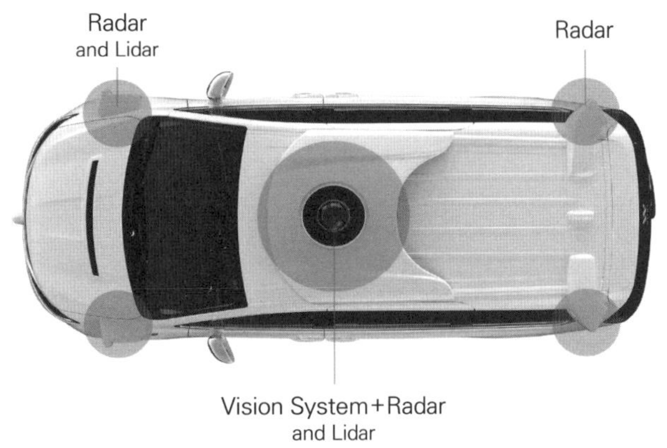

Waymo에 적용된 센서 시스템 (출처: 웨이모 홈페이지)

레이더

레이더(Radio Detection and Ranging, Radar)는 전파를 사용한다. 라이다보다 범위가 길고(수백 미터), 날씨에 영향을 덜 받는다. 안개, 비, 눈 속에서도 작동한다. 그러나 해상도가 낮다. 물체의 대략적 위치와 속도는 알 수 있지만, 세밀한 형태는 파악하기 어렵다.

자율주행차는 보통 카메라, 라이다, 레이더를 조합하여 사용한다. 각 센서의 장점을 취하고 단점을 보완한다.

피지컬 AI에 사용되는 주요 센서 기술

센서	측정 대상	범위	해상도	날씨 영향	주요 용도
RGB 카메라	색상, 형태	수십 미터	높음	조명 의존	물체 인식
심도 카메라	거리	수 미터	중간	조명 의존	실내 로봇
라이다	거리(3D)	수백 미터	매우 높음	약간	자율주행
레이더	거리, 속도	수백 미터	낮음	거의 없음	장거리 감지
IMU	가속도, 회전	N/A	높음	없음	자세 추정
힘 센서	힘, 토크	N/A	높음	없음	정밀 조작
촉각 센서	압력, 질감	접촉	높음	없음	손재주 작업

관성 측정 장치

관성 측정 장치(Inertial Measurement Unit, IMU)는 로봇 자체의 움직임을 감지한다. 가속도계(accelerometer)는 선형 가속도를 측정하고, 자이로스코프(gyroscope)는 회전 속도를 측정한다. 이 둘을 결합하면 로봇의 자세와 움직임을 추정할 수 있다.

스마트폰에도 IMU가 있어 화면 방향을 자동으로 조정한다. 로봇에서는 균형 유지, 낙상 감지, 움직임 제어에 필수적이다.

주변을 인식하는 센서

힘 센서(Force Sensor)와 **토크 센서**(Torque Sensor)는 로봇이 환경에 가하는 힘을 측정한다. 이는 정밀한 조작에 필수적이다. 로봇이 달걀을 집을 때, 힘 센서가 그리퍼가 얼마나 세게 잡고 있는지 알려준다. 너무 약하면 달걀이 떨어지고, 너무 강하면 깨진다. 힘 피드백을 통해 로봇은 적절한 파지력을 유지한다. 수술 로봇도 힘 센서를 사용한다. 조직에 가해지는 힘을 제한하여 손상을 방지한다.

촉각 센서(Tactile Sensor)는 더 나아가 물체의 질감, 미끄러짐, 온도까지 감지한다. 인간의 손가락 끝에 있는 수많은 촉각 수용체를 모방한다. 이는 손재주가 필요한 작업(예: 케이블 조립, 옷 접기)에서 중요하다.

촉각 센서는 수십 년의 연구·상용화 역사를 가진 분야지만, 휴머노이드 로봇에 전신 적용 가능한 고밀도 촉각 피부(e-skin) 기술은 아직 도전 과제로 남아 있다. Meta AI, MIT, Stanford, 원익로보틱스 등에서 활발히 연구 중인 GelSight 기술은 카메라 기반 촉각 센서로, 센서 표면의 변형을 고해상도로 캡처하여 미세한 질감까지 감지한다.

음향 센서(Microphone)는 소리를 감지한다. 공장에서 기계 소음의 변화는 고장 징후일 수 있다. 로봇이 사람의 음성 명령을 듣는 데도 사용된다. 빔포밍(beamforming) 마이크 어레이는 특정 방향의 소리를 집중적으로 듣고 배경 소음을 제거한다.

이 모든 센서에서 들어오는 데이터는 센서 퓨전(Sensor Fusion) 알고리즘으로 통합된다. 각 센서는 불완전하고 노이즈가 있다. 센서 퓨전은 여러 센서의 데이터를 결합하여 더 정확하고 견고한 환경 인식을 만든다. 예를 들어 자율주행차가 보행자를 감지할 때, 카메라는 외형을 보고, 라이다는 위치를 정확히 측정하며, 레이더는 속도를 추정한다. 이 세 정보를 결합하면 '횡단보도로 걸어가는 보행자'라는 정확한 판단이 가능하다.

센서 기술은 빠르게 발전하고 있다. 해상도는 높아지고, 크기는 작아지며, 비용은 낮아진다. 스마트폰의 대량생산이 카메라와 IMU 가격을 극적으로 낮췄다. 자율주행차의 대량 배치가 라이다와 레이더 가격을 낮추고 있다. 이러한 비용 감소가 피지컬 AI의 경제성을 개선하는 핵심 동인이다.

로봇의 몸: 액추에이터-행동하는 근육

센서가 눈과 귀라면, 액추에이터는 근육이다. 액추에이터는 전기, 유압, 공압 에너지를 기계적 움직임으로 변환한다. 로봇의 모든 물리적 행동은 액추에이터를 통해 실행된다.

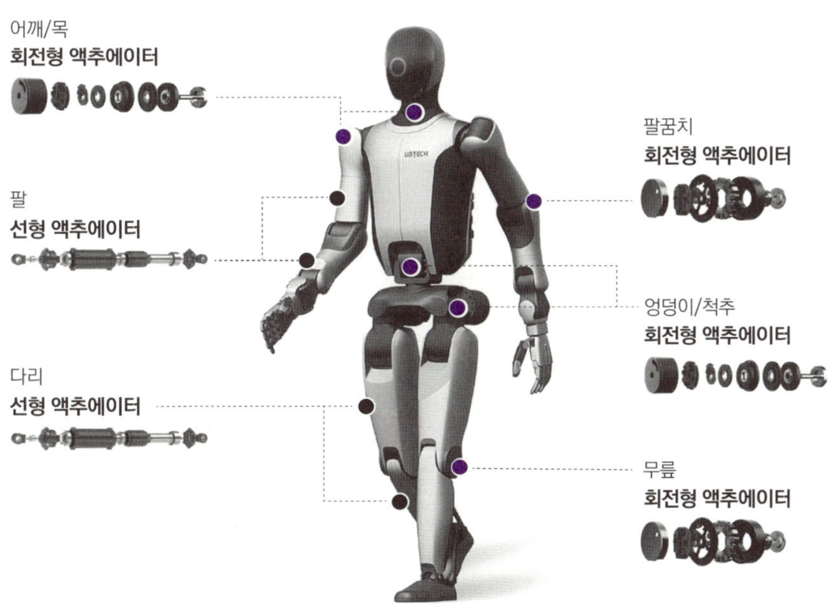

휴머노이드 로봇에 사용되는 액추에이터

액추에이터의 종류

전기 모터(Electric Motor)는 가장 일반적인 액추에이터다. 전기 에너지를 회전 운동으로 변환한다. DC 모터, AC 모터, 서보 모터, 스테퍼 모터 등 여러 종류가 있다. 서보 모터는 위치, 속도, 토크를 정밀하게 제어할 수 있어 로봇 팔에 많이 사용된다.

전기 모터의 큰 장점은 제어 정밀도다. 전류를 조절하여 정확한 토크를 낼 수 있다. 인코더를 통해 회전 각도를 정확히 측정할 수 있다. 이는 반복 가능하고 정밀한 동작을 가능하게 한다. 단점은 무게 대비 출력이 상대적으로 낮다는 것이다. 고토크가 필요하면 감속기(gearbox)*를 사용하는데, 이는 무게와 복잡도를 증가시킨다.

유압 액추에이터(Hydraulic Actuator)는 압축된 기름의 힘을 사용한다. 매우 높은 힘을 낼 수 있다. 무게 대비 출력이 전기 모터보다 훨씬 높다. Boston Dynamics의 초기 로봇들은 유압을 사용했다. 유압의 높은 파워 밀도 덕분에 격렬한 동작(달리기, 점프)이 가능했다. 단점은 소음, 오일 누출, 무거운 펌프와 배관, 그리고 복잡한 유지보수다. 최근에는 전기 액추에이터의 성능이 개선되면서 유압에서 전기로 전환하는 추세다.

공압 액추에이터(Pneumatic Actuator)는 압축 공기를 사용한다. 가볍고 빠르며, 유연하다(공기는 압축 가능하므로). 이는 충격 흡수에 유리하다. 소프트 로보틱스에서 많이 사용된다. 공압 그리퍼는 다양한 형태의 물체를 부드럽

---

* 감속기는 모터의 고속·저토크 출력을 저속·고토크로 변환해 정밀한 힘과 위치 제어를 가능하게 하는 장치이다.

게 잡을 수 있다. 단점은 정밀 제어가 어렵고, 압축기가 필요하다는 것이다.

액추에이터 기술 비교

유형	에너지원	파워 밀도	정밀도	속도	주요 용도
전기 모터	전기	중간	매우 높음	빠름	산업로봇, 드론
유압	기름	매우 높음	중간	빠름	중장비, 격렬한 동작
공압	공기	낮음	낮음	매우 빠름	소프트 로봇, 그리퍼
형상기억합금	전기(열)	중간	낮음	느림	소형 로봇, 의료 기기

선형 액추에이터(Linear Actuator)는 직선 운동을 만든다. 나사, 벨트, 또는 직접 구동(direct drive) 방식이 있다. 로봇의 다리를 신장시키거나, 직선 운동 장치를 구동하거나, 그리퍼(손 모양의 집게)를 열고 닫는 데 사용된다.

회전형 액추에이터(Rotary Actuator)는 회전 운동을 만든다. 전기 모터, 유압 모터, 공압 모터 방식이 있다. 로봇의 관절을 회전시키거나, 바퀴를 구동하거나, 회전식 그리퍼를 작동하는 데 사용된다.

한국 본시스템즈의 휴머노이드 로봇용 회전형 액추에이터 BCSA V4

(출처: 본시스템즈 홈페이지)

선형 액추에이터(Xrobotek의 XLA40S80-6R000)

로봇의 능력을 결정하는 액추에이터

액추에이터의 성능은 로봇의 능력을 직접적으로 결정한다. Atlas가 백플립을 할 수 있는 것은 강력하고 빠른 액추에이터 덕분이다. 수술 로봇이 미세한 움직임을 할 수 있는 것은 정밀한 모터 제어 덕분이다. 휴머노이드 로봇의 경제성이 개선되려면 액추에이터의 비용을 낮추면서도 성능을 유지해야 한다. 이는 큰 도전이다.

최근 액추에이터 기술의 발전 방향은 크게 세 가지다. 첫째, 통합(Integration)이다. 모터, 감속기, 인코더, 드라이버를 하나의 컴팩트한 패키지로 통합한다. 이는 무게와 부피를 줄이고 조립을 단순화한다.

둘째, 지능화(Intelligence)다. 액추에이터 자체에 센서와 간단한 제어 로직을 내장한다. 분산 제어가 가능해져 중앙 컨트롤러의 부담을 줄인다.

셋째, 유연성(Compliance)이다. 전통적인 로봇 모터는 뻣뻣하다. 정해진 위치에 정확히 가는 것이 목표다. 그러나 인간과 협업하거나 예측 불가능한 환경에서 작동하는 로봇은 유연해야 한다. 충격을 흡수하고, 예상치 못한 접촉에 안전하게 반응해야 한다. Series Elastic Actuator(SEA)는 스프링을 내장하여 유연성을 제공한다. 이는 안전성과 에너지 효율을 모두 향상시킨다.

Tesla가 Optimus의 비용을 2만 달러로 낮추려면 액추에이터 비용이 핵심이다. 휴머노이드 로봇에는 수십 개의 액추에이터가 필요하다. 각각이 수백 달러면 전체 비용이 수만 달러가 된다. Tesla는 자동차 부품 대량 생산 노하우를 활용하여 맞춤형 저비용 액추에이터를 자체 설계하고 있다(실제 생산은 중국을 비롯한 글로벌 액추에이터 기업에 맡긴다).

로봇의 몸: 손─직접적인 실행자

휴머노이드에서 손이 가지는 의미

휴머노이드 로봇에서 손은 단순한 기계적 도구를 넘어 로봇이 물리 세계와 상호작용하는 가장 직접적이고 결정적인 인터페이스다. 인간이 수백만 년의 진화를 거쳐 획득한 손의 기민함(Dexterity)은 도구 사용, 정밀 조작, 섬세한 터치를 가능하게 했으며, 이는 문명 발전의 핵심 동력이 되었다.

휴머노이드 로봇이 인간의 업무를 대체하거나 보조하기 위해서는 인간이 설계한 도구와 환경을 그대로 사용할 수 있어야 하며, 이는 곧 인간과 유사한 손의 구조와 기능을 필요로 한다는 것을 의미한다. 공장의 조립 라인에서 나사를 조이고, 가정에서 세탁물을 개고, 병원에서 수술 도구를 다루는 모든 작업은 손의 정밀한 제어 없이는 불가능하다.

손의 중요성은 휴머노이드 개발 기업들의 투자 우선순위에서도 명확하게 드러난다. Tesla는 Optimus의 손을 1세대 11자유도*에서 3세대 22자유도로 대폭 확장했다. Figure AI는 Figure 03에서 완전히 새로 설계된 손 시스템을 도입하며 3그램의 미세한 힘까지 감지할 수 있는 촉각 센서를 통합했다. Boston Dynamics는 Electric Atlas에 다양한 그리퍼 변형을 테스트하며 작업별 최적 설계를 탐색한다.

이러한 노력은 손이 휴머노이드의 실용성을 결정하는 핵심 요소임을 보여준다. NVIDIA의 AI 선임 연구 매니저 Jim Fan은 Tesla Optimus의 손을 '세계 최고 수준의 5개 손가락을 가진 기민한 로봇 손'이라고 평가했으며, 이는 손 기술이 휴머노이드의 경쟁력을 가늠하는 중요한 지표로 자리 잡았음을 의미한다.

손 기술의 핵심 요소

휴머노이드 로봇의 손을 설계할 때 고려해야 할 핵심 기술 요소는 자유도(DoF), 액추에이터, 센서, 구조 재료, 제어 알고리즘으로 구분할 수 있다. 자유도는 손이 얼마나 다양하고 복잡한 움직임을 구현할 수 있는지를 결정하는 가장 기본적인 지표다.

인간의 손은 일반적으로 27개의 자유도를 가진 것으로 간주된다. 각 손가락은 중수지관절, 근위지관절, 원위지관절을 통해 굽히고 펴는 동작을

---

* 자유도(DoF)는 손과 손가락이 서로 독립적으로 움직일 수 있는 운동 방향의 개수를 의미한다. 사람의 손은 손가락 20~23DoF, 손목 포함시 27DoF로 본다.

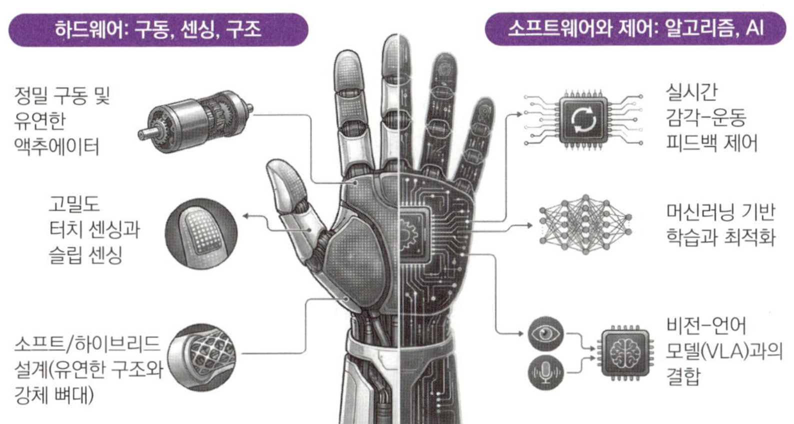

로봇 핸드의 핵심 기술: 하드웨어와 소프트웨어 지능의 결합

하며, 손가락을 벌리고 모으는 외전과 내전 움직임도 가능하다. 엄지손가락은 특히 중요한데, 대립 동작을 통해 다른 손가락과 맞닿을 수 있어 정밀한 집기를 가능하게 한다.

Tesla Optimus의 손 진화는 자유도 증가가 어떻게 기능 향상으로 이어지는지를 명확하게 보여준다. 1세대와 2세대 Optimus는 각 손에 11자유도를 탑재했으며, 6개의 액추에이터로 구동했다. 이는 기본적인 조작 작업인 물체 집기, 색상이나 형태별 분류, 간단한 도구 사용을 가능하게 했다. 그러나 손가락의 측면 움직임(외전/내전)이 없고 엄지의 자유도가 2개에 불과해 인간 수준의 기민함에는 미치지 못했다.

2024년 말 공개된 3세대 손은 22자유도로 대폭 확장되어 인간 손의 약 80%에 해당하는 복잡도를 달성했다. 각 손가락은 약 4~5자유도를 가지며, 손목과 손의 회전 움직임을 담당하는 3자유도가 추가된다. Tesla 엔지니어 Milan Kovac은 이 설계가 "인간의 손가락 관절 구조를 밀접하게 모방한다"고 설명했다. 이론적으로 3세대 손은 테니스공을 잡고, 셔츠를 개고, 심지어 피아노나 기타를 연주할 수 있다.

Tesla Optimus는 텐던* 구동(Tendon-Driven) 방식을 채택했다. 인간의 근육과 힘줄 구조를 모방하여, 액추에이터(모터와 감속기)를 손이 아닌 팔뚝(Forearm)에 배치하고, 금속 케이블 텐던을 통해 손가락에 힘을 전달한다. 이 설계는 손의 무게를 줄이고 공간을 절약하며, 손가락 끝에서 더 섬

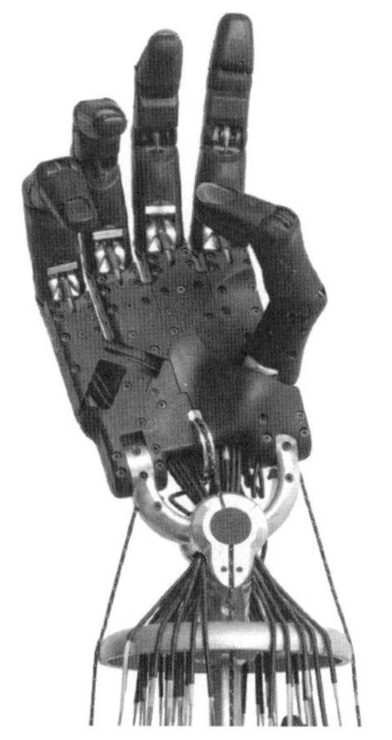

힘줄을 이용해 손가락을 구동하는
텐던 구동 방식

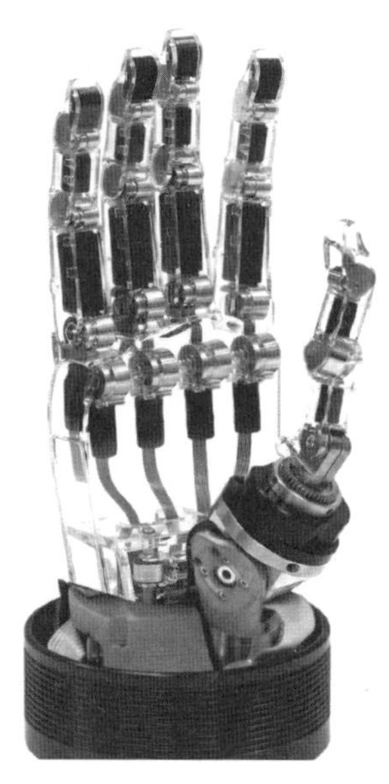

모터를 이용해 손가락을 구동하는
모터 직접 구동 방식

---

*   텐던 구동 방식은 모터를 팔이나 몸통에 배치하고, 와이어(텐던)를 당겨 관절을 움직이는 구조이다.

세한 움직임을 구현할 수 있게 한다.

3세대 설계에서는 중공형 컵 모터(내부가 비어 있는 컵 형태의 로터를 가진 직류 모터)와 리드 스크류(회전을 직선 운동으로 바꾸는 나사형 구동 장치)를 사용하여 회전 운동을 선형 운동으로 변환한 후 텐던을 직접 당긴다. 이는 이전 세대의 스풀-베벨 기어 구조에서 발생하던 금속 와이어의 반복 굽힘 문제를 해결했다.

Tesla의 특허 문서는 '케이블 구동, 저액추에이터 손 설계'를 통해 여분의 자유도를 알고리즘적으로 최적화하며, 작업에 따라 4자유도를 핵심 손가락(검지, 중지)에 할당하고 5자유도를 엄지와 새끼손가락에 할당하여 관절 충돌을 방지한다고 설명한다.

손에 적용되는 센서 기술 – 촉각, 압력/힘, 고유수용감각

센서 기술은 손이 촉각 피드백을 통해 물체와의 상호작용을 인식하고 조절할 수 있게 한다. Tesla Optimus는 손가락 끝에 금속 힘줄 구조의 촉각 센서를 내장하여 압력을 측정한다. 모든 관절에는 토크 센서가 있어 관절에 가해지는 힘을 실시간으로 모니터링하고 안전 제한을 적용한다.

Figure 03의 촉각 센서는 3그램(종이 클립 한 개 무게)의 미세한 힘까지 감지할 수 있어 계란을 깨지 않고 잡는 것이 가능하다. 중국 Matrix Robotics의 MATRIX-3는 한 단계 더 나아가 27자유도의 기민한 손에 경량 케이블 구동 액추에이션을 사용하여 빠르고 정밀한 움직임을 달성한다. 손가락 끝의 고감도 촉각 센서 배열은 0.1뉴턴(Newton)의 압력을 감지하며, 업그레이드된 비전 시스템과 결합되어 시각-촉각 피드백 루프를 형성한다. 이를 통해 재료 속성, 물체 형태를 평가하고, 그립 안정성을 높일 수 있다.

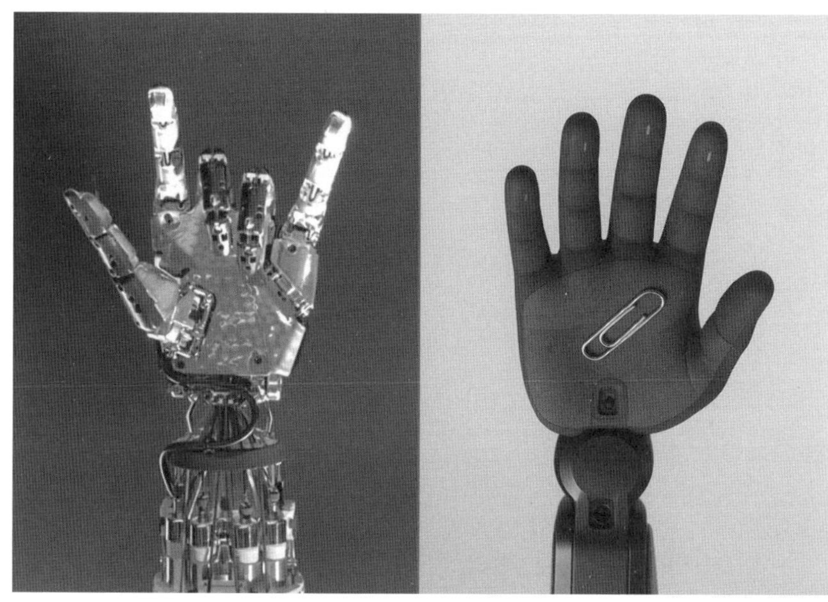

Tesla Optimus Gen 3의 손. 22자유도를
구현해 인간 손의 80%를 달성했다.

Figure AI Figure 03의 손. 압력감지
센서를 통해 3그램의 무게까지 감지한다.

최첨단 연구는 촉각 센싱의 새로운 지평을 열고 있다. Queen Mary University of London 연구진이 개발한 F-TAC Hand는 표면적의 70%에 걸쳐 고해상도 촉각 센싱을 통합하며, 공간 해상도는 0.1mm에 달한다. 카메라 기반 촉각 센서를 사용하여 손의 가동 범위를 완전히 보존하면서도 많은 촉각 커버리지를 달성한다.

F-TAC Hand는 인간과 유사한 손 구성을 생성하는 생성 알고리즘과 결합되어 동적인 실제 환경에서 강건한 그립 능력을 입증했다. 600회의

실제 시험에서 촉각 정보가 없는 시스템 대비 복잡한 조작 작업에서 통계적으로 유의미한 우수성을 보였다.

주요 휴머노이드 손 기술 비교

기술 요소	Tesla Optimus Gen 3	Figure 03	Atlas
자유도(DoF)	22Dof	20Dof	7Dof
액추에이터 방식	케이블/텐던 구동, 팔뚝에 배치	맞춤형 전기 액추에이터	맞춤형 전기 액추에이터
촉각 센서	금속 힘줄 구조, 손가락 끝 압력 센서	3그램 감지, 손가락 끝 고정밀 센서	손가락 끝 고마찰 엘라스토머 내 압력 센서(최소 힘 제어)
특징	인간 구조 모방, 텐던으로 무게 감소	가려진 상황에서도 작업 가능	유연성, 모듈식 설계
목표 응용	공장 조립, 가정 업무, 악기 연주	가정 조작, 상업 물류	제조업, 산업 물류, 중량물 조작

고유수용감각은 시각 정보 없이도 손가락 각 관절의 위치, 각도, 속도를 정확히 인식하는 능력이다. 로봇 손에서는 각 관절에 장착된 엔코더, 홀 센서,[*] IMU(관성측정장치) 등이 이 역할을 수행한다. 이를 통해 로봇은 물체를 쥘 때 각 손가락이 얼마나 구부러져 있는지, 어떤 속도로 움직이는지를 실시간으로 파악한다.

고유수용감각 데이터는 촉각 정보와 결합되어 정밀한 그립 제어를 가

---

[*] 센서 분야에서 엔코더(Encoder)는 회전이나 이동을 전기 신호로 변환해 위치와 각도를 측정하는 센서이며, 홀 센서(Hall Sensor)는 자기장(자석의 힘)을 감지하는 센서이다.

능하게 하며, 특히 복잡한 조작 작업에서 손가락 간 협응 동작을 구현하는 데 필수적이다. 예를 들어 달걀을 깨뜨리지 않고 집어 들거나 얇은 종이를 한 장씩 넘기는 작업은 이 협응 능력 없이는 불가능하다.

인간의 경우 이 감각은 근방추와 건방추를 통해 무의식적으로 처리되지만, 로봇은 수백 개의 센서와 실시간 연산으로 동일한 기능을 구현해야 한다. 결국 고유수용감각은 로봇이 시각에 의존하지 않고도 안정적인 조작을 수행할 수 있게 하는 자율적 신체 제어의 핵심 기반이다.

로봇 손을 둘러싼 경쟁 – 누가 인간의 손을 가질 것인가

휴머노이드 로봇 손 시장은 완전히 통합된 휴머노이드용 전용 손, 산업용 다목적 그리퍼, 연구용 실험 플랫폼으로 세분화된다. 완전 통합형 손은 특정 휴머노이드 플랫폼의 일부로 설계되며, 로봇의 전체 제어 시스템, 센서 네트워크, AI 소프트웨어와 긴밀하게 연동된다.

Tesla Optimus, Figure AI, Boston Dynamics는 완전 통합형 접근방식을 취한다. 반면 독립형 그리퍼 제품은 범용 로봇 팔에 장착할 수 있도록 표준화된 인터페이스를 제공하며, TESOLLO, Schunk, Zhaowei 같은 전문 기업들이 공급한다. 연구용 플랫폼은 대학과 연구소에서 새로운 제어 알고리즘, 센싱 기술, 학습 방법론을 실험하기 위해 개발된다.

한국 TESOLLO의 Delto Gripper-5 Finger(DG-5F)는 2025년 3월 출시된 휴머노이드 전용 5개 손가락 그리퍼다. 20자유도를 가지며 각 손가락은 4개 관절로 독립 작동한다. 성인 남성 손 크기인 약 20cm 길이로 설계되었으며, 좌우 구성이 별도로 제공되어 양팔 휴머노이드에 적합하다.

집게 유효하중은 정격 2.5kg, 최대 5kg이며, 감싸는 그립 유효하중은 정격 10kg, 최대 20kg이다.

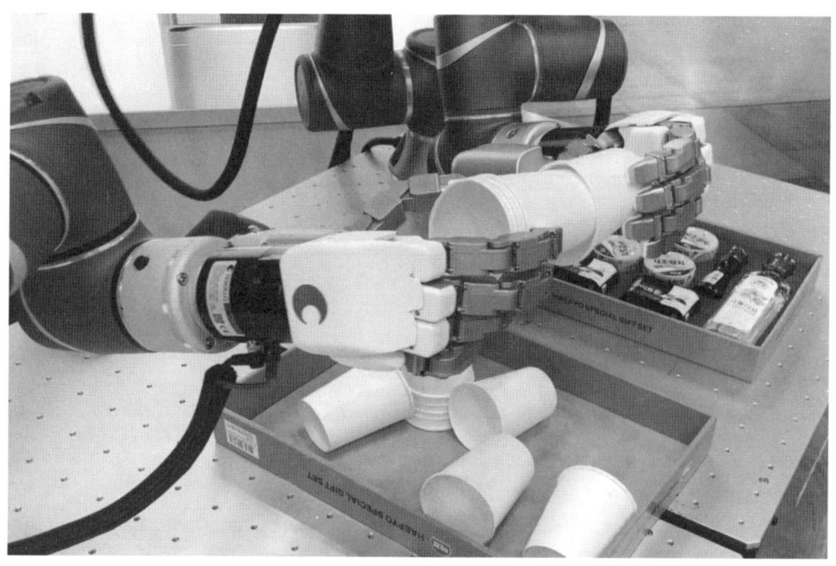

TESOLLO 로봇 핸드 DG-5F-M의 종이컵 집기

DG-5F는 내장 그립 알고리즘이 물체의 형태와 재질에 따라 자동으로 조정하며, 산업 자동화의 정밀 조립, 장치 조작, 물류 처리부터 서비스 로봇의 인간 보조 작업, 원격 조작, 인간 환경에서의 물체 상호작용까지 다양한 응용을 지원한다. TESOLLO는 2025년 전 세계 산업 전시회와 로보틱스 컨퍼런스에 꾸준히 참여하며 일본, 미국, 캐나다, 유럽의 유통 파트너와 협력 관계를 구축했고, 2026년에는 이 네트워크를 바탕으로 북미·유럽 시장에서의 로봇 솔루션 공급을 확대하고 있다.

주요 로봇 손 비교

제품명	제조사	자유도	주요 특징	목표 시장
Shadow Dexterous Hand	Shadow Robot Company(UK)	20	129개 센서(각 관절 위치·구동력·터치·온도 등)	연구·개발, 정밀 작업
LEAP Hand	MIT 기반 연구·오픈소스	8	저비용·고강도·고토크 간단한 부품으로 조립 가능	학술·연구용 저비용
Dex5-1	Unitree Robotics(중국)	20	4개 손가락 측면 스윙(±22°)	산업용 정밀 작업
ZWHAND DM Series	Zhaowei(중국)	17~20	관절 내부 파워, 30% 부피 감소	산업 자동화
MATRIX-3 Hand	Matrix Robotics(중국)	27	경량 케이블, 0.1N 감지, 제로샷 학습	의료, 상업, 가정
Clone Hand	Clone Robotics (폴란드)	27	인간 기민함 일치 주장 탄성·인대·근육 구조 재현	고급 휴머노이드

MIT 로봇 연구자이자 Rethink Robotics 창업자였던 Rodney Brooks 는 수십 년간 수많은 관절형 손가락을 가진 로봇 손이 개발되었지만, 일반적인 의미에서 진정한 기민함을 보여준 인간형 로봇 손은 거의 없다고 지적한다.[*] 대부분의 산업 현장에서는 여전히 1960년대 개발된 2개 손가락 평행 조 그리퍼(Parallel Jaw Gripper)가 지배적이다.

이러한 단순한 그리퍼가 여전히 시장을 주도하는 이유는 견고성, 신뢰성, 긴 수명, 충분한 힘을 제공하면서도 비용이 합리적이기 때문이다.

Boston Dynamics는 Electric Atlas에 교체 가능한 다양한 그리퍼 변

---

[*] https://roboticsandautomationnews.com/2025/10/01/pioneering-roboticist-rodney-brooks-says-humanoid-robots-matching-human-skills-is-pure-fantasy/95069/

형을 탐색한다. 작업의 성격에 따라 최적화된 그리퍼를 선택하는 접근방식이다. 무거운 물체를 들어 올리는 작업에는 높은 힘 출력이 필요하고, 정밀 조립에는 섬세한 제어가 필요하며, 부드러운 재료를 다루는 작업에는 순응성(Compliance)이 중요하다.

Boston Dynamics는 수십 년간 동역학 시뮬레이션과 모델 예측 제어 전문성을 쌓았으며, 최근에는 강화학습과 컴퓨터 비전 같은 AI/ML 도구를 추가했다. 현대 조지아 공장에서 진행 중인 현장 테스트에서 Atlas는 자동차 루프 랙을 자율적으로 적재하는 작업을 수행한다. 특정 부품을 식별하고, 변화하는 창고 바닥을 탐색하며, 무거운 물품을 조립 라인의 정확한 슬롯에 배치하는 복잡한 과정이다.

실용적 배치는 손 기술의 성숙도를 가늠하는 진정한 테스트다. 2025~2026년 휴머노이드 손은 주로 공장과 물류 센터에서 반복적 재료 처리 작업에 집중한다. 표준 수납상자와 운반용 박스 집어 올리고, 정해진 경로를 따라 이동시키며, 반구조화된 레이아웃에서 랙이나 컨베이어에 공급하는 작업이다. 이러한 작업은 알려지지 않은 물체의 섬세한 조작을 요구하지 않기 때문에 단순한 그립을 활용하면 된다.

가정용 휴머노이드의 가사 작업에서는 기민함이 중요하다. 실제 가정은 변형 가능한 직물, 무작위 잡동사니, 반사성 포장, 비좁은 수납 공간을 포함한다. 휴머노이드 로봇은 물체를 잘못 잡고, 물건을 떨어뜨리며, 가려진 상황에서 혼란스러워 할 수 있다. 인간이 생각 없이 처리하는 많은 시나리오에서 휴머노이드 로봇은 많은 학습이 필요하다.

한국 기업의 손 기술

한국 기업들은 로봇 손에 강점을 가지고 있다. 위로보틱스의 무센서 힘 감지 기술, 원익로보틱스의 촉각 센서, 테솔로의 다이렉트 드라이브 그리퍼, 에이딘로보틱스의 최소형 힘·토크 센서 등 한국 기업들은 글로벌 빅테크들이 주목하는 핵심 부품 공급사로 부상하고 있다.

로보티즈의 휴머노이드 손은 모든 관절에 직접 모터를 심은 '전 관절 액티브 구동' 방식으로, 기존 와이어(텐던) 구동 대비 내구성과 제어 정밀도가 우수하다. 손끝 고감도 촉각 센서로 시각 없이 물체 위치·파지력을 감지하며, 전류 제어로 힘을 자동 조절해 정밀 작업(나사 조임, 핀셋 사용)을 지원한다. 20자유도 구성 외 14자유도/4손가락/3손가락 변형이 가능하다.

원익로보틱스의 메타 협력 촉각 센서는 Meta Digit Plexus와 Digit 360을 Allegro Hand에 통합한 다중 모달 촉각 시스템으로, 손가락 끝에서 압력·전단력·진동·온도 등 18개 이상 신호를 실시간 디지털화한다.

테솔로의 DG-5F는 20자유도를 가진 5개 손가락 로봇 손으로, 성인 남성 손의 크기인 약 20cm 길이에 모든 관절을 독립적으로 구동한다. 내장된 집기 알고리즘이 다양한 형태와 재질의 물체를 처리할 수 있으며, Modbus RTU/TCP 같은 산업 통신 프로토콜을 지원한다. 집게 그립(Pinch Grip), 파워 그립(Power Grip), 정밀 그립(Precision Grip)을 포함한 다양한 그립 패턴을 물체의 크기, 형태, 무게에 따라 적응적으로 조정한다.

에이딘로보틱스의 AIDIN-Hand는 5개 손가락에 자체 개발한 초소형 6축 힘·토크 센서, 손 전체에 100개 이상의 촉각 센서 셀이 적용되어 접촉 위치와 압력 분포를 세밀하게 감지할 수 있는 16자유도를 가진 로봇 손이다.

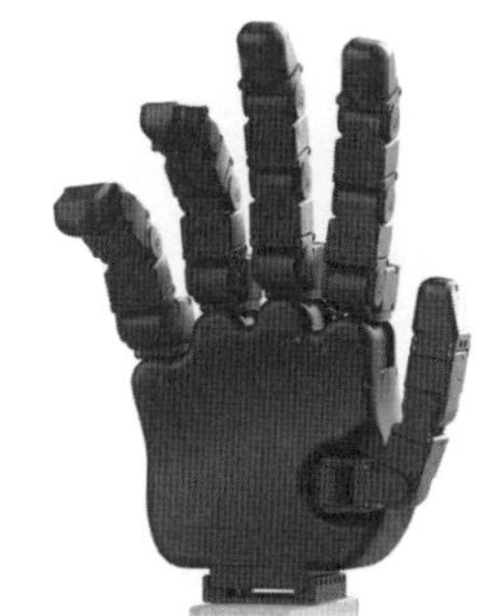

로보티즈

HX5-D20
20DoF, 전 관절 모터 직구동,
촉각/힘 제어, AI워커 연계

원익로보틱스

Allegro Hand V4/V5
메타 협력 촉각 센서,
연구·개발용 핸드 특화

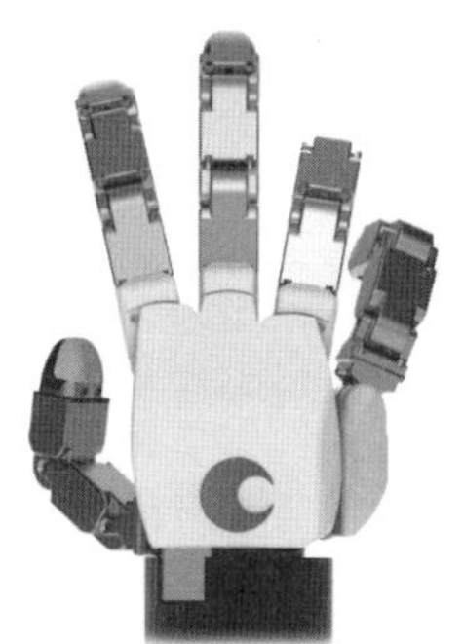

테솔로

DG-5F 등 인간형 핸드
20DoF, 0.1도 반복정밀도,
10대 기계기술 수상

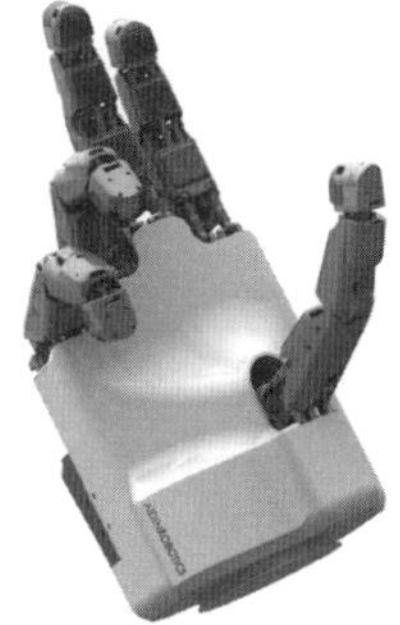

에이딘로보틱스

AIDIN-Hand
힘 센서 탑재로 파워/3점/핀치 파지,
깨지기 쉬운 물체 핸들링

위로보틱스

FLLEX Hand
(ALLEX 휴머노이드의 손)
무센서 힘 감지, 초저마찰 액추에이터

위로보틱스의 상반신 휴머노이드 ALLEX에 적용된 FLLEX Hand의 무
센서 힘 감지 기술은 초저마찰 액추에이터와 역감(back-drivability) 기반 제
어로, 별도의 힘·촉각 센서 없이 외부 미세 힘(100gf 수준)을 모터 전류 변화

와 내부 마찰 최소화를 통해 감지·반응한다.

미래 전망과 도전 과제

휴머노이드 로봇 손 기술은 빠르게 발전하고 있지만, 인간 수준의 기민함을 달성하기까지는 여전히 상당한 거리가 있다. 자유도를 늘리고 센서를 추가하는 것은 필요조건이지만 충분조건은 아니다.

진정한 도전은 이 모든 하드웨어를 조율하여 부드럽고 자연스러우며 적응적인 움직임을 생성하는 제어 알고리즘과 학습 시스템을 개발하는 것이다. Tesla는 촉각 센서 통합을 확장하고(새로운 세대 손은 이전보다 훨씬 넓은 표면 커버리지를 가진다) 텐던을 통한 더욱 섬세한 제어를 달성하는 작업을 계속한다. 내구성과 수명도 중요한 고려사항이다. 공장에서 연속 24시간 작동하면 액추에이터가 마모된다.

손 기술의 미래는 하드웨어와 소프트웨어의 공동 진화에 달려 있다. 더 나은 재료, 더 강력한 액추에이터, 더 민감한 센서가 계속 등장할 것이다. 그러나 진정한 돌파구는 대규모 행동 모델(Large Behavior Model)과 비전-언어-행동(VLA) 모델이 방대한 로봇 조작 데이터를 학습하여 일반화된 기민함을 획득할 때 올 것이다. 인간이 수백만 년에 걸쳐 진화로 얻은 것을 로봇이 수년의 집약적 학습으로 압축하려는 시도다. 손은 단순한 그리퍼에서 진정한 조작 도구로, 그리고 궁극적으로는 인간의 손처럼 세계를 변화시키는 도구로 진화하고 있다.

휴머노이드 로봇 손의 자유도
인간 손과 비교를 통한 이해

인간 손의 복잡성과 자유도 구조

인간의 손은 약 27개의 자유도를 가진 매우 정교한 구조물이다. 손목의 23개 자유도로 시작하여 엄지손가락은 대립운동(Opposition)을 포함해 5개의 자유도를, 검지부터 소지까지 각 손가락은 4개의 자유도를 가진다. 여기에 손바닥 아치를 형성하는 약 3개의 자유도가 더해진다.

그러나 이론적인 27개 자유도와 실제로 독립적으로 제어 가능한 자유도는 차이가 있다. 인간의 손은 여러 관절이 힘줄과 근육을 공유하기 때문에 완전히 독립적인 움직임이 불가능한 경우가 많으며, 실제로 독립적으로 제어 가능한 자유도는 약 15~20개 정도로 추정된다.

이러한 생물학적 제약에도 불구하고 인간의 손은 바늘에 실을 꿰는 정밀한 작업부터 망치를 휘두르는 강력한 작업까지 놀라운 범위의 동작을 수행할 수 있다. 이는 단순히 자유도의 수치만이 아니라 각 관절의 조화로운 협응, 풍부한 촉각 피드백, 그리고 뇌의 정교한 제어 능력이 결합된 결과이다. 휴머노이드 로봇 손 개발자들은 이 복잡한 시스템을 어느 수준까지 재현할 것인가의 근본적인 선택에 직면한다.

휴머노이드 로봇 손의 자유도 설계와 전략적 의미

휴머노이드 로봇 손을 설계할 때 엔지니어들은 인간 손의 27개 자유도를 그대로 재현할 것인가, 아니면 실용성을 위해 축소할 것인가의 근본적인 선택에 직면한다.

자유도가 증가하면 로봇 손은 더 다양한 작업을 수행할 수 있고 인간의 동작을 더 정확하게 모방할 수 있지만, 동시에 각 자유도마다 액추에이터(모터 또는 구동기)가 필요하고, 센서가 추가되며, 제어 알고리즘이 복잡해지고, 전력 소비가 증가하며, 고장 가능성도 높아진다.

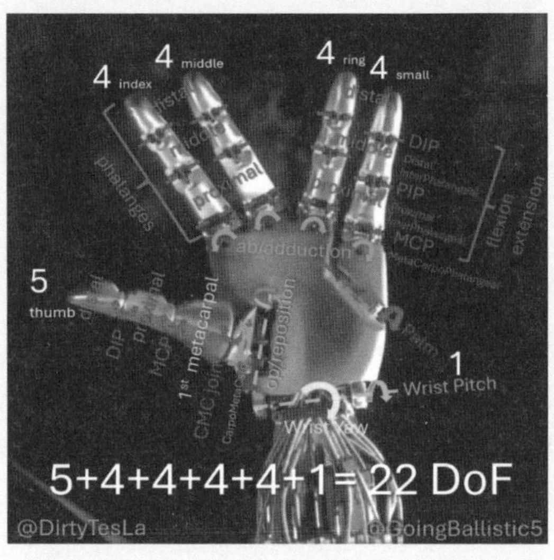

Tesla Optimus 3 손의 자유도를 분석한 그림
(유튜브 @DirtyTesLa 캡처)

로봇 손의 자유도가 가지는 의미는 단순히 움직일 수 있는 관절의 개수를 넘어선다. 각 자유도는 로봇이 수행할 수 있는 그립(Grip)의 종류와 직결된다. 8개 이하의 자유도를 가진 로봇 손은 주로 평행 그립과 기본적인 파워 그립에 제한되지만, 12개 이상의 자유도를 가진 손은 엄지손가락의 대립운동을 통해 정밀한 핀치 그립을 수행할 수 있고, 16개 이상이 되면 손가락 간 독립적 움직임을 통해 복잡한 물체 재조작(In-hand Manipulation)이 가능해진다.

자유도의 증가는 제어 시스템의 복잡도를 기하급수적으로 증가시킨다. 역기구학(Inverse Kinematics) 계산의 복잡도, 충돌 회피를 위한 경로 계획, 그리고 실시간 센서 피드백 처리에 필요한 연산량은 자유도가 증가할수록 비선형적으로 증가한다.

촉각 센서와의 통합도 자유도가 증가하면 더욱 어려워지며, 20개 자유도를 가진 로봇 손에 각 관절마다 센서를 장착하면 최소 60개 이상의 센서 데이터를 실시간으로 처리해야 한다. 전력 소비와 열 관리도 중요한 고려사항이다. 각 액추에이터는 전력을 소비하고 열을 발생시킨다. 손처럼 작은 공간에 다수의 모터와 센서가 밀집되면 국소적인 열 축적이 발생하며, 이는 센서 정확도를 저하시키고 구동부의 수명을 단축시킬 수 있다.

2026년 주요 휴머노이드 로봇 손의 자유도 비교

현재 개발 중이거나 이미 시장에 나와 있는 주요 휴머노이드 로봇 손들의 자유도와 특성을 비교하면 각 설계 철학의 차이가 명확해진다.

휴머노이드 로봇 손 자유도 기술

로봇 모델	손 자유도(DoF)	목표 시장
Tesla Optimus Gen 3	22DoF	산업/가정용 범용
Boston Dynamics Atlas	7DoF	산업용
Figure 03	20DoF	가정/상업용
Sanctuary Phoenix	20+DoF	서비스업, 소매

이 표에서 볼 수 있듯이 자유도의 선택은 로봇의 용도와 밀접하게 연관되어 있다. Tesla Optimus Gen 3는 11개에서 22개로 자유도를 두 배 증가시켰으며, 액추에이터를 전완에 배치하고 텐던 구동 시스템을 통해 손의 무게를 줄이는 전략을 선택했다.

CES 2026에서 공개된 Boston Dynamics의 전기식 Atlas는 손은 7개의 자유도, 몸 전체 56개의 자유도를 가지며 초인적인 동작 범위를 자랑한다. Figure 03은 2025년 10월 공개되었으며 가정용 환경에 특화되어 손가락 끝에서 3그램의 압력까지 감지할 수 있는 촉각 센서를 탑재했다.

로봇 개발사가 선택하는 자유도는 단순히 기술적 사양이 아니라 그들의 시장 전략과 기술 철학을 드러내는 지표이다. 높은 자유도를 추구하는 기업은 장기적으로 범용 휴머노이드 로봇 시장을 목표로 하며, 인간이 할 수 있는 거의 모든 손작업을 대체할 수 있는 플랫폼을 만들려는 야심을 가지고 있다. 반면 중간 또는 낮은 자유도를 선택하는 기업은 특정 산업이나 작업에 집중하여 빠른 시장 진입과 투자 회수를 목표로 한다.

결론적으로 휴머노이드 로봇 손의 자유도는 인간 손의 27개를 궁극적 목표로 하되, 현재 기술 수준과 시장 요구, 그리고 비용 제약을 고려하여 20개 전후에서 최적점을 찾아가는 과정에 있다.

Boston Dynamics의 휴머노이드 로봇 Electric Atlas가 공개되었을 때, 많은 사람들은 그 손에 주목했다. 인간처럼 5개가 아닌 3개의 손가락, 그리고 다른 경쟁 휴머노이드들보다 현저히 낮은 7자유도라는 손

을 가진 것이다. 이는 기술적 한계가 아니라 Boston Dynamics가 수십 년간 로봇 개발을 통해 체득한 '실용주의 철학'의 결정체다.

최소 지수로 최대 유틸리티 달성하기

Atlas의 3지 그리퍼는 엄지 1개와 나머지 2개 손가락으로 구성된다. 이 구조는 인간 파지력 연구에서 도출된 핵심 인사이트에 기반한다. 연구에 따르면 인간의 전체 파지력 중 약 80%가 엄지, 검지, 중지 세 손가락에서 나온다. 나머지 두 손가락은 보조적 역할에 그치며, 대부분의 일상적 작업에서 필수적이지 않다.

Boston Dynamics는 프로토타입 단계에서 4~5개 손가락 설계를 실험했지만, 결국 3개로 최종 결정했다. 3개 손가락만으로도 핀치 그립(정밀한 물체 조작)과 3점 그립(안정적인 중량물 파지) 모두를 커버할 수 있었기 때문이다. 공장 자동화나 물류 센터에서 요구되는 대부분의 작업, 즉 포장, 분류,

운반, 조립 등은 이 두 가지 그립 방식으로 충분히 수행 가능하다.

더 중요한 것은 추가 손가락이 가져오는 부담이다. 손가락이 늘어날수록 실패 모드(failure mode)는 기하급수적으로 증가한다. 각 손가락마다 액추에이터, 센서, 제어 시스템이 필요하고, 이들 간의 상호작용은 복잡도를 급격히 높인다. 제조 비용도 상승하지만, 더 큰 문제는 현장 배치 후 유지보수와 고장률이다. 3개 손가락 설계는 이런 리스크를 최소화하면서도 실용적 작업 수행 능력을 확보하는 최적의 균형점이다.

7자유도라는 전략적 선택

Atlas의 손은 각 손가락당 2개의 액추에이터와 엄지의 추가 관절을 포함해 총 7자유도를 가진다. 이는 인간의 손(약 27DoF), Tesla Optimus(22DoF), Figure 03(20DoF)과 비교하면 상당히 낮은 수치다. 그러나 이것이 기술적 열세를 의미하는 것은 아니다.

자유도가 증가할수록 제어 난이도는 기하급수적으로 상승한다. 각 관절의 움직임을 조율하고, 실시간으로 피드백을 처리하며, 예상치 못한 상황에 대응하는 것은 엄청난 연산 능력과 정교한 제어 알고리즘을 요구한다. 연구실 환경에서는 괜찮을지 몰라도, 24시간 가동되는 공장 현장에서는 이야기가 다르다. 복잡한 시스템일수록 고장 가능성이 높고, 문제 진단과 수리가 어렵다.

Boston Dynamics는 이 문제를 다른 방식으로 해결했다. 높은 자유도 대신, 고성능 센서와 지능적 제어를 결합했다. 손바닥에 장착된 압력·힘·촉각 센서, 손가락에 장착된 다채널 압력·촉각 센서가 그립의 강도와 미끄러짐을 감지한다. 이런 센서 데이터를 AI 제어 시스템이 처리하면, 상대적으로 낮은 자유도로도 정밀한 조작이 가능해진다.

7자유도 설계는 또한 양산을 염두에 둔 선택이다. 연구용 로봇이라면 최대한 많은 자유도를 넣어 가능성을 탐색하는 것이 맞다. 하지만 Atlas는 실제 현장 배치를 목표로 한다. 'good enough'가 'perfect'보다 낫다는 것이 Boston Dynamics의 철학이다. 현재 기술로 안정적으로 제어 가능한 범위 내에서 최대 성능을 뽑아내고, 향후 소프트웨어 업그레이드로 성능을 개선할 여지를 남겨두는 것이다.

실용주의가 만든 차별화

Atlas의 3개 손가락 설계는 Boston Dynamics와 다른 휴머노이드 개발사들의 철학적 차이를 보여준다. Figure AI와 Tesla가 인간과의 형태적 유사성을 추구하며 5개 손가락과 높은 자유도를 선택한 반면, Boston Dynamics는 '작업 완수'라는 본질에 집중했다. 인간을 닮는 것보다 인간이 하는 일을 신뢰성 있게 수행하는 것이 중요하다는 판단이다.

이런 접근은 Boston Dynamics가 스팟(Spot)과 스트레치(Stretch)를 통해 이미 검증한 방법론이다. 스팟은 개를 완벽하게 모방하지 않았지만 가장 성공적인 상업용 4족 보행 로봇이 되었다. Atlas의 3개 손가락 역시 같은 맥락에서 이해할 수 있다. 현실 세계에서 작동하는 로봇을 만드는 것, 그것이 Boston Dynamics가 추구하는 실용주의 로보틱스의 핵심이다.

Chapter 5

피지컬 AI가 작동하는 방식

강화학습으로 배우는 로봇

피지컬 AI 로봇이 복잡한 작업을 수행할 수 있게 되는 과정은 마치 아이가 걷는 법을 배우는 것과 비슷하다. 아무도 아이에게 "왼쪽 다리를 15도 각도로 들어 올리고, 무게 중심을 3cm 앞으로 이동시켜라"고 가르치지 않는다. 대신 아이는 시도하고, 넘어지고, 다시 시도하며 스스로 학습한다. 수많은 시행착오 끝에 뇌는 균형 잡고 걷는 법을 자연스럽게 익힌다. 피지컬 AI도 강화학습(Reinforcement Learning, RL)이라는 비슷한 방법으로 학습한다.

강화학습은 보상과 처벌을 통해 학습하는 방식이다. 로봇이 행동을 취하면, 그 행동의 결과에 따라 보상 또는 처벌을 받는다. 목표에 가까워지면

양의 보상, 멀어지면 음의 보상(처벌)을 받는다. 로봇의 AI는 시간이 지남에 따라 누적 보상을 최대화하는 행동 전략(policy)을 학습한다. 이는 명시적으로 프로그래밍하는 것과 근본적으로 다르다. 엔지니어는 로봇에게 '어떻게'가 아니라 '무엇을' 달성해야 하는지만 알려준다. '어떻게'는 로봇이 스스로 찾아낸다.

강화학습의 기본 구조를 살펴보자. 로봇은 에이전트(Agent)로 환경(Environment)과 상호작용한다. 각 시간 단계에서 로봇은 환경의 상태(State)를 관찰한다. 상태는 카메라 이미지, 관절 각도, 힘 측정값 등 센서로부터 얻는 모든 정보다.

이 상태를 바탕으로 로봇은 행동(Action)을 선택한다. 관절을 움직이거나, 그리퍼를 열거나, 방향을 바꾸는 등이다. 행동의 결과로 환경이 변화하고, 로봇은 새로운 상태를 관찰한다. 동시에 환경으로부터 보상(Reward)을 받는다. 이 순환이 계속 반복된다.

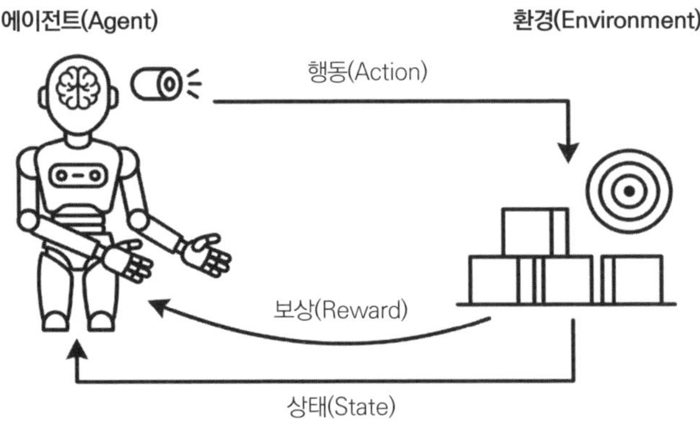

강화학습의 기본 순환

구체적 예시로 로봇이 문을 여는 법을 배운다고 가정하자. 처음에 로봇은 문손잡이가 무엇인지, 어떻게 돌려야 하는지 모른다. 무작위로 팔을 움직인다. 대부분은 실패한다. 팔이 문에 부딪히거나 빗나간다.

이런 행동에는 0 또는 작은 음의 보상이 주어진다. 우연히 팔이 손잡이에 닿으면 작은 양의 보상(예: +1)을 받는다. 손잡이를 잡으면 더 큰 보상(예: +5)을 받는다. 손잡이를 돌리면 더 큰 보상(예: +10)을 받는다. 문이 열리면 매우 큰 보상(예: +100)을 받는다. 로봇은 이러한 보상 신호를 통해 점차 올바른 행동 시퀀스를 학습한다. 수백 번의 시도 후, 로봇은 일관되게 문을 열 수 있게 된다.

로봇 학습 방법 비교

방법	학습 방식	데이터 요구량	학습 속도	일반화 능력	적용 사례
순수 강화학습	시행착오, 보상 최대화	매우 많음	느림	높음	게임, 시뮬레이션 가능 작업
모방 학습	전문가 시범 모방	중간	빠름	중간	조작, 운전
역강화학습	보상 함수 추론	중간	중간	높음	복잡한 인간 행동
커리큘럼 학습	점진적 난이도 증가	많음	중간	높음	이동, 조작
계층적 강화학습	작업 분해	많음	중간	매우 높음	장기 복합 작업
오프라인 강화학습	사전 수집 데이터	많음(한 번)	빠름	중간	실제 로봇 데이터 활용

오프라인 강화학습(Offline Reinforcement Learning)은 최근 주목받는 방법이다. 전통적 강화학습은 온라인이다. 로봇이 환경과 상호작용하며 실시간으로 데이터를 생성하고 학습한다. 오프라인 강화학습은 미리 수집된 데이터셋으로 학습한다. 이전에 다른 로봇이나 인간이 수행한 작업 데이터를 활용한다.

장점은 안전하고 비용 효율적이라는 것이다. 위험하거나 비싼 실험을 반복할 필요가 없다. 이미 있는 데이터를 재활용한다. 단점은 데이터의 품질과 다양성에 의존한다는 것이다. 데이터가 편향되거나 부족하면 학습이 제한된다.

Boston Dynamics의 Atlas가 복잡한 체조 동작을 배운 것은 이러한 다양한 학습 방법의 조합이다. 시뮬레이션에서 강화학습으로 기본 움직임을 배우고, 인간 체조 선수의 동작 캡처 데이터로 모방 학습을 하며, 커리큘럼 학습으로 점차 어려운 동작으로 진행했다. 계층적 접근으로 '백플립'을 '점프', '회전', '착지'로 분해하여 각각을 최적화했다. 마지막으로 실제 로봇에서 미세 조정을 했다. 수천 시간의 시뮬레이션과 수백 시간의 실제 테스트 끝에 우리가 보는 놀라운 성능이 나왔다.

강화학습은 피지컬 AI의 핵심 기술이다. 복잡하고 변화하는 환경에서 로봇이 스스로 최적의 행동을 학습할 수 있게 한다. 인간이 모든 경우를 예측하고 프로그래밍할 수 없다. 로봇이 스스로 배워야 한다. 강화학습이 바로 그 방법이다. 향후 5~10년간 강화학습 알고리즘의 샘플 효율성과 안정성이 계속 개선될 것이다. 이는 피지컬 AI가 더 복잡한 작업을 더 빠르게 학습할 수 있게 만들 것이다.

피지컬 AI의 학습 데이터: 시뮬레이션과 디지털 트윈

피지컬 AI가 직면한 가장 큰 도전 중 하나는 학습 데이터 문제다. 생성형 AI는 인터넷에서 수조 개의 텍스트와 이미지를 수집하여 학습할 수 있다. 그러나 로봇은 물리적 세계에서 실제로 경험해야 한다.

로봇이 물체를 집는 법을 배우려면 수천 번 집어봐야 한다. 걷는 법을 배우려면 수천 번 걸어봐야 하고, 그 과정에서 수백 번 넘어질 것이다. 실제 세계에서 이런 학습을 하는 것은 시간이 오래 걸리고, 비용이 많이 들며, 위험하다. 로봇이 넘어질 때마다 하드웨어가 손상될 수 있다. 학습 중 오류로 주변 환경이나 사람에게 피해를 줄 수도 있다.

가상환경에서 로봇을 학습시키는 시뮬레이션

시뮬레이션은 이 문제의 해결책이다. 가상 환경에서 로봇을 훈련시키는 것이다. 시뮬레이터는 물리 법칙을 계산하여 로봇의 행동 결과를 예측한다. 로봇이 가상 세계에서 물체를 집으려 시도하면, 시뮬레이터는 중력, 마찰, 충돌을 계산하여 성공 여부를 판단한다. 가상 로봇이 넘어져도 아무것도 부서지지 않는다. 즉시 리셋하고 다시 시도할 수 있다.

더 중요한 것은 속도다. 강력한 GPU 서버는 수천 개의 시뮬레이션을 병렬로 실행할 수 있어 하루 만에 수년치의 경험을 쌓을 수 있다. NVIDIA는 Isaac Sim 플랫폼에서 로봇이 가상 세계에서 1만 년에 해당하는 학습을 며칠 만에 완료할 수 있다고 말한다.

NVIDIA Isaac Sim을 활용한 의료용 수술 로봇 훈련 모습. 동일한 태스크를 수천 개의 독립된 시뮬레이션 인스턴스로 동시에 실행하는 모습을 시각화한 것이다.

시뮬레이션의 핵심은 물리 엔진이다. 물리 엔진은 뉴턴의 운동 법칙을 수치적으로 풀어 물체의 움직임을 계산한다. 각 시간 단계(time step)마다 모든 물체의 위치, 속도, 가속도를 업데이트한다. 관절이 있는 로봇의 경우 각 관절의 각도, 토크, 제약 조건을 고려한다.

주요 물리 엔진으로는 MuJoCo, PyBullet, PhysX, Havok 등이 있다. MuJoCo(Multi-Joint dynamics with Contact)는 DeepMind에서 개발했다가 오픈소스로 공개된 엔진이다. 정확하고 안정적인 접촉 시뮬레이션으로 로봇 연구에서 표준으로 자리 잡았다. PyBullet은 오픈소스이며 Python으로 사용하기 쉽다. 교육과 연구에 널리 쓰인다. PhysX는 NVIDIA의 물리 엔진으로 게임과 영화에서 검증되었다. GPU 가속을 지원하여 매우 빠르다. Isaac Sim은 PhysX를 기반으로 한다.

주요 물리 시뮬레이션 엔진

엔진	개발사	속도	정확도	라이선스	주요 특징
MuJoCo	DeepMind (오픈소스)	빠름	매우 높음	무료	정밀한 접촉 시뮬레이션
PyBullet	Erwin Coumans	중간	높음	무료	Python 친화적
PhysX	NVIDIA	매우 빠름	높음	무료	대규모 병렬 처리
Isaac Sim	NVIDIA	매우 빠름	높음	무료	PhysX+RTX 렌더링
Gazebo	Open Robotics	중간	중간	무료	ROS 통합
Unity ML-Agents	Unity	빠름	중간	무료/유료	게임 엔진 기반

NVIDIA Isaac Sim은 현재 가장 강력한 로봇 시뮬레이션 플랫폼이다. Omniverse 플랫폼 위에 구축되어 실시간 레이 트레이싱과 물리 시뮬레이션을 결합한다. 포토리얼리스틱(사진처럼 사실적인) 시각 환경을 제공하여 로봇의 카메라가 보는 것이 실제 세계와 거의 구별되지 않는다. 이는 컴퓨터 비전 AI 훈련에 결정적이다. 실제 세계의 다양한 조명, 그림자, 반사를 시뮬레이션할 수 있다.

Isaac Sim의 큰 장점은 병렬 처리다. 단일 GPU 서버에서 수백 개의 환경을 동시에 시뮬레이션할 수 있다. 각 환경에서 로봇이 서로 다른 작업을 시도한다. 이는 강화학습에 이상적이다. 강화학습은 시행착오로 학습한다. 많은 시도를 빠르게 할수록 빨리 배운다. Isaac Sim에서 로봇은 하루에 수백만 번의 시도를 할 수 있다. 실제 세계에서는 수년이 걸릴 일이다.

Boston Dynamics의 Atlas가 백플립을 배운 것도 시뮬레이션 덕분이다. 백플립, 점프, 회전 같은 동작은 매우 위험하다. 실제 로봇으로 연습하다가 실패하면 수십만 달러짜리 하드웨어가 손상된다. 시뮬레이션에서 Atlas는 수천 번 넘어지고, 실패하고, 다시 시도했다. 물리 법칙을 학습하고, 관절 토크의 한계를 이해하며, 최적의 궤적을 찾았다. 시뮬레이션에서 99%의 성공률을 달성한 후에야 실제 로봇으로 시도했다.

시뮬레이션의 또 다른 중요한 활용은 합성 데이터(Synthetic Data) 생성이다. 컴퓨터 비전 AI를 훈련하려면 수백만 장의 라벨링된 이미지가 필요하다. 이미지의 각 물체에 '자동차', '사람', '나무' 같은 라벨을 붙여야 한다. 이는 시간이 많이 걸리고 비용이 비싸다. 시뮬레이터는 자동으로 라벨링된 이미지를 생성할 수 있다. 가상 환경의 모든 물체는 이미 정의되어 있다. 시뮬레이터는 카메라 뷰를 렌더링하고, 각 픽셀이 어떤 물체에 해당하는지 자동으로 기록한다. 이는 완벽하게 라벨링된 훈련 데이터를 무제한으로 생성할 수 있게 한다.

NVIDIA의 Cosmos 플랫폼은 이를 한 단계 더 발전시켰다. Cosmos는 생성형 비디오 기술과 물리 시뮬레이션을 결합한다. 실제 세계의 비디오를 학습하여 사실적인 가상 환경을 생성한다. 로봇이 '주방에서 접시 닦기'를 학습해야 한다면, Cosmos는 수천 가지 다른 주방 환경을 생성한다. 각기 다른 레이아웃, 조명, 접시 종류, 싱크대 구조를 가진다. 로봇은 이 다양한 환경에서 훈련하여 일반화 능력을 얻는다. 실제 세계의 어떤 주방에 가더라도 적응할 수 있다.

하나의 훈련 결과를 수만 번 복사하지 않고, 왜 수천 개의 시뮬레이션을 병렬로 실행하나?

NVIDIA Isaac Sim과 같은 로봇 시뮬레이터가 수천 개의 작업을 병렬로 실행하는 이유는 단순히 학습 속도 때문만이 아니다. 하나의 성공적인 훈련 결과를 수만 번 복사하는 것과 수천 개를 병렬로 실행하는 것은 학습 효과가 근본적으로 다르다.

강화학습에서 로봇이 배우는 것은 특정한 '정답 동작'이 아니라 다양한 상황에서 통용되는 '정책의 분포'이다. 컵을 집는 동작을 한 번 성공했다고 해서 그 궤적을 복사하면, 로봇은 그 정확한 상황에서만 작동하는 취약한 정책을 학습하게 된다. 컵의 위치가 2mm만 달라지거나 마찰 계수가 조금만 변해도 같은 동작은 실패한다.

서로 다른 조건의 무작위 설정

이 문제를 해결하는 핵심 기법이 환경 무작위화(Domain Randomization)이다. 병렬로 실행되는 각 시뮬레이션은 겉보기엔 동일해 보이지만, 내부적으로는 초기 관절 각도, 물체의 위치와 질량, 마찰 계수, 센서 노이즈 등이 무작위로 설정된다. 따라서 각 인스턴스는 서로 다른 세계에서 서로 다른 경험을 축적한다. 어떤 로봇은 성공하고, 어떤 로봇은 미끄러지며, 어떤 로봇은 예상치 못한 접촉을 경험한다. 이러한 성공과 실패의 분포 자체가 강화학습의 핵심 학습 신호가 된다.

하루 만에 수년 치의 경험은 병렬 처리의 결과

Isaac Sim이 병렬 시뮬레이션을 사용하는 이유는 결과의 복제가 아니라 경험의 다양성 확보에 있다. 현실 세계는 단 하나의 시나리오가 아니라 무한히 많은 유사하지만 결코 같지 않은 상황들의 집합이다. 병렬 시뮬레이션은 이 다양성을 시간 대신 공간으로 압축하여, 로봇이 현실 세계의 불확실성에서도 살아남을 수 있는 강건한 정책을 학습하도록 한다. NVIDIA가 말하는 '하루 만에 수년치 경험'이란 수년 동안 겪을 다양한 경우의 수를 동시에 압축해서 경험한다는 의미이다.

현실 세계를 시뮬레이션하는 디지털 트윈

디지털 트윈(Digital Twin)은 시뮬레이션의 특수한 형태다. 디지털 트윈은 실제 시스템의 가상 복제본이다. 단순 시뮬레이션에 비해 디지털 트윈은 실시간 동기화가 수행된다. 실제 시스템의 센서 데이터가 지속적으로 디지털 트윈에 전송되어 가상 모델이 실제 상태를 정확히 반영한다. 이는 공장, 건물, 도시 같은 복잡한 시스템의 모니터링과 최적화에 사용된다.

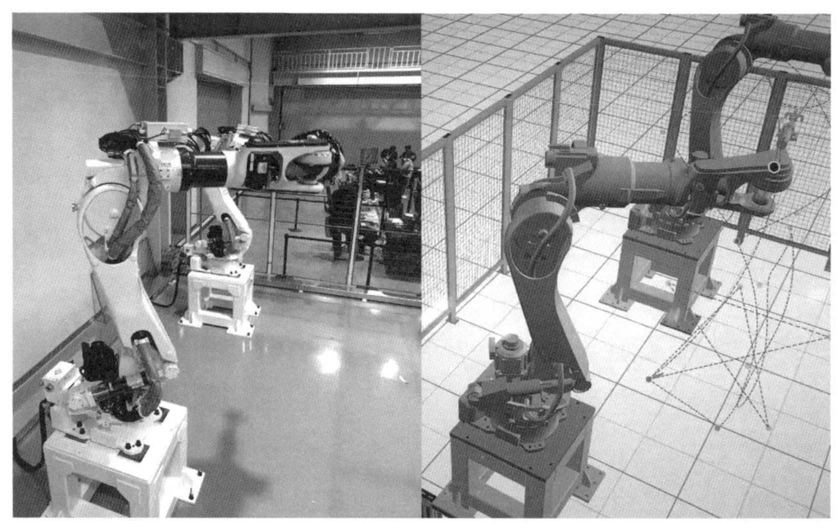

현대자동차·기아 제조 솔루션 부문의 디지털 트윈 내재화 기술.
현대위아와 현대오토에버가 협력해 현실과 가상의 양방향 동기화를 구현했다.

(출처: 현대자동차그룹 유튜브 캡처)

스마트 팩토리의 디지털 트윈을 예로 들어보자. 공장의 모든 기계, 로봇, 컨베이어 벨트가 가상 세계에 재현된다. 각 기계의 센서(온도, 진동, 전력 소비 등)가 실시간으로 디지털 트윈에 데이터를 보낸다. 엔지니어는 디지털 트윈을 보며 공장의 현재 상태를 파악한다. 어떤 기계가 과열되고 있는지, 어디서 병목이 발생하는지, 생산 속도가 목표에 맞는지를 한눈에 본다.

더 강력한 것은 디지털 트윈에서 미래를 시뮬레이션하는 것이다. '생산 라인 속도를 20% 높이면 어떻게 될까?' 엔지니어는 디지털 트윈에서 변경을 시도한다. 시뮬레이션은 각 기계의 부하, 에너지 소비, 생산량, 품질을 예측한다. 문제가 발견되면(예: 특정 기계 과부하) 실제 공장에 적용하기 전에 조정한다. 문제가 없으면 자신 있게 실제 공장에 적용할 수 있다. 이는 시행착오 비용을 제거한다.

Siemens, GE, ABB 같은 산업 자동화 기업들은 디지털 트윈 기술에 크게 투자하고 있다. Siemens의 MindSphere는 산업 IoT와 디지털 트윈 플랫폼이다. 전 세계 공장에서 수백만 개의 센서 데이터를 수집하고 분석한다. GE의 Predix는 발전소, 항공기 엔진, 풍력 터빈의 디지털 트윈을 제공한다. 예지 보전(Predictive Maintenance)*에 활용되어 고장 전에 부품을 교체하여 다운타임을 방지한다.

시뮬레이션과 디지털 트윈은 피지컬 AI의 보이지 않는 핵심 인프라다. 화려한 로봇 하드웨어만큼 주목받지는 못하지만, 로봇이 실제로 지능적으로 작동하게 만드는 것은 바로 이 가상 세계에서의 학습이다.

NVIDIA가 단순한 칩 기업이 아니라 전체 플랫폼 기업인 이유가 여기에 있다. Isaac Sim, Omniverse, CUDA 같은 소프트웨어 생태계가 NVIDIA

---

* 설비의 센서 데이터와 분석 모델을 활용해 고장을 사전에 예측하고, 문제가 발생하기 전에 유지보수를 수행하는 관리 방식이다.

의 진정한 해자다.

시뮬레이션과 디지털 트윈의 활용 영역

활용 영역	시뮬레이션	디지털 트윈	핵심 가치
로봇 훈련	AI 학습을 위한 수백만 번 시행착오	–	학습 속도 100~1000배 향상
합성 데이터	자동 라벨링된 이미지/비디오 생성	–	데이터 수집 비용 90% 절감
공정 최적화	–	실시간 모니터링 및 시뮬레이션	생산성 15~25% 향상
예지 보전	–	센서 데이터 분석으로 고장 예측	다운타임 20~40% 감소
제품 설계	가상 프로토타입 테스트	–	개발 기간 30~50% 단축
도시 계획	교통, 에너지 흐름 시뮬레이션	실시간 도시 시스템 모니터링	자원 효율 10~20% 개선

사례로 보는 학습 과정

피지컬 AI가 실제로 어떻게 학습하는지 구체적 사례를 통해 살펴보는 것이 이해에 도움이 된다. 추상적 알고리즘 설명보다 실제 로봇이 작업을 배우는 과정을 따라가면 강화학습, 시뮬레이션, 실제 배치가 어떻게 연결되는지 명확해진다.

여기서는 세 가지 대표적 사례를 살펴본다. 로봇 손의 손재주 학습, 휴머노이드의 보행 학습, 그리고 중국의 로봇 학교이다.

사례 1: OpenAI Dactyl-루빅스 큐브를 푸는 로봇 손

OpenAI의 Dactyl 프로젝트는 피지컬 AI 학습의 복잡성과 가능성을 모두 보여주는 획기적 사례다. 목표는 간단했다. 5개 손가락을 가진 로봇 손(Shadow사의 Dexterous Hand)이 루빅스 큐브를 조작하는 법을 배우는 것이다. 이는 매우 어려운 작업이다. 루빅스 큐브는 미끄럽고, 각 면을 독립적으로 돌려야 하며, 중력과 관성을 고려해야 한다.

학습 과정은 전적으로 시뮬레이션에서 시작되었다. 실제 로봇 손으로 루빅스 큐브를 수백만 번 조작하는 것은 불가능하다. 몇 주가 아니라 몇 년이 걸릴 것이다. 하드웨어도 빠르게 마모될 것이다. OpenAI는 MuJoCo 물리 엔진으로 로봇 손과 큐브를 시뮬레이션했다. 손가락의 각 관절, 큐브의 물리적 속성(마찰, 질량, 관성), 중력 등이 모델링되었다.

강화학습 알고리즘은 PPO*가 사용되었다. 보상 함수는 간단했다. 큐브를 목표 방향으로 유지하면 양의 보상, 떨어뜨리면 음의 보상이다. 무작위 움직임으로 시작해 점차 안정적인 조작 전략을 학습했다.

핵심 혁신은 환경 무작위화(Domain Randomization)였다. 큐브 크기, 마찰 계수, 중력, 손가락 길이 등 물리 파라미터를 극단적으로 변화시켰다. 50대의 GPU 서버로 100년 상당의 시뮬레이션을 며칠 만에 축적했다.

학습된 정책은 추가 훈련 없이 실제 로봇에서 작동했다. 심지어 고무 장갑, 테이프, 인형 던지기 등 예상치 못한 방해 요소에도 큐브 조작을 계

---

* OpenAI가 제안한 대표적인 강화학습 알고리즘으로 기존 정책(policy)을 한 번에 크게 바꾸지 않고, 조금씩 안정적으로 업데이트하도록 설계된 강화학습 방법이다.

속했다. 이는 학습된 정책이 특정 조건이 아닌 넓은 범위의 상황을 다룬다는 것을 보여준다.

OpenAI의 Dactyl 프로젝트. 강화학습을 적용해 로봇 손으로 루빅스 큐브를 풀었다.

(출처: OpenAI Press Kit)

이 사례가 주는 교훈은 다음과 같다. 첫째, 충분히 다양한 시뮬레이션 훈련은 실제 세계로 전이된다. 둘째, 극단적 환경 무작위화가 견고성의 핵심이다. 셋째, 수백만 번의 시도가 필요하므로 시뮬레이션이 필수적이다. 넷째, 잘 설계된 보상 함수로 복잡한 행동이 자동으로 학습된다. 인간이 '손가락을 이렇게 구부려라'고 가르칠 필요가 없다. '큐브를 목표 방향으로 유지해라'라는 목표만 제시하면 된다.

사례 2: Boston Dynamics Atlas−백플립을 배우는 휴머노이드

Boston Dynamics의 Atlas가 백플립(뒤로 공중제비)을 하는 영상은 세계를 놀라게 했다. 90kg의 휴머노이드 로봇이 공중에서 회전하고 완벽하게 착지하는 모습은 SF 영화 같았다. 이것이 어떻게 가능했는가?

Atlas의 학습 과정은 OpenAI Dactyl과는 다른 접근을 사용했다. 순수한 강화학습보다는 모델 기반 제어와 최적화가 중심이었다. Boston Dynamics는 Atlas의 정확한 물리 모델을 가지고 있다. 각 모터의 토크, 링크의 질량과 관성, 관절의 마찰 등이 정밀하게 측정되었다. 이 모델을 사용하여 백플립 동작을 계획했다.

Atlas의 백플립 시연 모습

(출처: Boston Dynamics 유튜브)

첫 단계는 궤적 최적화였다. 비선형 최적화 알고리즘이 점프, 회전, 착지를 완료하는 최적 궤적을 탐색했다. 그러나 시뮬레이션과 현실의 차이가 문제였다. 지면 탄성, 모터 응답 지연 등 세밀한 요소들이 영향을 미쳤다.

이를 극복하기 위해 반복적 개선을 사용했다. 실제 시도 결과를 분석하고 시뮬레이터 파라미터를 조정한 뒤 궤적을 재최적화했다. 수백 번의 시도 끝에 Atlas는 80% 성공률로 백플립을 완수했다. 이 과정에서 얻은 동적 움직임 계획과 실시간 균형 제어 기술은 계단 오르기, 장애물 뛰어넘기 등 다른 작업에도 적용된다.

사례 3: 중국의 로봇 학교 – 로봇 훈련과 데이터 생성

중국이 피지컬 AI에서 빠르게 추격하는 비결 중 하나는 독특한 인프라 접근이다. 로봇 학교(Robot School) 또는 로봇 훈련 시설이 바로 그것이다.

미국과 유럽의 기업들은 주로 시뮬레이션에 의존한다. 비용이 저렴하고 안전하며 빠르기 때문이다. 중국은 물리적 대규모 훈련 시설을 구축했다. 수십에서 수백 대의 로봇이 24시간 작동하며 실제 작업을 연습한다.

왜 이런 접근을 할까? 여러 이유가 있다. 첫째, 중국은 제조 인프라가 풍부하다. 공장 공간, 전력, 기계 장비가 상대적으로 저렴하다. 대규모 물리적 시설을 구축하는 비용이 서구보다 낮다. 둘째, 중국은 대량 생산 경험이 있다. 로봇을 대량으로 제조하고 배치하는 것이 익숙하다. 셋째, 실제 물리적 데이터의 가치를 인식한다. 시뮬레이션은 아무리 정교해도 근사치다. 실제 물리적 상호작용 데이터는 대체 불가능하다.

중국 베이징 로봇 학교에서 휴머노이드가 소비재 포장 상자 적재 훈련을 하고 있다.

사진_젠리(建立)

중국 베이징 로봇 학교에서 휴머노이드가 소형 공구 부품 상차 훈련을 하고 있다.

사진_젠리(建立)

로봇 학교의 각 구역에는 수십 대의 로봇이 있다. 같은 모델의 로봇들이 동시에 같은 작업을 연습할 수도 있고, 서로 다른 변형을 시도할 수도 있다. 중앙 제어 시스템이 각 로봇에 작업을 할당한다. 커리큘럼에 따라 난이도를 조절한다. 로봇 A는 쉬운 작업을 마스터했으므로 더 어려운 작업으로 진행한다. 로봇 B는 아직 기본을 배우는 중이므로 계속 연습한다.

각 로봇에는 카메라, 센서, 데이터 로거가 장착되어 있어 모든 것이 기록된다. 매 시도마다 센서 데이터(이미지, 힘, 위치), 행동(관절 각도, 토크), 결과(성공/실패)가 저장된다. 하루에 수십만 건의 데이터 포인트가 생성된다. 이 데이터는 고속 네트워크를 통해 중앙 서버로 전송되어 AI 모델 훈련에 즉시 사용된다.

중국의 주요 로봇 훈련 학교

위치	이름/설명	규모/특징
베이징 스징산구	휴머노이드 로봇 데이터 훈련 학교	4,000~10,000㎡, 100대 로봇 동시 훈련, 16개 시나리오 (산업·가정·헬스케어), 연 600만 데이터 생성
상하이 창장	국가·지방 공동 휴머노이드 로봇 혁신센터 훈련장	5,000㎡, 100여 종 이종 로봇, 45가지 기본 기술 훈련, 연 1천만 데이터 목표
쓰촨성 몐양	임바디드 AI 로봇 훈련장	클러스터 조성 목적, R&D·테스트 통합, 서부 최초
광둥성 포산	중국과학원 쯔둥타이추 임바디드 AI 혁신센터	멀티모달 AI 로봇 훈련
저장성 사오싱 상위구	항저우완 임바디드 AI 혁신센터	데이터 수집 중심
후베이성 우한	중국과학원 신규 훈련장	Taichu 플랫폼 본부 연계

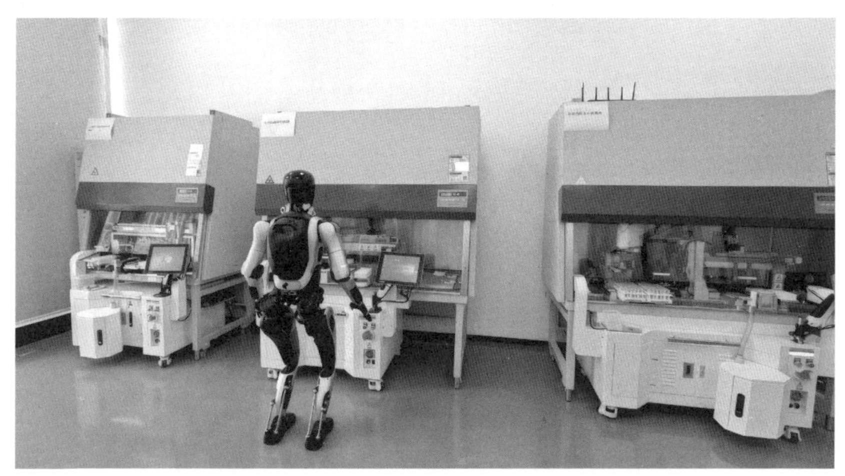

중국 푸저우시의 의료 현장용 휴머노이드 로봇 훈련장

인간 전문가도 중요한 역할을 한다. 엔지니어와 기술자들이 로봇을 모니터링한다. 이상 행동이 감지되면 개입한다. 하드웨어 문제를 수리하고, 소프트웨어를 업데이트하며, 작업 설정을 조정한다. 또한 일부 작업은 로봇이 모방 학습으로 배울 수 있도록 인간이 먼저 시범을 보인다. 예를 들어 복잡한 조립 작업은 숙련된 작업자가 수행하는 것을 로봇이 관찰한다. 동작 캡처 시스템이 인간의 손과 팔 움직임을 기록한다. 이 데이터가 로봇의 초기 정책으로 사용된다.

시뮬레이션과의 통합도 이루어진다. 로봇 학교는 순수 물리적 훈련만 하지 않는다. 시뮬레이션과 실제를 결합한다. 시뮬레이션에서 새로운 작업을 먼저 배운다. 기본 능력을 빠르게 획득한다. 그 후 로봇 학교에서 실제 연습을 한다. 시뮬레이션과 현실의 차이를 경험하고 적응한다.

실제에서 수집된 데이터는 시뮬레이터를 개선하는 데 사용된다. 더 정확한 물리 파라미터를 추정한다. 이는 선순환을 만든다. 더 나은 시뮬레이터가 더 나은 초기 정책을 만들고, 더 나은 실제 훈련이 더 나은 시뮬레이터를 만든다.

로봇 학교는 중국의 피지컬 AI 전략의 독특한 요소다. 대규모 물리적 데이터 생성, 실전 테스트, 인재 양성, 생태계 구축을 결합한다. 이는 중국의 제조 강점과 규모의 경제를 활용한다. 서구의 시뮬레이션 중심 접근과 보완적이다. 궁극적으로 가장 성공적인 기업은 둘을 모두 활용할 것이다. 시뮬레이션의 속도와 안전성, 그리고 실제 세계 훈련의 정확성과 견고성을 결합하는 것이다.

실시간 의사결정의 메커니즘

피지컬 AI가 디지털 AI와 근본적으로 다른 점 중 하나는 실시간성(Real-time)의 중요성이다. ChatGPT가 답변을 생성하는 데 5초가 걸려도 사용자는 기다릴 수 있다. 불편하지만 치명적이지 않다. 그러나 자율주행차가 장애물을 감지하고 브레이크를 밟기까지 5초가 걸린다면 이미 사고가 난 후다. 휴머노이드 로봇이 넘어지기 시작할 때 균형 회복 동작을 5초 후에 시작하면 이미 바닥에 부딪힌 후다. 피지컬 AI는 밀리초 단위로 반응해야 한다.

실시간 의사결정의 요구사항을 구체적으로 살펴보자. 제어 주기(Control Loop Frequency)는 초당 몇 번 의사결정이 이루어지는지를 나타낸다. 일반적인 로봇 제어 시스템은 다음과 같은 계층 구조를 가진다.

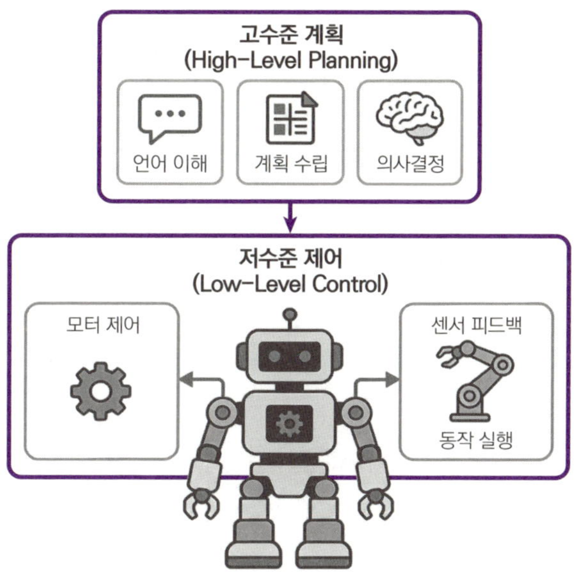

고수준 계획(High-Level Planning): 0.1~1Hz(100ms~1,000ms 한 번). 전체 작업 계획, 경로 생성, 목표 설정에 관여한다. 예를 들어 '주방으로 이동하여 컵을 가져온다'는 계획이다. 이는 상대적으로 느려도 된다. 환경이 급격히 변하지 않으므로 계획을 자주 업데이트할 필요가 없다.

중간 수준 제어(Mid-Level Control): 10~100Hz(10~100ms마다 한 번). 경로 추종, 장애물 회피, 동작 조정에 관여한다. 로봇이 계획된 경로를 따라가면서 예상치 못한 장애물을 피하는 것이다. 환경 변화에 적응하려면 비교적 빠른 업데이트가 필요하다.

저수준 제어(Low-Level Control): 100~1000Hz(1~10ms마다 한 번). 모터 토

크, 관절 각도, 균형 유지에 관여한다. 이는 매우 빠르게 일어나야 한다. 로봇의 물리적 안정성이 달려 있다. 예를 들어 넘어지기 시작하면 즉시 반응해야 한다. Boston Dynamics의 Spot은 관절 상태를 333Hz로 업데이트하며, 외부 제어 명령 전송은 100~333Hz로 권장된다. 즉, 매 3~10밀리초마다 각 관절의 위치·속도·토크를 조정한다.

로봇 제어의 계층별 요구사항

계층	주파수	시간 간격	처리 내용	지연 허용도	실패 시 결과
고수준 계획	0.1~1Hz	1~10초	작업 계획, 경로 생성	높음	비효율적 경로
중간 수준 제어	10~100Hz	10~100ms	장애물 회피, 동작 조정	중간	충돌, 작업 실패
저수준 제어	100~1000Hz	1~10ms	모터 제어, 균형 유지	매우 낮음	넘어짐, 손상
안전 시스템	1000~10000 Hz	0.1~1ms	긴급 정지, 충돌 감지	거의 없음	사고, 부상

이러한 실시간 요구사항을 충족하기 위한 여러 기술이 있다. 첫째는 엣지 컴퓨팅이다. 앞서 언급했듯이 AI 추론을 로봇 내부 칩에서 수행하여 네트워크 지연을 제거한다. NVIDIA Jetson, Qualcomm Snapdragon 같은 칩은 10~20ms 안에 AI 추론을 완료할 수 있다. 이는 중간 수준 제어에 충분하다.

둘째는 모델 최적화다. AI 모델이 크고 복잡할수록 추론 시간이 길다. 실시간 응용을 위해서는 모델을 압축하고 최적화해야 한다. 양자화

(Quantization)는 모델의 가중치와 활성화를 32비트 부동소수점에서 8비트 정수로 변환한다. 모델 크기가 4분의 1로 줄고, 추론 속도는 2~4배 빨라진다. 정확도 손실은 1~2%에 불과하다. 프루닝(Pruning)은 중요하지 않은 가중치를 제거하여 모델을 가볍게 만든다. 지식 증류(Knowledge Distillation)는 큰 교사 모델의 지식을 작은 학생 모델로 전달한다. 학생 모델은 교사만큼 정확하지는 않지만 훨씬 빠르다.

셋째는 병렬 처리다. 여러 작업을 동시에 수행한다. 예를 들어 로봇이 걸으면서 동시에 주변을 스캔하고, 다음 행동을 계획한다. 멀티코어 프로세서와 GPU가 이를 가능하게 한다. 각 코어가 독립적인 작업을 처리한다. NVIDIA Jetson은 CPU, GPU, 딥러닝 가속기를 통합하여 병렬 처리를 최적화한다.

넷째는 예측적 실행(Predictive Execution)이다. 로봇이 미래를 예측하여 미리 계산한다. 월드 모델이 이를 가능하게 한다. 현재 궤적을 계속 따라가면 어떻게 될지 시뮬레이션한다. 문제가 예상되면 대안을 미리 준비한다. 실제 문제가 발생했을 때 즉시 대응할 수 있다. 이는 반응 시간을 효과적으로 단축한다.

다섯째는 계층적 제어 아키텍처다. 각 계층이 적절한 속도로 작동한다. 느린 고수준 계획이 빠른 저수준 제어를 방해하지 않는다. 저수준 제어는 하드웨어에 가깝게 구현되어 극도로 빠르다. FPGA(Field-Programmable Gate Array)나 전용 제어 칩(실시간 마이크로컨트롤러, Digital Signal Processor)을 사용한다. 이에 비해 고수준 계획은 범용 프로세서에서 실행되어 유연성을 제공한다. 이러한 분리가 실시간성과 지능을 모두 확보하게 한다.

실시간 의사결정은 피지컬 AI의 핵심 도전이다. 빠르면서도 정확해야 하고, 효율적이면서도 안전해야 한다. 이는 하드웨어, 소프트웨어, 알고리즘의 긴밀한 통합을 요구한다. 향후 칩의 성능 향상, 알고리즘의 효율화, 아키텍처의 최적화가 계속되면서 더 복잡한 의사결정을 더 빠르게 수행할 수 있게 될 것이다. 이는 피지컬 AI가 더 동적이고 예측 불가능한 환경에서 작동할 수 있게 만들 것이다.

안전성과 제어: 예측 불가능성을 다루는 법

피지컬 AI가 실제 세계에 배치될 때 가장 중요한 것은 안전이다. 디지털 AI의 실수는 잘못된 정보를 제공하는 것이다. 불편하지만 대부분 피해는 제한적이다. 피지컬 AI의 실수는 물리적 손상과 부상을 야기할 수 있다. 자율주행차가 잘못 판단하면 사고가 난다. 공장 로봇이 제어를 잃으면 작업자를 칠 수 있다. 이러한 위험 때문에 **안전성은 피지컬 AI 설계의 최우선 순위다.**[*]

안전성을 확보하는 첫 번째 원칙은 다층 방어(Defense in Depth)다. 단일 안전 메커니즘에 의존하지 않는다. 여러 독립적인 안전 계층을 구축한다. 한 계층이 실패해도 다른 계층이 보호한다. 스위스 치즈 모델(Swiss Cheese

---

[*] 유튜브에서 '로봇 난동'이라는 키워드로 검색하면 제어가 상실된 로봇이 위험하게 움직이는 모습을 볼 수 있다.

Model)이 이를 잘 설명한다. 각 안전 계층은 구멍이 있는 치즈 조각과 같다. 단일 조각으로는 모든 위험을 막을 수 없다. 그러나 여러 조각을 겹치면 모든 구멍이 일직선으로 정렬되지 않는 한 위험이 통과할 수 없다.

실제로 항공우주, 원자력, 의료 분야는 수십 년 전부터 이 원칙을 적용해 왔으며, 피지컬 AI 산업은 이들의 설계 철학을 적극적으로 차용하고 있다. 안전은 기능 추가 이후의 보완 사항이 아니라, 설계 초기 단계부터 시스템 구조 깊숙이 내재되어야 하는 근본 요건이다.

피지컬 AI의 안전 계층

계층	메커니즘	목적	독립성	반응 시간
1. 인식 다양성	카메라, 라이다, 레이더	인식 오류 방지	높음	10~100ms
2. 중복 계산	다중 프로세서, 체크섬	계산 오류 감지	중간	1~10ms
3. 행동 검증	규칙 기반 검사	불안전한 명령 거부	높음	1~10ms
4. 긴급 정지	하드웨어 비상 시스템	임박한 위험 대응	매우 높음	<1ms
5. 기계적 안전	에어백, 범퍼, 브레이크	최후 물리적 보호	완전	즉각

안전은 비용이다. 안전 메커니즘은 하드웨어, 소프트웨어, 테스트 비용을 증가시킨다. 성능을 저하시킬 수도 있다(보수적 행동은 느림). 그러나 이는 필수 투자다. 사고 한 번이 회사를 망칠 수 있다. 규제 승인을 받지 못하면 제품을 판매할 수 없고 사용자의 신뢰를 잃으면 시장이 사라진다. 따라서 성공적인 피지컬 AI 기업은 안전을 최우선으로 한다. 이는 단기적 비용이지만 장기적 생존 조건이다.

자동화의 역설: 로봇은 생산하지만 소비하지 않는다

2026년 초, 휴머노이드 로봇의 산업 배치가 본격적으로 논의되기 시작했다. Tesla는 2027년 말에 Optimus를 일반 대중에게 판매할 계획이며, Boston Dynamics는 CES 2026에서 전기식 아틀라스의 상업 생산 모델을 공개했는데, 현대자동차는 이를 2028년부터 생산라인에 도입하겠다고 발표했다. Figure AI의 Figure 02는 BMW 공장의 생산 라인에서 주5일, 10시간 교대근무로 1,250시간의 작업을 수행했고, Agility Robotics의 Digit이 GXO가 운영하는 스팬스(Spanx) 물류센터에서 가동 중이다.

2025년 수백~수천 대 수준이던 산업용 휴머노이드 배치 대수는 2026~2027년 수만 대로 급증하고, 2030년대에는 수백만 대 규모에 도달할 전망이다.

생산 현장에 배치되는 휴머노이드 로봇

기업 입장에서 인간을 로봇으로 대체하는 것은 합리적인 선택이다. 로봇은 쉬지 않고, 아프지 않고, 파업하지 않으며, 시간이 지날수록 더 싸진다. 그러나 모든 기업이 동시에 이 합리적 선택을 하면, 전혀 합리적이지 않은 결과가 나타난다. 이것이 바로 '자동화의 역설(Automation Paradox)'이다.

구조는 이렇다. **기업이 인간 노동자를 로봇으로 교체하면 해당 노동자는 일자리와 함께 소득을 잃는다.** 소득을 잃은 사람은 소비를 줄인다. 제조업에서 시작된 대체가 물류, 유통, 단순 서비스업으로 확산되면 소득을 잃는 인구는 수천만 단위로 불어난다. 포레스터(Forrester)는 2026년 1월 보고서에서 2030년까지 AI와 자동화로 인해 미국에서만 1,040만 개의 일자리가 사라질 것으로 전망했다. 이는 미국 전체 고용의 6.1%에 해당하며, 2008년 대침체 당시 소멸된 870만 개를 상회하는 수치다.

Goldman Sachs는 전 세계적으로 3억 개의 일자리가 AI에 의해 소멸되거나 품질이 저하될 수 있다고 추정했다. 앤트로픽(클로드 서비스 회사)의 CEO 다리오 아모데이는 더 극단적인 경고를 내놓았다. 향후 5년 안에 화이트칼라 초급 일자리의 50%가 사라질 수 있으며, 미국 실업률이 10~20%까지 치솟을 가능성이 있다는 것이다.

일자리를 잃은 사람은 돈이 없다

휴머노이드 로봇으로 인해 생산 능력은 역사상 최대치에 도달하지만, 그 생산물을 구매할 수 있는 소비자는 돈을 벌지 못하는 경제, 공급은 폭발하는데 수요가 증발하는 시장, 물건은 넘쳐나는데 지갑은 텅 빈 세상이 만들어진다.

이 역설의 핵심은 '노동자와 소비자는 같은 사람'이라는 사실에 있다. 기업이 비용으로 인식하는 인건비는 경제 전체로 보면 소비의 원천인 가계소득이다. 헨리 포드는 1914년 자기 공장 노동자에게 당시로서는 파격적인 일당 5달러를 지급했다. 그의 논리는 명쾌했다. "내 노동자가 내 차를 살 수 있어야 한다." 포드는 노동자가 곧 소비자임을 직감적으로 이해한 것이다. 그런데 로봇은 임금을 받지 않는다. 당연히 소비도 하지 않는다. 로봇이 만든 자동차를 로봇이 사주지는 않는다.

이 문제가 해결되지 않으면 자동화는 스스로를 파괴하는 모순에 빠진다. 소비자가 사라진 시장에서는 아무리 효율적으로 생산해도 매출이 발생하지 않고, 매출이 없으면 로봇에 투자한 자본도 회수할 수 없다.

로봇이 창출한 부를 인간에게 되돌려주는 것이 가능한가?

결국 피지컬 AI 시대의 진짜 과제는 '로봇을 얼마나 잘 만드느냐'가 아니라 '로봇이 창출한 부를 인간에게 어떻게 되돌려주느냐'에 있다. 2025년까지 미국에서만 수십 건의 보편적 기본소득 파일럿 프로그램이 실시되었고, 아일랜드는 예술인 기본소득 제도를 2026년부터 항구적 제도로 전환했다.

MIT 경제학자들은 로봇에게도 인간의 소득세와 같은 세금을 적용하자며, 로봇세의 최적 세율을 1~3.7%로 추정하되 혁신 저해와 해외 이전 리스크를 경고했다. 정책 분석가들은 AI 대체가 본격화되는 시점과 제도적 대응이 마련되는 시점 사이에 위험한 공백—이른바 죽음의 계곡(Valley of Death)—이 존재한다고 경고한다. AI 발전의 기하급수적 속도와 입법의 느린 속도 사이의 괴리가 사회적 불안을 촉발할 수 있다는 것이다.

로봇세, 자동화 배당, 보편적 기본소득 같은 제도는 단순한 복지 논쟁이 아니다. 시장 자체를 존속시키기 위한 생존 메커니즘이다. 소비자 없는 생산은 의미가 없고, 소득 없는 소비자는 존재할 수 없다. 이 단순한 진실이 피지컬 AI 산업이 어디까지 성장할 수 있는지를 결정하게 될 것이다

Chapter 6

피지컬 AI의 한계와 과제

아직 못하는 것들: 손재주, 유연한 판단

피지컬 AI의 발전이 눈부시지만, 여전히 인간이 쉽게 하는 많은 작업을 로봇은 못한다. ChatGPT가 등장했을 때 사람들은 "AI가 글쓰기와 추론에서 인간을 따라잡았다"고 흥분했다. 그러나 물리적 세계에서 3세 아이가 할 수 있는 일을 최첨단 로봇은 여전히 어려워한다.

부족한 손재주

아이는 구겨진 셔츠를 펴서 접는다. 계란을 깨뜨리지 않고 옮긴다. 불규칙한 모양의 장난감을 상자에 정리한다. 이러한 작업들은 미세한 손재주, 촉각 피드백, 유연한 판단을 요구한다. 하지만 로봇에게는 여전히 큰 도전이다.

손재주의 한계를 구체적으로 살펴보자. 인간의 손은 놀라운 기계다. 27개의 뼈, 34개의 근육, 수많은 힘줄과 인대가 조화롭게 작동한다. 손가락 끝에는 평방센티미터당 수천 개의 촉각 수용체가 있다. 이는 압력, 질감, 온도, 미끄러짐을 감지한다. 뇌는 이 모든 정보를 실시간으로 처리하여 손가락의 움직임을 제어한다. 우리는 의식하지 않고도 포도를 잡을 때는 부드럽게, 망치를 잡을 때는 강하게 힘을 조절한다.

로봇 손은 아직 이 수준에 도달하지 못했다. 현재 가장 발전된 로봇 손(Shadow Dexterous Hand, Allegro Hand 등)도 인간 손의 자유도(degrees of freedom)와 정밀도에 미치지 못한다. 촉각 센서의 밀도와 감도도 낮다. 인간 손가락 끝의 촉각 수용체 밀도는 평방밀리미터당 약 2,500개다. 최고급 로봇 촉각 센서는 평방센티미터당 수백 개 수준이다. 해상도가 10~100배 낮다.

손 기술의 통합

더 중요한 것은 센서-모터 통합이다. 인간은 촉각 피드백을 받아 즉시(5~10ms) 손가락 움직임을 조정한다. 무의식적이고 자동적이다. 로봇은 촉각 센서 데이터를 처리하고, AI 모델로 판단하고, 모터 명령을 생성하는 과정이 수십 밀리초 걸린다. 이 지연이 미세 조작을 어렵게 만든다. 예를 들어 실을 바늘에 꿰는 작업을 생각해보자. 실 끝이 바늘 구멍에 닿는 순간의 촉각을 느끼고 즉시 미세 조정해야 한다. 수십 밀리초 지연은 실패를 의미한다.

유연한 물체를 다루는 것은 특히 어렵다. 천, 로프, 종이, 비닐 같은 물체는 모양이 고정되어 있지 않다. 잡는 방법에 따라 형태가 바뀐다. 물리 시뮬레이션도 어렵다. 강체(rigid body)는 간단한 방정식으로 시뮬레이션되지만, 유연 물체는 복잡한 유한 요소 해석(finite element analysis)이 필요하다. 계산 비용이 수백 배 높다. 따라서 로봇이 천을 접거나 케이블을 정리하는 법을 학습하기 어렵다. 시뮬레이션이 느리고 부정확하기 때문이다.

빨래 개기는 대표적 도전 과제다. 로봇이 셔츠 한 장을 펴서 접는 데 5~10분이 걸린다. 인간은 30초면 한다. 게다가 로봇의 성공률은 70~80%다. 때때로 실패한다. 이는 가정용 로봇의 큰 장벽이다. 사람들이 가정용 로봇에 기대하는 핵심 작업 중 하나가 빨래 개기인데, 로봇이 이를 못한다.

CES 2026에서 LG전자 홈 휴머노이드 클로이드(CLOiD)가 수건을 접고 있는 모습

요리도 비슷한 문제가 있다. 재료를 자르는 것은 상대적으로 쉽다. 반복적이고 구조화된 작업이다. 그러나 반죽을 치대거나, 야채를 볶거나, 소스를 저으면서 농도를 판단하는 것은 어렵다.

이는 촉각, 시각, 심지어 후각과 미각의 통합을 요구한다. "반죽이 충분히 치대졌는가?"는 손으로 느낀 질감으로 판단한다. "야채가 충분히 익었는가?"는 색깔, 냄새, 소리(지글거림)로 판단한다. 로봇이 이러한 다감각 통합 판단을 하기는 아직 어렵다.

인간 vs 로봇: 손재주 작업 비교

작업	인간 소요 시간	로봇 소요 시간	로봇 성공률	주요 어려움
빨래 개기	30초	5~10분	70~80%	유연 물체, 복잡한 접기 시퀀스
케이블 정리	10초	2~5분	60~70%	변형 가능, 자가 교차, 엉킴
실 바늘에 꿰기	5~10초	실패 또는 수분	〈50%	극도의 정밀도, 촉각 피드백
계란 깨기	2~3초	30초~1분	85~90%	힘 조절
음식 볶기	2~3분	미구현	–	실시간 판단, 다감각 통합
신발끈 묶기	5~10초	1~2분	75~85%	양손 협응, 유연 물체

비구조화된 환경에서의 유연한 판단

유연한 판단의 한계도 중요하다. 피지컬 AI는 구조화된 환경에서 잘 작동한다. 공장, 창고, 도로는 상대적으로 예측 가능하다. 규칙이 있고, 패턴이 반복되며, 변화가 제한적이다. 그러나 가정, 병원, 공공장소는 매우 비구조화되어 있다. 예상치 못한 일이 끊임없이 일어난다. 사람이 갑자기 나타나고, 물체가 예상치 못한 곳에 있으며, 상황이 계속 변한다.

인간은 이러한 불확실성을 상식과 직관으로 다룬다. 우리는 명시적으로 배우지 않아도 '뜨거운 냄비를 맨손으로 잡으면 안 된다', '유리잔을 바닥에 떨어뜨리면 깨진다', '아기 옆에서는 조용히 해야 한다'는 것을 안다. 이러한 상식은 평생의 경험에서 축적된다. 수백만 번의 관찰과 상호작용을 통해 세상의 작동 방식에 대한 암묵적 모델을 구축한다.

로봇은 이러한 상식이 부족하다. 훈련 데이터에 없는 상황을 만나면 혼란스러워한다. 예를 들어 로봇이 컵을 테이블에 놓으라는 명령을 받았다. 그런데 테이블이 물로 젖어 있다. 인간이라면 즉시 '물을 먼저 닦아야 한다' 또는 '다른 곳에 놓아야 한다'고 판단한다. 로봇은? 대부분 그냥 젖은 테이블에 컵을 놓는다. 물이 문제라는 것을 인식하지 못한다. 훈련 중에 '젖은 표면'을 특별히 다루지 않았기 때문이다.

이 모든 한계는 피지컬 AI가 아직 초기 단계임을 보여준다. 특정 작업, 구조화된 환경에서는 인간을 능가하거나 근접했다. 그러나 일반 지능(general intelligence), 즉 다양한 환경에서 다양한 작업을 수행하는 능력은 아직 멀었다. 3세 아이 수준의 물리적 지능에 도달하는 것조차 10~20년 걸릴 수 있다는 전문가들의 예측이 있다.

그러나 발전은 계속된다. 촉각 센서 기술이 개선되고 있다. Meta AI의 DIGIT, GelSight 등 고해상도 촉각 센서가 연구실을 벗어나 상용화되고 있다. 유연 물체 시뮬레이션 알고리즘도 발전한다. 상식 추론을 위한 대규모 언어-비전 모델이 로봇에 통합되고 있다. 인과 추론, 전이 학습, 장기 계획은 활발한 연구 주제다. 5~10년 후 피지컬 AI가 어디까지 갈지는 정확히 알 수 없으나 점진적으로 인간의 물리적 지능에 근접해갈 것이다.

안전성과 신뢰성 문제

피지컬 AI의 가장 큰 장벽은 안전과 신뢰다. 소프트웨어 버그는 불편하지만, 하드웨어를 제어하는 AI의 버그는 치명적이다. 자율주행차의 오판단은 사망 사고로, 수술 로봇의 오작동은 환자 피해로 이어진다.

예측 불가능성이 근본 문제다. 전통적 소프트웨어는 결정론적이지만 AI는 확률적이다. 특히 신경망은 블랙박스여서 왜 특정 결정을 내렸는지 설명하기 어렵다. 엣지 케이스(일반적이지는 않지만 발생 가능한 예외 상황)가 특히 위험하다. 도로의 매트리스, 역주행 오토바이 등 드문 상황은 훈련 데이터에 거의 없어 AI가 올바르게 반응한다고 보장할 수 없다.

개발 주행 테스트로 진행된 자율주행의 디스인게이지먼트[*] 통계가 이를 보여준다. 2024년 California DMV 데이터를 보면 최고 성능 시스템(Waymo)도 약 9,793마일당 한 번씩 인간 개입이 필요했다. 이는 미국 교통사고 발생률(55만 마일당 1회)보다 훨씬 빈번하다.

---

[*]　자율주행 시스템이 주행을 수행하던 중 사람(안전 운전자)이나 시스템이 자율주행을 해제하고 수동 운전으로 전환한 사건을 의미한다.

센서 고장과 환경 조건도 문제다. 카메라는 직사광선과 악천후에, 라이다는 폭우에, 레이더는 금속 반사에 취약하다. 사이버 보안 위협도 커지고 있다.

신뢰성 문제도 있다. 안전하지만 신뢰성이 낮으면 유용하지 않다. 대부분의 로봇 시스템은 실험실에서는 완벽하지만 실제 환경의 변동성 때문에 지속적 모니터링이 필요하다.

궁극적으로 완벽한 안전은 불가능하다. 목표는 '완벽'이 아니라 '인간보다 나은' 것이다. 그러나 이를 입증하려면 수백만 마일 주행 데이터가 필요하고, 그동안 발생하는 사고는 큰 논란을 일으킨다. 사회가 AI의 실수를 얼마나 용인할지는 기술적 문제가 아니라 사회적 문제다.

비용 장벽: 언제 경제성이 확보되는가

피지컬 AI의 기술적 가능성과 상업적 실현 사이에는 큰 간극이 있다. 그 간극의 이름은 비용이다. **실험실에서 놀라운 로봇을 만들 수 있다. 그러나 그것을 수천 달러에 제조하여 수익을 내며 판매할 수 있는가? 대부분의 경우 답은 '아직 아니다' 이다. 비용이 너무 높아 시장이 감당할 수 없다.**

로봇은 센서, 액추에이터, 프로세서, 배터리, 기계 구조로 구성된다. 각각이 비용이다. 고성능 라이다는 수천 달러에서 수만 달러다. 정밀한 로봇팔은 수만 달러다. AI 칩은 수백 달러에서 수천 달러다. 이 모든 것을 합치면 휴머노이드 로봇 한 대의 하드웨어 비용이 쉽게 10만 달러를 넘는다.

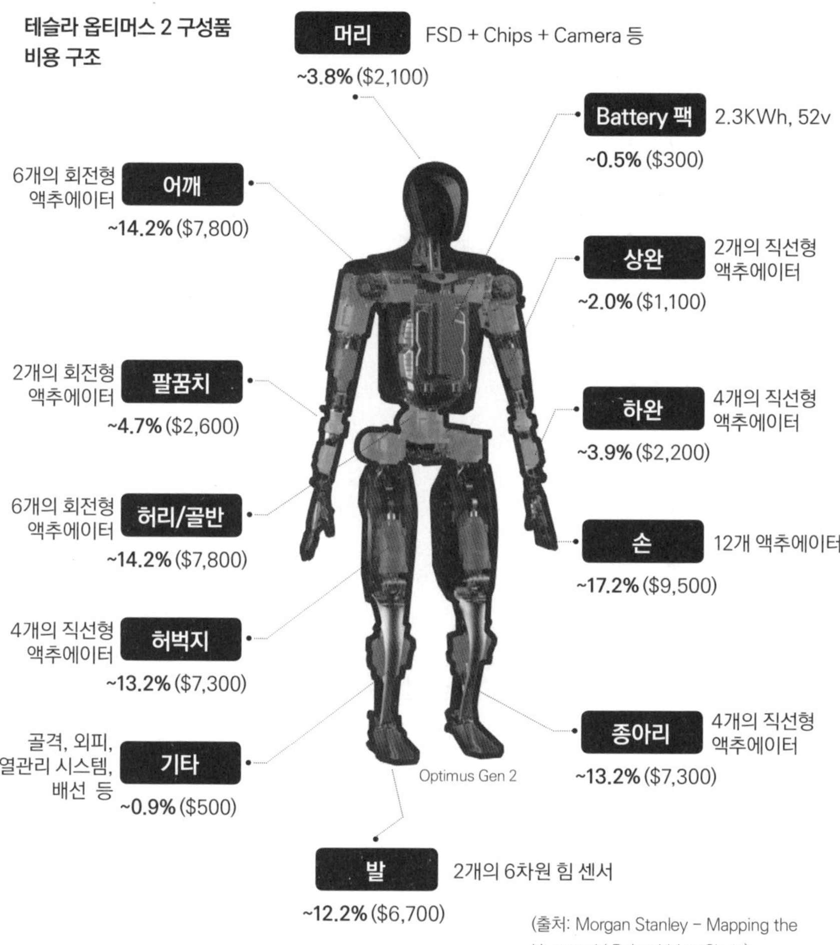

(출처: Morgan Stanley – Mapping the Humanoid Robot Value Chain)

휴머노이드 구성품의 가격 비중

구분	비중	구분	비중
AI 칩, AI 컴퓨팅	10%	**회전형 액추에이터**(센서 포함)	24%
열관리 시스템	2%	**선형 액추에이터**(센서 포함)	27%
배터리	2%	**정교한 손**(센서 포함)	19%
비전 시스템	4%	※액추에이터+손=**70% 비중**	

(출처: Bank of America – Humanoid robots 101)

Tesla의 일론 머스크는 Optimus를 2만 달러에 판매하겠다는 목표를 세웠다. 이는 매우 공격적인 목표다. 2만 달러는 경제적 전환점으로 여겨진다. 이 가격 이하면 로봇이 인간 노동자를 대체하는 것이 경제적으로 타당해진다.

미국에서 최저임금 노동자의 연간 비용(임금, 세금, 혜택)은 약 3만~4만 달러다. 로봇이 2만 달러에 구매되고 5년 사용되면 연간 비용이 4천 달러다. 유지보수, 전력, 소프트웨어를 포함해도 연간 1만 달러 이하다. 인간 노동자의 4분의 1 비용이다. 게다가 로봇은 24시간 작동할 수 있으므로 3교대 인간 노동자(연간 12만 달러 비용)를 대체한다면 경제성이 압도적이다.

그러나 2만 달러는 쉽지 않다. Tesla가 이를 달성할 수 있다면 그것은 대량생산, 수직 통합, 자체 부품 제조 덕분일 것이다. Tesla는 연간 수백만 대의 전기차를 생산한다. 같은 공급망, 제조 시설, 엔지니어링 역량을 로봇에 활용할 수 있다. 배터리, 모터, 전자장치는 차량과 공유한다. 규모의 경제가 작동한다. 그러나 대부분의 로봇 스타트업은 이러한 이점이 없다. 연간 수백 또는 수천 대를 생산한다. 소량 생산에서는 부품 비용이 높다.

중국 기업들이 비용 면에서 유리하다. Unitree의 휴머노이드는 2만 달러 정도에 판매되고 있다.* 중국의 제조 비용이 낮다. 인건비, 부품 조달, 공장 운영이 모두 저렴하다. 또한 중국 정부의 보조금과 지원이 있다. 로봇 산업을 전략 산업으로 지정하여 육성한다. 세금 혜택, 저리 대출, R&D 지

---

* 2026년 2월, 이마트 영등포점에서는 휴머노이드 로봇 상품 판매를 시작했다. Unitree의 휴머노이드 G1 기본형의 가격은 3,100만 원이다.

원 등이 제공된다. 이는 기업이 더 낮은 가격을 제시할 수 있게 한다.

휴머노이드 로봇 비용 구조 추정

구성요소	저가 버전 비용	고급 버전 비용	비용 절감 방법
액추에이터(20~30개)	$10,000	$40,000	자체 제조, 통합 설계
센서(카메라, 라이다, IMU 등)	$3,000	$15,000	고체 라이다, 저가 카메라
AI 칩 & 컴퓨팅	$500	$2,000	효율적 칩, 클라우드 오프로드
배터리	$2,000	$5,000	대량 구매, 자체 셀 제조
기계 구조	$3,000	$10,000	사출 성형, 표준화
조립 & 인건비	$1,500	$8,000	자동화, 저비용 지역
총 제조 비용	$20,000	$80,000	-
마진 & 마케팅	$5,000	$20,000	-
최종 판매 가격	$25,000	$100,000	-

그러나 낮은 가격이 항상 경쟁력을 의미하지는 않는다. 신뢰성, 성능, 애프터서비스도 중요하다. 고객은 단순히 가장 저렴한 로봇을 사지 않는다. 총 소유 비용(Total Cost of Ownership, TCO)을 고려한다. 구매 가격뿐만 아니라 유지보수, 다운타임, 수명, 업그레이드 비용을 포함한다. 저가 로봇이 자주 고장 나고 수리 비용이 높다면 장기적으로 더 비쌀 수 있다.

소프트웨어 및 운영 비용도 간과할 수 없다. 로봇을 구매하는 것만으로는 작동하지 않는다. 설치, 프로그래밍, 훈련, 유지보수가 필요하다. 전통적인 산업용 로봇은 통합 비용(system integration cost)이 로봇 자체 비용의

2~3배다. 로봇 팔이 5만 달러면 전체 시스템 구축에 15만 달러가 든다. 엔지니어가 공장에 와서 로봇을 설치하고, 주변 장비와 연결하며, 작업에 맞게 프로그래밍하고, 작업자를 교육한다. 이 모든 것이 비용이다.

피지컬 AI는 이 통합 비용을 낮출 수 있다. 범용 AI 모델은 별도 프로그래밍 없이 자연어 명령으로 작업을 학습한다. "이 상자를 저 팔레트에 쌓아라"라고 말하면 된다. 복잡한 코딩이 필요 없다. 시뮬레이션에서 미리 훈련되어 현장 배치 시간이 짧다. 자가 적응 능력이 있어 환경 변화에 스스로 조정한다. 이론적으로 통합 비용을 로봇 비용의 0.5~1배로 낮출 수 있다. 그러나 이는 아직 증명되지 않았다. 실제 배치 사례가 축적되어야 검증된다.

투자 회수 기간(Payback Period)이 고객의 핵심 관심사다. 로봇에 투자한 돈을 얼마나 빨리 회수할 수 있는가? 제조업에서는 일반적으로 2~3년 이내 회수를 기대한다. 로봇 시스템 총 비용이 15만 달러고, 연간 인건비 절감이 6만 달러라면 2.5년에 회수된다. 이는 수용 가능하다. 그러나 총 비용이 30만 달러로 올라가면 5년 회수다. 많은 기업이 주저한다. 5년은 너무 길다. 기술이 빠르게 변하므로 5년 후 로봇이 구식이 될 수 있다.

서비스 산업은 더 까다롭다. 레스토랑, 호텔, 소매점의 마진이 낮다. 고가 로봇에 투자할 여유가 없다. 조리 로봇이 10만 달러고 요리사 한 명을 대체한다면(연간 4만~5만 달러 인건비), 2년 회수다. 그런데 조리 로봇이 아직 인간만큼 다양한 요리를 못한다면? 제한된 메뉴만 다룬다면? 고객이 로봇 음식을 선호하지 않는다면? 가치 제안이 약해진다. 따라서 서비스 로봇은 가격이 더 낮아야 한다. 3만~5만 달러 범위가 목표다.

Robotics-as-a-Service(RaaS) 모델이 비용 장벽을 낮추는 방법이다. 고객이 로봇을 구매하는 대신 서비스로 임대한다. 월 정액 또는 사용량 기반 요금을 지불한다. 초기 자본 투자(CAPEX)가 제거된다. 운영 비용(OPEX)만 발생한다. 중소기업에게 매력적이다. 15만 달러를 한 번에 지불할 수 없어도 월 3천~5천 달러는 가능할 수 있다.

경제성은 응용 분야에 따라 크게 다르다. 높은 가치, 반복적 작업이 가장 유리하다. 자동차 용접, 반도체 제조, 물류 분류 등이다. 작업이 단순하고 반복적이므로 로봇이 쉽게 학습한다. 가치가 높으므로(제품 단가가 높거나 처리량이 많음) 비용을 정당화한다. 이러한 분야에서 로봇은 이미 경제적이다. 따라서 광범위하게 배치되어 있다.

비용은 피지컬 AI 채택의 가장 큰 장벽이다. 기술적으로 가능해도 경제적으로 타당하지 않으면 시장이 형성되지 않는다. 향후 비용 감소는 여러 요인에서 올 것이다. 센서와 액추에이터의 대량생산으로 인한 가격 하락, AI 칩의 성능 향상과 비용 감소, 배터리 기술의 발전, 제조 공정의 자동화, 그리고 중국 등 저비용 제조 지역의 역할 증대. 2020년대 후반에서 2030년대 초반에 많은 응용 분야에서 경제적 전환점에 도달할 것으로 예상된다. 그때 피지컬 AI의 대중화가 시작될 것이다.

기술은 준비되었다.
누가 가격을 맞출 수 있는가?

휴머노이드 로봇 시장의 성패는 결국 가격이 결정한다. 업계에서는 2만 달러가 임계점으로 여겨진다. 이 가격 이하로 내려가면 로봇이 인간 노동을 대체하기 시작한다는 분석이다.

계산은 간단하다. 미국 제조업 평균 인건비는 시간당 약 30달러다. 1년 2,000시간 근무 기준으로 6만 달러다. 여기에 복리후생, 휴가, 병가 등을 포함하면 실제 비용은 10만 달러에 가깝다. 만약 기술이 발전하여 **인간의 노동 능력과 비슷한 수준의 로봇**이 2만 달러라면 1년 만에 투자 회수가 가능하다. 2~3년 사용한다면 훨씬 저렴하다.

문제는 인간의 노동 능력과 비슷한 수준의 로봇을 만들어낼 수 있는가 하는 점이며, 이게 가능하다면 누가 2만 달러의 가격을 먼저 달성하느냐다. 현재 대부분의 휴머노이드는 10만 달러 이상이다. 2만 달러로 낮추려면 원가를 5분의 1로 줄여야 한다. 이는 설계 최적화, 부품 공용화, 자동화 생산, 규모의 경제 모두를 달성해야 가능하다.

Tesla가 가장 유력한 후보다. 전기차 대량생산 경험, 수직 계열화, 자체 배터리와 칩 생산 능력을 갖췄다. 머스크는 "자동차보다 싸게 만들 수 있다"고 공언했다. 그러나 중국 기업들도 만만치 않다. Unitree는 이미 1만 5천 달러 목표가를 제시했다. 중국의 낮은 인건비와 정부 보조금을 감안하면 실현 가능성이 있다. 품질을 다소 희생하더라도 가격으로 시장을 선점하는 전략이다.

흥미로운 점은 하드웨어 제조 능력이 있는 기업만이 2만 달러를 달성할 수 있다는 것이다. Figure AI, Agility Robotics 같은 스타트업들은 기술은 뛰어나지만 생산 역량이 부족하다. 계약 제조로는 원가를 충분히 낮추기 어렵다. 결국 Tesla, 현대차, XPeng 같은 자동차 제조사나 Unitree 같은 중국 대량생산 기업이 유리하다. 다만 Boston Dynamics의 Atlas는 산업 현장 적용을 최우선 목표로 하며, Tesla Optimus의 2만 달러 목표 가격과 달리 13만~15만 달러 수준의 고가로 책정될 전망이다.

규제와 법적 책임 문제

피지컬 AI는 디지털 세계를 넘어 현실 공간에서 직접 작동하기 때문에 기존의 소프트웨어나 생성형 AI와는 전혀 다른 수준의 법적 복잡성을 안고 있다.

자율주행차가 사고를 일으키거나 산업용 로봇이 작업자를 다치게 하거나 수술 로봇이 의료 과실을 범했을 때 누가 책임을 져야 하는가라는 질문은 아직 명확한 답이 없다. 제조사인가, 소프트웨어 개발자인가, 운영자인가, 아니면 AI 시스템 자체에 법인격을 부여해야 하는가. 이러한 질문들은 단순한 철학적 논쟁이 아니라 피지컬 AI 산업의 성장 속도를 결정하는 실질적인 장벽이다.

미국에서는 주(州)마다 자율주행차에 대한 규제가 다르다. 캘리포니아는 비교적 허용적인 반면 뉴욕은 엄격한 제한을 두고 있다. 유럽연합은 2024년 AI법(AI Act)을 통과시켰으며, 2025~2026년부터 고위험 AI에 대한 규제를 단계적으로 적용하기 시작했다. 이 법안은 피지컬 AI를 포함한 생명과 안전에 영향을 미치는 AI 시스템에 대해 사전 승인, 지속적인 모니터링, 투명성 요구사항을 부과한다. 위반 시 최대 전 세계 매출의 7%에 달하는 벌금이 부과될 수 있다.

한국도 2024년 지능형 로봇 개발 및 보급 촉진법 관련 시행령과 규칙을 개정하여 실외 이동로봇 등에 대한 안전인증 및 운행기준을 강화했다. 특히 사람과 협업하는 협동로봇(Cobot)은 국제 안전 표준(예: ISO 10218, ISO/TS 15066)과 산업안전보건 관련 법령에 따라 충돌 감지 센서, 비상 정지 기능,

작동 범위 제한 등의 안전 장치가 이미 의무화되어 있다. 그러나 이러한 규제들은 대부분 예측 가능한 전통적 산업용 로봇을 기준으로 설계되었기 때문에, 학습하고 진화하는 AI 기반 로봇에는 적합하지 않다는 지적이 많다.

책임 소재 문제는 더욱 복잡하다. 2018년 애리조나에서 우버의 자율주행 테스트 차량이 보행자를 치어 사망하게 한 사고에서, 검찰은 차량 내 안전요원에게 과실치사 혐의를 적용해 기소했으나, 법원은 최종적으로 위험을 초래하는 행위(Endangerment) 혐의로 유죄를 인정하고 보호관찰 3년형을 선고했다.

그러나 AI 시스템이 더욱 자율적으로 판단하고 행동하게 되면 인간 감독자의 책임을 묻기 어려워진다. 특히 강화학습을 통해 스스로 학습한 행동 패턴이 예상치 못한 결과를 낳았을 때 이를 누구의 책임으로 볼 것인가는 법리적으로 해결되지 않은 영역이다.

제조물 책임법(Product Liability)의 관점에서도 피지컬 AI는 새로운 도전이다. 기존 제조물 책임법은 제품에 결함이 있어 피해가 발생하면 제조사가 책임을 진다는 원칙에 기초한다. 그러나 AI 시스템은 출하 후에도 지속적으로 학습하고 업데이트되기 때문에 사고 당시의 결함이 제조 시점에 존재했는지 판단하기 어렵다. 더 나아가 클라우드 기반으로 작동하는 로봇의 경우 하드웨어 제조사, 소프트웨어 개발사, 클라우드 서비스 제공자가 모두 다를 수 있어 책임 분담이 복잡해진다.

의료 분야에서는 규제 장벽이 특히 높다. FDA(미국 식품의약국)는 AI 기반 의료기기에 대해 기존 의료기기보다 훨씬 엄격한 임상시험 데이터를 요구한다. Intuitive Surgical의 다빈치 수술 로봇은 수백 건의 임상시험과

10년 이상의 승인 과정을 거쳐야 했다. AI가 수술 과정에서 실시간으로 판단을 내리는 차세대 수술 로봇은 이보다 더 긴 승인 기간이 필요할 것으로 예상된다. 한국의 식품의약품안전처도 유사한 입장이다.

데이터 프라이버시 문제도 중요한 규제 영역이다. 피지컬 AI는 작동 과정에서 방대한 양의 센서 데이터를 수집한다. 가정용 로봇은 집안 구조, 가족 구성원의 행동 패턴, 생활 습관 등을 파악한다. 자율주행차는 탑승자의 이동 경로와 목적지를 기록한다. 유럽의 GDPR(일반 데이터 보호 규정)은 이러한 위치 기반 개인정보 수집에 대해 명시적 동의 또는 기타 합법적 근거를 요구하고, 데이터 삭제권(Right to be forgotten)을 보장한다. 그러나 AI 모델 학습에 사용된 데이터를 완전히 삭제하는 것은 기술적으로 매우 어렵다.

군사용 피지컬 AI는 별도의 국제 규범이 필요하다. 유엔은 2023년 이후 치명적 자율무기체계(LAWS, Lethal Autonomous Weapons Systems)에 대한 규제 논의를 본격화하고 있다. 인간의 개입 없이 스스로 표적을 식별하고 공격하는 무기 시스템을 허용할 것인가에 대해 국제사회는 의견이 나뉘어 있다. 일부 국가는 전면 금지를 주장하는 반면, 군사 강국들은 '의미 있는 인간 통제(Meaningful Human Control)'라는 모호한 기준을 제시하고 있다

이러한 규제 불확실성은 투자자들에게 중요한 리스크 요인이다. 엄격한 규제는 시장 진입을 지연시키고 개발 비용을 증가시킨다. 반대로 규제가 너무 느슨하면 대형 사고 발생 시 산업 전체에 대한 신뢰가 무너질 수 있다. 따라서 기술 발전 속도에 맞춰 합리적이고 예측 가능한 규제 프레임워크를 구축하는 것이 피지컬 AI 산업의 지속 가능한 성장을 위해 필수적이다.

피지컬 AI 시대의 러다이트 운동
현대자동차 노조

2026년, 현대자동차가 Boston Dynamics의 휴머노이드 로봇 Atlas를 향후 2년 내 생산라인에 투입하겠다고 발표하자, 현대자동차 노조는 즉각 반발했다. "노동자와의 합의 없이는 단 한 대의 휴머노이드도 도입할 수 없다"는 성명은 단순한 저항을 넘어, 200년 전 영국 노동자들이 외쳤던 목소리의 메아리처럼 들린다. 역사는 반복되는가? 아니면 우리는 과거의 실수로부터 배울 수 있을까?

200년 전 직물공들의 분노

1811년 영국 노팅엄의 직물 공장에서 시작된 러다이트 운동은 산업혁명이 가져온 가장 격렬한 노동 저항이었다. 전설적인 네드 러드의 이름을 빌린 노동자들은 밤마다 공장에 침입해 기계를 파괴했다. 그들은 기계 그 자체를 미워한 것이 아니었다. 문제는 기계가 숙련된 장인의 일자리를 빼앗고, 임금을 깎고, 그들의 존엄성을 짓밟는 방식으로 도입되었다는 점이었다.

당시 공장주들은 증기 방적기와 자동 직조기를 도입하며 숙련공을 비숙련 노동자로 대체했다. 10년 이상 수련해 익힌 기술이 하루아침에 쓸모없어졌고, 가족을 부양하던 장인들은 생계 수단을 잃었다. 영국 정부는 기계 파괴를 사형으로 다스리는 법을 제정했지만, 저항은 5년 이상 계속되었다. 역사는 러다이트를 '기술 발전을 거부한 어리석은 자들'로 기록했지만, 실상은 더 복잡했다. 그들은 기술이 아니라, 기술 도입 과정에서 배제되고 희생되는 현실에 저항했던 것이다.

21세기 공장의 새로운 위기

현대자동차 노조의 반발은 러다이트 운동과 놀라울 만큼 유사한 구조를 보여준다. Boston Dynamics의 Atlas는 단순 반복 작업을 넘어 복잡한 조립 공정까지 수행할 가능성이 있는 범용 휴머노이드다. 무거운 부품을 들어 올리고, 정밀한 용접 작업을 하고,

24시간 쉬지 않고 일할 수 있다. 경영진에게는 효율성과 생산성의 상징이지만, 노동자들에게는 일자리를 위협하는 존재로 다가온다.

노조의 핵심 우려는 세 가지다. 첫째, 일자리 감소에 대한 두려움이다. 현대자동차는 Atlas가 '위험하고 반복적인 작업'을 대체할 것이라고 말하지만, 노동자들은 그것이 시작에 불과하다는 것을 안다. 둘째, 재교육과 전환 배치에 대한 구체적 계획이 없다. 20년 이상 생산라인에서 일한 노동자가 갑자기 로봇 관리자가 될 수는 없다. 셋째, 의사결정 과정에서의 배제다. 자신들의 미래를 결정하는 중대한 변화에 대해 아무런 목소리를 내지 못한다는 것이 가장 큰 분노의 원인이다.

과거와 현재, 무엇이 같고 무엇이 다른가

러다이트 운동과 현대의 상황은 핵심적인 유사성을 공유한다. 둘 다 기술 도입이 노동자의 삶을 개선하는 것이 아니라 위협하는 방식으로 진행되었다는 점, 노동자들이 의사결정에서 배제되었다는 점, 그리고 경제적 불안과 존엄성의 상실이 결합되어 저항을 촉발했다는 점에서 그렇다.

하지만 중요한 차이도 있다. 19세기 영국 사회는 노동자 보호 장치가 전무했지만, 지금은 노동조합, 노동법, 사회보장제도가 존재한다. 또한 피지컬 AI는 과거의 기계와 달리 학습하고 진화할 수 있어, 그 영향의 범위와 속도가 훨씬 빠르고 광범위하다. 자동차 공장에서 시작된 휴머노이드는 물류, 건설, 서비스업으로 빠르게 확산될 것이다. 가장 중요한 차이는 우리에게 과거로부터 배울 기회가 있다는 점이다.

피지컬 AI 도입의 과제와 해법

피지컬 AI가 생산 현장에 성공적으로 안착하기 위해서는 러다이트 운동이 남긴 교훈을 되새겨야 한다. 첫 번째 과제는 투명한 의사소통이다. 경영진은 휴머노이드 도입 계획, 예상되는 인력 재편, 구체적인 타임라인을 노동자들과 공유해야 한다. '효율성 향상'이라는 추상적 목표가 아니라, 누구의 일자리가 어떻게 변화할지 솔직하게 이야기해야 한다.

두 번째는 포괄적인 전환 프로그램이다. 단순히 '재교육하겠다'는 약속이 아니라, 구체적인 커리큘럼과 예산, 그리고 전환 기간 동안의 소득 보장이 필요하다. 생산직 노동자가 로봇 유지보수 기술자나 데이터 분석가로 전환하는 것은 단기간에 불가능하다. 최소 1~2년의 교육 기간과 그 동안의 경제적 안정이 보장되어야 한다.

세 번째는 이익 공유 체계다. 휴머노이드 도입으로 생산성이 향상되고 비용이 절감된다면, 그 이익의 일부는 노동자들에게 돌아가야 한다. 이는 임금 인상, 근로시간 단축, 또는 이익 배당의 형태가 될 수 있다.

네 번째는 공동 거버넌스다. 휴머노이드 도입에 관한 의사결정 과정에 노동자 대표가 참여해야 한다. 어떤 공정에 먼저 도입할지, 인력 재배치는 어떻게 할지, 안전 기준은 무엇인지에 대한 결정에 노동자의 목소리가 반영되어야 한다. 이는 단순히 형식적 참여가 아니라, 실질적인 거부권과 협상력을 포함해야 한다.

러다이트 운동의 진정한 의미를 되새기며

현대자동차 노조의 반발은 미래를 거부하는 것이 아니다. 그것은 더 나은 미래를 요구하는 것이다. 러다이트들이 기계를 부순 것은 기술을 미워해서가 아니라, 기술이 자신들을 배제하고 거리로 내쫓는 방식으로 도입되었기 때문이다. 역사는 그들을 실패한 저항자로 기록했지만, 그들의 문제 제기는 정당했다.

피지컬 AI는 생산성 혁명을 가져올 것이 분명하다. 문제는 그 혁명의 과실을 누가 누릴 것인가다. 200년 전처럼 소수의 자본가만 부유해지고 다수의 노동자는 배제된다면, 우리는 역사의 실수를 반복하는 것이다. 반대로 투명한 소통, 공정한 전환, 이익 공유, 그리고 공동 의사결정을 통해 모두가 혜택을 누리는 방식을 만들어낸다면, 우리는 러다이트 시대를 넘어설 수 있다.

Chapter 7

데이터센터의 전력·로봇이 사용할 배터리

AI가 촉발한 전력 대란: 데이터센터의 에너지 쇼크

생성형 AI의 폭발적 성장은 예상치 못한 전력 위기를 촉발했다. ChatGPT 하나만 해도 하루에 약 50만 건 이상의 대화를 처리하며 이는 전통적인 Google 검색보다 10배 이상의 전력을 소비한다.

GPT-5 모델을 학습시키는 데에는 약 30,000개에 달하는 NVIDIA H100 GPU가 여러 달 동안 가동되었으며, 이 과정에서 사용된 전력량은 중소도시가 1년간 쓰는 전력에 맞먹는 수준으로 알려져 있다. Claude 4.5 나 Gemini 3 같은 최신 대형 언어모델도 이와 유사한 규모의 연산 자원과 에너지를 필요로 한다. AI를 위한 데이터센터도 세계 곳곳에서 건설되고 있어 'AI발 전력대란'이라는 표현이 나올 정도이다.

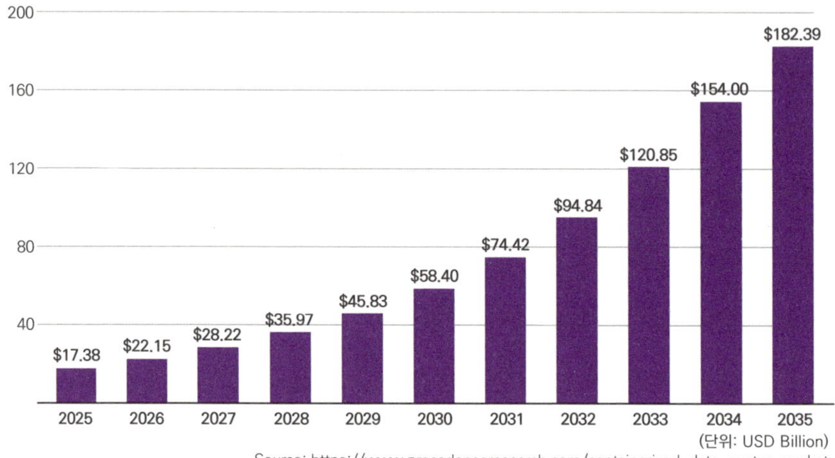

AI 데이터센터 마켓 사이즈

국제에너지기구(IEA)는 2026년 글로벌 데이터센터의 전력 소비량이 1,000TWh를 넘어설 것으로 전망한다. 이는 일본의 연간 전력 소비량과 맞먹는 규모다. Goldman Sachs는 2030년까지 데이터센터 전력 수요가 160% 증가할 것으로 예측하며 이 중 AI 데이터센터가 차지하는 비중이 70%를 넘을 것으로 분석한다. 문제는 이러한 증가 속도를 기존 전력망 인프라가 감당할 수 없다는 점이다.

AI 모델의 추론(Inference) 단계도 만만치 않다. 학습은 한 번만 하면 되지만 추론은 사용자 요청이 있을 때마다 반복된다. ChatGPT에 질문 하나를 던질 때마다 약 2.9Wh의 전력이 소비되는데 이는 일반 검색의 약 5배 수준이다. 전 세계 수억 명의 사용자가 매일 수십억 건의 AI 상호작용을 한다면 그 누적 전력 소비는 천문학적 수준이 된다.

이러한 전력 쇼크에 대응하기 위해 빅테크 기업들은 전례 없는 에너지 확보 경쟁에 나섰다. Microsoft는 2024년 펜실베이니아의 스리마일 아일랜드 원자력 발전소 재가동에 투자했다. 이 원전은 2019년 경제적 이유로 폐쇄되었다가 AI 전력 수요를 감당하기 위해 부활하게 된 것이다. Google은 2023년 이후 매년 10GW 이상의 재생에너지 발전 계약을 체결하고 있으며 Amazon은 소형 모듈 원자로(SMR) 기술에 5억 달러를 투자했다.

전력 효율화도 중요한 과제다. 데이터센터 업계는 PUE(Power Usage Effectiveness)라는 지표로 에너지 효율을 측정한다. PUE는 데이터센터 전체 전력 소비를 IT 장비 전력 소비로 나눈 값으로 1.0에 가까울수록 효율적이다. Google의 최신 데이터센터는 AI 기반 냉각 시스템을 통해 PUE 1.1을 달성했다. 액체 냉각(Liquid Cooling) 기술도 빠르게 확산되고 있다. NVIDIA의 Blackwell 칩은 발열량이 워낙 높아 기존 공랭식으로는 냉각이 불가능해 액체 냉각이 필수다.

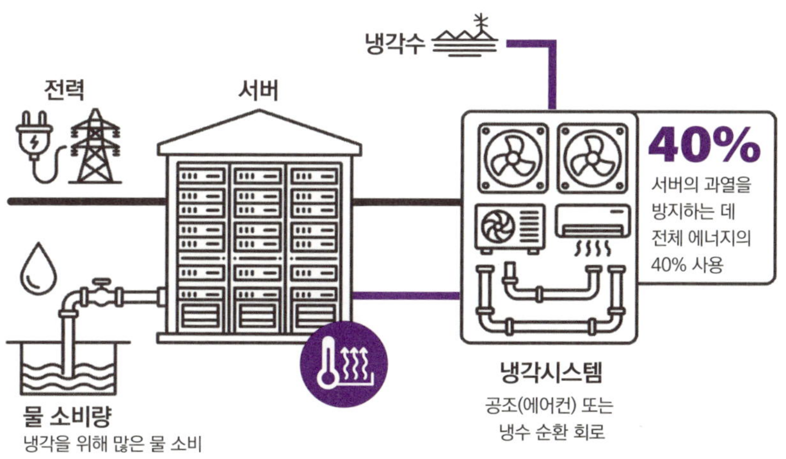

데이터센터의 전력 소비와 물 소비

전력 소비량 비교

구분	GPT-5 학습	ChatGPT 1회 응답	Google 검색 1회
전력 소비량	약 50GWh(추정)	약 2.9Wh	약 0.3Wh
비교 기준	미국 가정 약 4,600가구 연간 사용량	일반 검색의 약 10배	LED 전구 1분 점등
GPU 수	약 25,000개(추정)	수십 개	1개 미만

그러나 이러한 노력에도 불구하고 전력 공급 부족 문제는 심각하다. 미국 버지니아주 북부의 데이터센터 밀집 지역은 신규 전력 공급 여력이 거의 없어 새로운 대형 데이터센터 건설이 사실상 불가능한 상태다. 아일랜드는 데이터센터가 국가 전체 전력의 21%를 소비하면서 일반 가정과 산업체의 전력 공급에 차질이 빚어지고 있다. 싱가포르는 2019년부터 신규 데이터센터 건설을 일시 중단했다가 2022년에야 조건부로 재개했다.

한국의 상황도 녹록지 않다. 국내 전력 수급은 여름철과 겨울철 피크 시간대에 예비율이 10% 이하로 떨어지는 경우가 빈번하다. 대규모 AI 데이터센터가 들어서려면 최소 100MW 이상의 안정적인 전력 공급이 필요한데 현재 전력망 구조로는 수도권에서 이를 감당하기 어렵다. 산업통상자원부는 2024년 AI 데이터센터 특화 전력 공급 방안을 발표했지만 송전망 증설에는 최소 5년 이상이 걸린다.

원자력 발전이 재조명받는 이유도 여기에 있다. 재생에너지는 청정하지만 간헐성 문제가 있다. 태양광은 밤에 발전하지 못하고 풍력은 바람이 불지 않으면 멈춘다. AI 데이터센터는 24시간 365일 안정적인 전력 공급이 필요하기 때문에 기저 부하를 담당할 수 있는 원전이 대안으로 부상하고 있다. 미국의 Oklo, NuScale 같은 SMR 스타트업들은 최근 투자가 급증했다. SMR은 대형 원전보다 안전하고 건설 기간이 짧으며 데이터센터 단지 옆에 설치할 수 있다는 장점이 있다.

전력 확보 전쟁: 빅테크의 데이터센터 입지 전략

데이터센터의 입지 선정은 단순히 땅값이나 세금 문제가 아니다. 가장 중요한 기준은 전력 가용성과 가격이다. AI 데이터센터는 수백 메가와트급 전력을 안정적으로 공급받아야 하므로 전력 인프라가 부족한 지역은 아예 고려 대상이 아니다. 두 번째 기준은 냉각 조건이다. 서버는 엄청난 열을 발생시키므로 외부 온도가 낮거나 풍부한 냉각수를 확보할 수 있는 지역이 유리하다. 세 번째는 네트워크 인프라와 자연재해 리스크다.

이러한 기준을 충족하는 지역은 제한적이다. 미국에서는 버지니아 북부, 오리건, 텍사스, 아이오와가 주요 데이터센터 밀집 지역이다. 버지니아 북부는 전 세계 인터넷 트래픽의 70%가 지나가는 네트워크 허브지만 전력 공급 여력이 한계에 달했다.

오리건과 아이오와는 수력 발전과 풍력 발전으로 저렴한 전력을 공급할 수 있어 Google, Facebook 등이 대형 데이터센터를 건설했다. 텍사스는 독립 전력망(ERCOT)을 운영하며 천연가스 발전으로 저렴한 전기를 제공하지만 겨울 한파나 여름 폭염 시 정전 리스크가 있다.

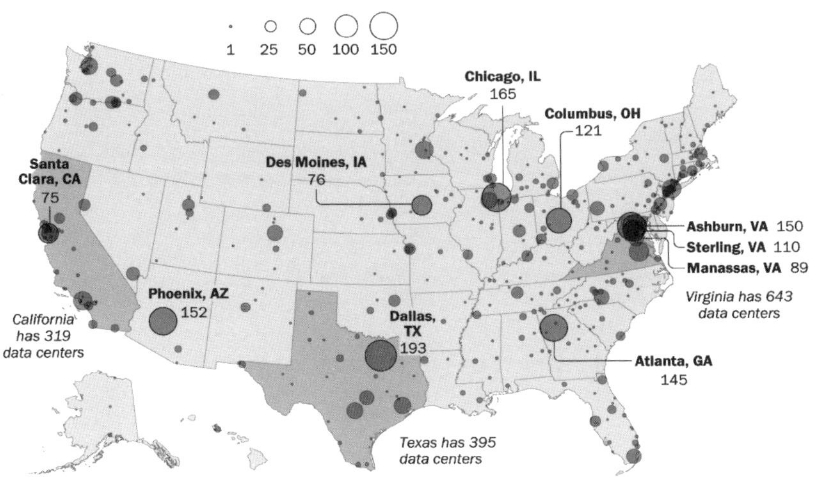

미국 내 AI 데이터센터 수(2025년 10월 기준)

(출처: PEW REARCH CENTER)

재생에너지 직접 조달(Power Purchase Agreement, PPA)도 중요한 트렌드다. Google은 2010년 이후 재생에너지 PPA를 통해 10GW 이상의 전력을 확보했다. 이는 대형 원전 10기에 해당하는 규모다. Amazon은 2023년 한 해에만 8.3GW의 재생에너지 계약을 체결했다. Microsoft는 아일랜드에서 해상 풍력 발전 단지와 20년 장기 계약을 맺었다. 이러한 PPA는 장기적으로 전력 가격을 안정화시키고 탄소 중립 목표 달성에도 기여한다.

전력 효율화 기술도 빠르게 발전하고 있다. Google은 DeepMind의 AI를 활용해 데이터센터 냉각 시스템을 최적화하여 냉각 에너지를 40% 절감했다. 이는 연간 수백만 달러의 비용 절감 효과를 낸다. Meta는 뉴멕시코 사막 지역에 데이터센터를 지으면서 외부 공기를 직접 활용하는 Free

Cooling 방식으로 에너지 효율을 극대화했다. 액체 냉각 기술은 더욱 혁신적이다. 서버를 특수 냉각액에 직접 담그는 침수형(Immersion Cooling) 방식은 공랭식 대비 에너지 효율이 50% 이상 높다.

국가 간 AI 인프라 유치 경쟁도 치열하다. 싱가포르는 데이터센터 건설 제한을 풀면서 녹색 에너지 사용을 의무화했다. 일본은 AI 데이터센터 건설 기업에 최대 50%의 세제 혜택을 제공한다. 호주는 남부 지역의 풍력 발전을 활용한 데이터센터 특구를 조성 중이다.

한국은 전력 공급 한계와 높은 전기료가 약점이다. 국내 산업용 전기료는 kWh당 평균 180원 수준으로 미국 텍사스(약 90원)나 북유럽(약 140원)보다 비싸다. 게다가 대규모 전력 증설은 환경 영향 평가와 주민 동의 등으로 최소 5년 이상 걸린다. KT와 LG CNS는 전남 나주와 경북 영천에 데이터센터를 구축했지만 수도권과의 물리적 거리로 인해 일부 서비스에서 네트워크 지연(Latency) 문제가 존재한다. 정부는 2024년 AI 데이터센터 특별법을 추진하며 전력 공급 우선권과 세제 혜택을 부여하려 하지만 전력 인프라 자체의 한계는 단기간에 해결하기 어렵다.

결국 전력은 AI 시대의 가장 중요한 전략 자원이 되었다. 싼 전기를 안정적으로 대량 공급할 수 있는 국가와 지역이 글로벌 AI 경쟁에서 우위를 점할 것이다. 이는 투자자들에게도 중요한 시사점이다. 데이터센터, 전력 인프라 기업, 재생에너지 발전사, 냉각 시스템 제조사 등은 AI 붐의 간접 수혜를 받는 유망한 투자처가 될 수 있다.

움직이는 AI의 난제: 로봇 배터리의 3중 제약

데이터센터가 전력망에 의존할 수 있다면 피지컬 AI 로봇은 스스로 에너지를 가지고 다녀야 한다. 이것이 로봇 배터리의 근본적인 어려움이다.

배터리는 무게(Weight), 용량(Capacity), 충전 시간(Charging Time)이라는 3중 제약에 갇혀 있다. 용량을 늘리려면 무거워지고 무거우면 로봇이 그 무게를 감당하기 위해 더 많은 에너지를 소비한다. 빨리 충전하려면 배터리 수명이 단축되고 안전성이 떨어진다. 이 세 가지를 동시에 개선하는 것은 현재 기술로는 매우 어렵다.

휴머노이드 로봇의 배터리 문제: 상용화의 마지막 장벽

2026년 1월, Tesla Optimus Gen 3가 텍사스 기가팩토리에서 배터리 셀을 조립하는 장면이 공개되었을 때, 많은 사람들이 휴머노이드 로봇 시대의 개막을 실감했다.

그러나 영상 속에서 드러나지 않은 중요한 사실이 하나 있다. 이 로봇들은 약 2시간마다 충전을 위해 작업을 멈춰야 한다는 것이다. 현재 배터리 기술로는 휴머노이드 로봇의 연속 작동 시간이 2시간에서 4시간에 불과하며, 이는 24시간 가동이 필수인 산업 현장에서 치명적인 약점으로 작용한다.

인간 근로자가 8시간 근무하는 동안 휴머노이드 로봇은 최소 2번, 많게는 4번의 배터리 교체 또는 충전이 필요하다. 이 문제가 해결되지 않으면 휴머노이드 로봇의 경제성은 크게 떨어지고, 대량 상용화는 요원해진다.

배터리 문제는 단순히 작동 시간만의 문제가 아니다. 휴머노이드 로봇은 인간과 유사한 크기와 무게를 유지해야 하므로 배터리 용량을 무한정 늘릴 수 없다. 현재 대부분의 휴머노이드 로봇은 리튬이온 배터리를 사용하며, 용량은 0.8kWh에서 2.3kWh 사이다.

Tesla Optimus Gen 3는 2.3kWh 용량의 고니켈 배터리를 탑재하여 정적 작업 기준 약 6~8시간 작동이 가능하다. 유니트리 H1은 0.864kWh의 상대적으로 작은 배터리로 정적 작업 시 4시간 미만을 유지한다. Boston Dynamics의 Atlas는 무거운 하중을 다루는 중량 작업 특성상 표준 4시간, 중량 작업시 약 2시간의 작동 시간을 갖는다. Figure 03은 5시간 런타임을 목표로 하지만 실제 산업 환경에서의 지속 시간은 더 짧을 것으로 예상된다.

다음 표는 2026년 현재 주요 휴머노이드 로봇들의 배터리 사양과 작동 시간을 정리한 것이다.

주요 휴머노이드 로봇 모델별 배터리 사양 비교

로봇 모델	배터리 용량/타입	작동 시간/충전·교체시간	교체/충전 방식
Tesla Optimus Gen 3	2.3 kWh 리튬이온(고니켈)	정적 작업 8시간, 동적 작업 2시간	자율 충전
Boston Dynamics Atlas	듀얼 1.5 kWh급 리튬이온	표준 4시간, 중량 2시간 자동 교체 3분	로봇 스스로 교체
Figure 03	F.03 배터리 리튬이온	5시간 동작 무선 충전 2kW	무선 인덕션
UBTECH Walker S2	이중 배터리 리튬이온	정적 4시간, 동적 2시간 자율 교체 3분	로봇 스스로 교체
Unitree H1	0.864 kWh 리튬이온	정적 2시간, 동적 4시간 충전 2~3시간	유선 충전

이 표에서 드러나는 핵심은 대부분의 휴머노이드 로봇이 동적 작업시 2시간 전후의 작동 시간을 갖는다는 점이다. 이는 리튬이온 배터리의 에너지 밀도가 400~700Wh/L 수준에 머물기 때문이다.

로봇이 걷고, 물건을 들고, 계단을 오르는 등의 동적 작업을 수행하면 전력 소비가 급증하여 이론적 용량보다 훨씬 짧은 시간만 작동한다. 정적 작업, 즉 한 자리에 서서 단순 조립 작업을 하는 경우에는 4시간까지 연장될 수 있지만, 이마저도 산업 현장의 요구에는 턱없이 부족하다.

배터리 문제가 상용화에 미치는 영향

휴머노이드 로봇의 경제성은 인간 근로자 대비 생산성과 비용으로 결정된다. 일론 머스크는 Optimus의 목표 가격을 2만~3만 달러로 제시하며 "한 대의 로봇이 인간 5명의 생산성을 낼 것"이라고 주장했다. 그러나 이 계산은 로봇이 24시간 가동될 수 있다는 전제 하에 성립한다. 로봇이 배터리를 충전하는 시간이 별도로 필요하다면 로봇의 실질 생산성이 떨어지게 된다.

배터리 문제는 또한 운영 복잡도를 높인다. 공장에 10대의 휴머노이드 로봇을 배치한다면, 교대로 충전할 수 있도록 충전 인프라를 구축해야 하고, 충전 스케줄을 관리하는 시스템이 필요하며, 배터리가 방전되기 전에 안전하게 작업을 중단시키는 프로토콜을 만들어야 한다.

로봇은 배터리 잔량을 실시간으로 모니터링하고 충전 타이밍을 최적화하는 별도의 관리 시스템이 필요하다. 이 모든 것이 추가 비용과 복잡도로 이어진다.

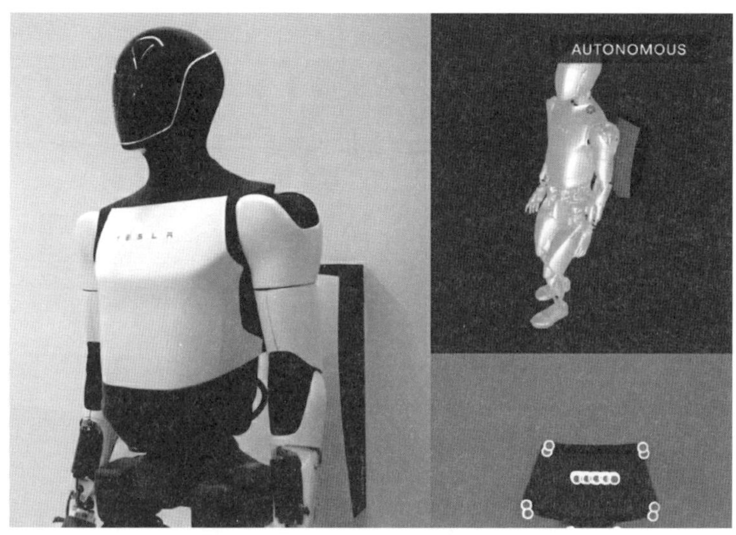

Tesla Optimus Gen 2가 스스로 충전단자에 다가가 자율 충전을 진행하는 모습

가정용 휴머노이드 로봇의 경우 배터리 문제는 다른 양상으로 나타난다. Figure 03과 1X의 NEO는 가정 환경을 타겟으로 하며, 빨래 개기, 설거지, 청소 같은 일상 작업을 수행한다. 이러한 작업들은 산업 현장만큼 연속적이지 않으므로 5시간 정도의 배터리 수명이면 하루 사용에 충분할 수 있다.

Figure 03은 무선 인덕션 충전을 지원하여 로봇이 자율적으로 충전 패드로 이동해 충전할 수 있다. 그러나 여전히 문제는 남는다. 로봇이 작업 중간에 충전하러 가면 사용자는 기다려야 하고, 충전 시간 동안 로봇을 사용할 수 없다. 로봇 청소기처럼 자동으로 충전하고 작업을 재개하는 시스템이 필요하지만, 휴머노이드 로봇은 훨씬 복잡한 작업을 수행하므로 중단과 재개가 쉽지 않다.

배터리 수명 문제는 로봇의 활용 범위도 제한한다. 물류 창고에서 상자를 옮기는 작업은 연속적이고 반복적이므로 2시간 배터리로는 비효율적이다. 반면 소매점에서 고객 응대를 하거나 호텔에서 짐을 나르는 서비스 로봇은 간헐적으로 작동하므로 배터리 제약이 덜하다. 결과적으로 현재 배터리 기술은 휴머노이드 로봇을 특정 용도로 제한하고 있으며, 진정한 범용 로봇으로 가는 길을 막고 있다.

배터리 스왑 전략: 임시 해결책인가 최종 답안인가

배터리 용량을 획기적으로 늘리기 어렵다면, 배터리를 빠르게 교체하는 방법이 대안이 될 수 있다. 이것이 바로 핫스왑(Hot Swap) 전략이다. Agility Robotics의 Digit와 UBTECH의 워커 S2는 3분 이내에 배터리를 교체할 수 있는 핫스왑 시스템을 갖추고 있다.

워커 S2는 한 걸음 더 나아가 자율 배터리 스왑 기능을 구현했다. 로봇이 스스로 배터리 교체 스테이션으로 걸어가 방전된 배터리를 제거하고 충전된 배터리를 장착한 후 작업으로 복귀한다. 이 과정이 3분 안에 완료되므로 이론상 24시간 연속 가동이 가능하다.

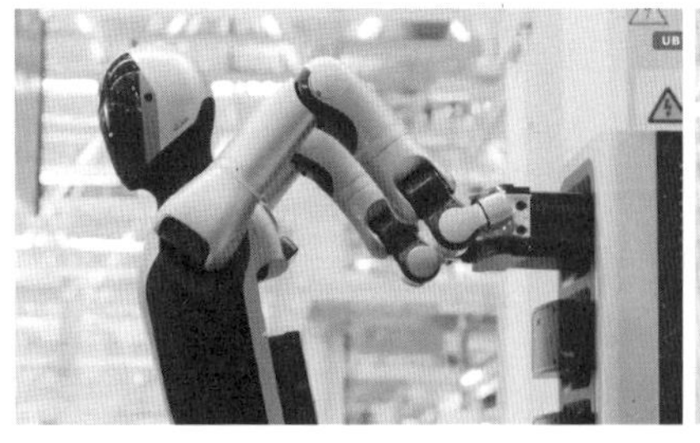

중국 UBTECH의 워커 S2 휴머노이드 로봇이 스스로 배터리를 교체하는 모습

Boston Dynamics의 Atlas도 자동 배터리 스왑 기능을 갖췄다. CES 2026에서 공개된 영상에서 Atlas는 배터리 교체 스테이션으로 걸어가 배터리를 자동으로 교체하는 모습을 보여주었다(다만 이 영상은 3D 프로그램으로 렌더링한 것이다.).

배터리 스왑 전략은 산업용 휴머노이드 로봇의 당면한 문제를 해결하는 실용적 방안이지만, 궁극적인 해결책은 아니다. 장기적으로는 배터리 자체의 에너지 밀도와 충전 속도가 개선되어야 한다. 휴머노이드 로봇 산업이 성숙하려면 인간이 하루 종일 일하듯 로봇도 8시간 이상 연속 작동할 수 있어야 하며, 충전 시간은 30분 이내로 단축되어야 한다. 이것이 바로 전고체 배터리가 주목받는 이유다.

전고체 배터리의 등장: 게임 체인저가 될 수 있는가

전고체 배터리(All-Solid-State Battery)는 기존 리튬이온 배터리의 액체 전해질을 고체 전해질로 대체한 차세대 배터리 기술이다. 고체 전해질은 불연성이므로 과열이나 화재 위험이 거의 없고, 에너지 밀도를 50% 이상 높일 수 있으며, 충전 속도도 빠르고, 수명도 두 배 이상 길다.

이론적으로는 휴머노이드 로봇의 배터리 문제를 근본적으로 해결할 수 있는 기술이다. 2026년 상반기까지 전고체 배터리는 아직 대중 시장에 판매되고 있지 않지만, 여러 기업들이 파일럿 생산과 상용화를 눈앞에 두고 있다.

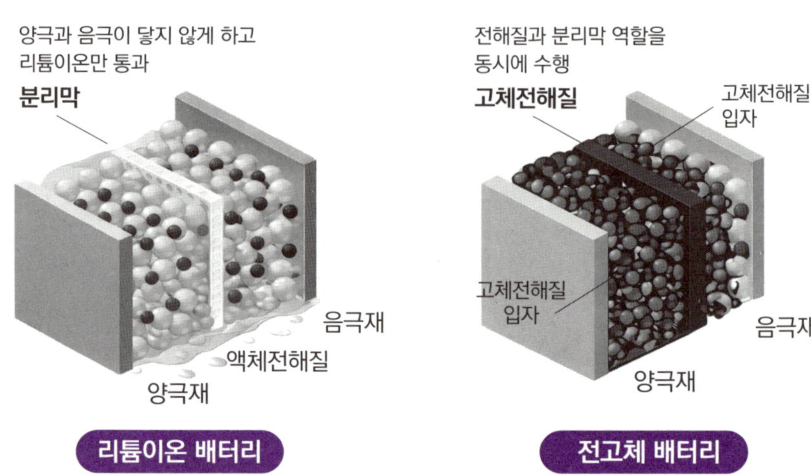

리튬이온 배터리와 전고체 배터리 비교

구분	리튬이온 배터리	전고체 배터리
양극재 재료	NCM, NCA, LFP 등 리튬 금속 산화물	리튬 금속 산화물 (NCM, LFP 등)
음극재 재료	흑연, 실리콘 복합재	리튬 금속, 흑연, 실리콘계 등
전해질 종류	액체 전해질 (유기 용매 + 리튬염)	고체 전해질 (황화물, 산화물, 고분자 등)
분리막 유무	있음 (다공성 폴리머 분리막)	전통적 분리막 없음 (고체 전해질이 분리막 역할 수행)
극재 내부 구조	극재 입자 사이를 액체 전해질이 채움	극재 입자 사이에 고체 전해질 입자가 혼합·침투

CES 2026에서 도넛 랩(Donut Lab)은 전고체 배터리 양산 준비가 완료되었으며 2026년 1분기에 버지(Verge) 전기 오토바이에 탑재될 것이라고 발표했다. 이는 전고체 배터리가 상용 제품에 적용되는 최초 사례가 될 전

망이다. 중국의 지리(Geely)자동차는 볼보의 모회사로서 2026년 중 전고체 배터리 생산을 시작하고 전기차에 테스트할 계획이다. 삼성SDI는 2027년 상용화를 목표로 파일럿 생산 라인을 가동 중이며, 도요타도 2026~2027년 사이 점진적 양산에 들어간다. CATL은 반고체(준고체) 배터리를 2026년부터 전기차에 공급하기 시작했다.

전고체 배터리가 상용화되면 휴머노이드 로봇의 배터리 문제는 어떻게 개선될까? 가장 직접적인 효과는 에너지 밀도 증가다. 현재 리튬이온 배터리의 에너지 밀도는 400~700Wh/L인데, 전고체 배터리는 900~1,000Wh/L로 50% 이상 높다. 이는 같은 크기와 무게의 배터리로 작동 시간을 2시간에서 4~5시간으로 늘릴 수 있다는 의미다.

두 번째 개선점은 안전성이다. 리튬이온 배터리는 과충전, 물리적 손상, 고온 환경에서 열폭주(Thermal Runaway) 현상이 발생해 화재나 폭발 위험이 있다. 휴머노이드 로봇은 인간과 근접하여 작동하므로 배터리 안전성이 매우 중요하다. 전고체 배터리는 불연성 고체 전해질을 사용하므로 열폭주가 발생하지 않으며, 안전성이 기존 배터리 대비 10배 이상 향상된다. 이는 가정용 휴머노이드 로봇의 상용화에 필수적인 조건이다.

세 번째는 수명과 유지비용이다. 리튬이온 배터리는 충방전 사이클이 500~1,000회 정도인 반면, 전고체 배터리는 2,000회 이상으로 두 배 이상 길다. 휴머노이드 로봇이 하루 2~3회 충전한다면 리튬이온 배터리는 1년 안에 성능이 크게 저하되지만, 전고체 배터리는 2~3년 사용이 가능하다. 배터리 교체 비용이 수천 달러에 달하므로 수명 연장은 곧 운영비 절감으로 이어진다. 업계 분석에 따르면 전고체 배터리의 초기 가격은 리튬이온

보다 비싸지만, 장기 운영비를 고려하면 2년 이내 투자 회수가 가능하다.

다음 표는 리튬이온 배터리와 전고체 배터리의 주요 성능 지표를 비교한 것이다.

리튬이온 배터리와 전고체 배터리의 주요 성능 지표

성능 지표	리튬이온 배터리	전고체 배터리	개선율
에너지 밀도	650Wh/L	900~1,000Wh/L	약 2배
휴머노이드 작동 시간	2시간	4~8시간	2~4배
충전 속도	1~2시간	15~30분(목표)	2~4배 빠름
안전성(열폭주)	위험 존재	거의 없음	10배 향상
충방전 수명	500~1,000회	2,000회+	2배 이상
작동 온도 범위	-20~60°C	-40~80°C	확장됨
무게	기준	-20~30%	경량화

그러나 전고체 배터리에도 과제가 남아 있다. 가장 큰 문제는 생산 비용이다. 고체 전해질 제조 공정이 복잡하고, 대량 생산 경험이 부족하며, 수율이 아직 낮다. 초기에는 리튬이온 배터리 대비 2~3배 비쌀 것으로 예상된다.

또 다른 과제는 계면 저항이다. 고체 전해질과 양극재 사이의 계면에서 이온 전달이 원활하지 않으면 충전 속도와 출력이 제한된다. 삼성SDI는 황화물계 전해질로, 도요타는 산화물계 전해질로 이 문제를 해결하려 하고 있다.

휴머노이드 로봇 관점에서 전고체 배터리 적용은 2027년 이후로 예상된다. Xpeng의 IRON 휴머노이드가 전고체 배터리 탑재를 목표로 하고 있으며, Tesla도 Optimus의 차세대 모델에 전고체 배터리를 검토 중인 것으로 알려졌다.

전고체 배터리는 전기차보다 로봇에 먼저 적용될 가능성이 있다. 로봇은 배터리 용량이 작고 교체가 용이하며, 프리미엄 가격을 감수할 수 있는 산업용 고객이 많기 때문이다.

투자 관점: 배터리 생태계에 주목하라

휴머노이드 로봇에게 배터리는 단순히 부품이 아니라 생태계 전체의 성패를 좌우하는 핵심 요소다. 로봇 완성품 제조사에 투자하는 것도 중요하지만, 배터리 공급망에 주목하면 더 다양한 투자 기회를 찾을 수 있다.

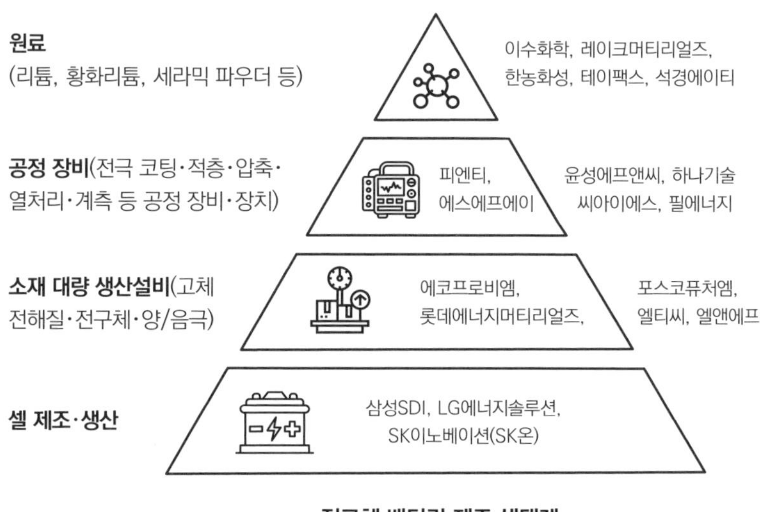

전고체 배터리 제조 생태계

삼성SDI와 LG에너지솔루션은 한국의 대표적인 배터리 기업으로, 전고체 배터리 개발에 막대한 투자를 하고 있다. 삼성SDI는 2027년 상용화를 목표로 하며, 휴머노이드 로봇을 주요 타겟 시장으로 지목했다. LG에너지솔루션도 2029년 상용화를 목표로 전고체 배터리를 개발 중이다.

배터리 소재 기업도 주목할 만하다. 전고체 배터리는 양극재, 고체 전해질, 음극재의 조합으로 이루어지며, 각 소재의 성능이 전체 배터리 성능을 결정한다. 에코프로비엠과 포스코퓨처엠은 양극재 선도 기업으로 고니켈 NCM과 차세대 NCMA 소재를 공급한다. 솔루스첨단소재는 음극재와 동박 분야의 강자다. 전고체 배터리용 황화물 전해질 개발에는 삼성전자 종합기술원과 한국화학연구원이 참여하고 있으며, 상용화 시 관련 소재 기업들이 수혜를 볼 것이다.

배터리 관리 시스템(BMS)도 중요한 투자 영역이다. 휴머노이드 로봇은 복잡한 동작을 수행하므로 순간적으로 높은 전력을 요구하고, 배터리 잔량을 정밀하게 예측하며, 충전 타이밍을 최적화하는 BMS가 필수다. 엠씨넥스와 LG이노텍은 BMS 기술을 보유하고 있으며, 로봇 시장 확대에 따라 수요가 증가할 것이다.

배터리 스왑 인프라 구축에는 충전기 제조사들이 참여한다. 전기차 충전 인프라를 구축한 경험이 있는 기업들이 휴머노이드 로봇 충전 및 스왑 스테이션 시장에 진출할 가능성이 크다.

투자자들이 주의할 점은 전고체 배터리 기술이 아직 초기 단계라는 것이다. 많은 기업들이 전고체 배터리 개발을 발표하지만, 실제 양산에 성공하는 기업은 소수에 불과할 것이다. 2010년대 초반 전기차 배터리 시장에 수십 개 기업이 뛰어들었지만, 결국 살아남은 것은 삼성SDI, LG에너지솔루션, CATL, 파나소닉 같은 소수였다.

전고체 배터리도 유사한 경로를 밟을 것이며, 기술력과 양산 능력, 자본력을 갖춘 기업만이 승자가 될 것이다. 일부 기업의 '전고체 배터리 개발 성공' 보도자료에 현혹되지 말고, 실제 파일럿 생산 실적과 대형 고객사 확보 여부를 따져봐야 한다.

투자자들은 배터리 공급망 전체를 주시해야 하며, 특히 전고체 배터리 양산에 가장 먼저 성공하는 기업이 누구인지 예의주시해야 한다. 2027년부터 2030년 사이가 전고체 배터리 상용화의 결정적 시기가 될 것이며, 이 시기에 휴머노이드 로봇 산업도 본격적인 도약을 할 것이다. 배터리 문제가 해결되는 순간, 피지컬 AI 시대가 진정으로 개막할 것이다.

휴머노이드를 위한 집
로봇 친화형 건축의 등장

인간 중심 설계에서 인간-로봇 공존 설계로

2026년 1월, 1X 테크놀로지스가 가정용 휴머노이드 로봇 NEO의 첫 고객 배송을 시작했다는 소식이 전해지면서, 한 가지 흥미로운 현상이 포착되었다. NEO를 사전 주문한 일부 가정에서 로봇 도착 전에 집안 구조를 개조하기 시작한 것이다. 방과 방 사이의 문턱을 제거하고, 회전문을 슬라이딩 도어로 교체하며, 카펫을 걷어내고 매끄러운 하드 플로어로 바꾸는 작업이 진행되었다.

이는 단순한 개인의 선택이 아니라 피지컬 AI 시대가 건축과 인테리어 산업에 가져올 근본적 변화의 시작이다. 수천 년간 인간의 편의를 위해 설계되어 온 주거 공간이 이제 휴머노이드 로봇과의 공존을 고려하여 재설계되고 있다.

휴머노이드 로봇이라는 새로운 기술이 등장하면서 주거 공간은 패러다임 전환을 맞이하고 있다. CES 2026에서 여러 휴머노이드 제조사들이 가정용 로봇을 선보이며 '로봇 친화형 주거 환경'의 중요성을 강조한 것은 우연이 아니다.

문턱 제거: 작은 변화가 가져올 큰 영향

로봇 친화형 건축의 가장 상징적인 변화는 문턱 제거다. 전통적으로 문턱은 방 사이의 경계를 표시하고, 외부의 먼지와 물이 실내로 들어오는 것을 막으며, 온도와 습도 차이를 유지하는 기능을 했다.

한국 가옥의 경우 방과 거실, 거실과 베란다 사이에 2~5cm 높이의 문턱이 존재하는 것이 일반적이다. 서양 주택에서도 욕실 입구나 현관문에 문턱이 있는 경우가 많다. 그러나 이 작은 단차는 휴머노이드 로봇에게는 큰 장애물이다.

바퀴형 이동 시스템을 채택한 로봇은 2cm 이상의 문턱을 넘기 어렵다. 로봇 청소기가 문턱에서 멈추는 것과 같은 이유다. 다리형 휴머노이드인 Figure 03이나 Tesla Optimus는 이론상 문턱을 넘을 수 있지만, 간혹 넘어질 위험이 있다.

문턱을 없애고, 도어를 슬라이딩 도어로 교체하고, 바닥의 카펫을 없앤 로봇 친화형 구조

특히 로봇이 양손에 물건을 들고 있을 때는 문턱이 큰 리스크가 된다. 따라서 휴머노이드가 집안을 자유롭게 이동하려면 평평한 바닥이 필수적이다.

로봇 친화형 설계의 핵심 요소들

문턱 제거 외에도 휴머노이드 로봇을 위한 건축 설계에는 여러 변화가 필요하다. 다음 표는 기존의 인간 중심 설계와 휴머노이드 친화형 설계의 주요 차이점을 비교한 것이다.

휴머노이드 로봇 친화형 설계 요소

설계 요소	기존(인간 중심)	휴머노이드 친화형	변경 이유
문	회전문(여닫이문)	슬라이딩 자동 개폐문	로봇의 손잡이 조작 어려움, 문 뒤 공간 확보
문턱	2~5cm	없앰(평평)	바퀴/다리 이동 원활, 넘어짐 방지
바닥 재질	카펫, 러그, 매트	매끄러운 하드 플로어	바퀴 구동, 센서 인식 향상
계단	가파른 계단 가능	완만한 경사, 계단 폭 넓게	로봇 균형 제어 한계

Chapter 8

휴머노이드 로봇의 열 관리

휴머노이드 로봇은 온 몸에서 열이 발생한다

휴머노이드 로봇은 인간의 신체 구조를 모방하여 2족 보행, 물체 조작, 복잡한 환경 내 자율 판단 등을 수행하는 고도의 메카트로닉스 시스템이다. 이러한 기능을 구현하기 위해서는 고출력 구동계, 대용량 에너지 저장 장치, 고성능 연산 칩이 인체 크기의 제한된 공간 안에 고밀도로 집적되어야 하며, 이 과정에서 불가피하게 상당량의 열에너지가 발생한다.

열 발생의 근본 원인은 에너지 변환 과정에서의 비가역적 손실에 기인한다. 전기 에너지가 기계적 에너지로 변환될 때 모터 코일의 저항 성분으로 인한 열이 발생한다. 특히 무거운 물체를 들거나 급격한 가감속 동작처럼 높은 토크가 요구되는 작업에서는 발열량이 급격히 상승한다.

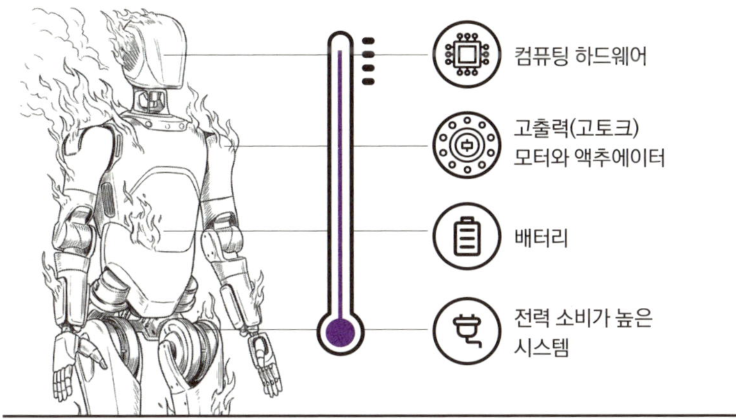

휴머노이드 로봇에서 열이 발생하는 부위

기어 트레인과 베어링 등 기계적 전달 요소에서의 마찰 손실 역시 중요한 열원이다. 감속기 내부의 윤활유 전단 응력과 접촉면 마찰은 동작 속도와 부하에 비례하는 마찰열을 생성한다. 배터리의 충방전 과정에서도 내부 저항에 의한 열이 발생하며, 특히 고방전율(High C-rate) 조건에서는 전해질 온도가 급상승할 수 있다. 이 외에도 AI 연산을 위한 칩, GPU의 동적 전력 소모가 복합적으로 작용하여, 로봇 전체의 열적 부하를 형성한다.

휴머노이드 로봇의 주요 발열 부위

관절 액추에이터

관절 액추에이터는 휴머노이드 로봇에서 열 밀도가 가장 높은 부위이다. 고정밀 서보 모터의 스테이터 코일에서 발생하는 I^2R 손실*이 1차 열

원이며, 로터의 영구 자석 내부에서 생기는 전기적·자기적 손실이 추가적인 열을 만들어, 또 하나의 열 발생 원인이 된다.

감속기 내부의 기어 맞물림에서 발생하는 마찰열까지 합산하면, 단일 관절 모듈에서 수십 와트(W)의 열이 집중적으로 발생할 수 있다. 과열이 지속되면 영구 자석의 자력이 약해지거나 사라지는 현상이 진행되어 모터 출력이 영구적으로 저하되며, 윤활유의 열화로 기어 수명이 단축된다.

배터리 팩

배터리 팩은 일반적으로 로봇의 몸통(Torso) 중앙부에 배치되며, 충전 및 방전 사이클에서 내부 저항에 의한 발열이 발생한다. 리튬이온 셀의 경우 내부 저항은 온도에 따라 비선형적으로 변하며, 극저온 환경에서는 저항이 급증하여 발열량이 크게 증가한다.

또한 고방전율 조건에서는 셀 간 온도 편차가 발생하여 용량 불균형과 수명 저하를 초래할 수 있다. 배터리 팩의 열 폭주는 안전상 가장 치명적인 위험 요소이므로, 셀 단위의 정밀한 온도 모니터링과 열 관리가 필수적이다.

연산 유닛

로봇의 두뇌에 해당하는 메인 컴퓨팅 보드는 시각 인식, 경로 계획, 심층 신경망 추론 등의 AI 연산을 실시간으로 수행한다. 최신 휴머노이드 로봇은 엣지 컴퓨팅(Edge Computing) 방식으로 모든 연산을 로컬에서 처리하

---

* I^2R 손실은 전류가 흐를 때 도체의 저항(R) 때문에 전기적 에너지가 열로 바뀌는 현상이다.

므로, SoC의 트랜지스터 스위칭에 의한 동적 전력 소모와 누설 전류에 의한 정적 전력 소모가 지속적으로 열을 발생시킨다.

72 TOPS 이상의 연산 성능을 요구하는 칩셋의 경우, 열 설계 전력이 수십 와트에 달하며, 방열이 부적절하면 쓰로틀링(Thermal Throttling)으로 인해 추론 지연이 발생한다.

전력 변환 회로

배터리 전압을 각 서브시스템에 적합한 전압으로 변환하는 DC-DC 컨버터, 모터 구동을 위한 인버터 등의 전력 전자 소자에서도 스위칭 손실과 전도 손실에 의한 발열이 발생한다. 모스펫(MOSFET) 및 고전압·고전류를 제어하는 전자식 스위치(IGBT) 소자의 접합 온도가 허용 범위를 초과하면 소자 파괴로 이어지므로, 적절한 방열 설계가 필요하다.

휴머노이드 로봇의 열관리 기술

휴머노이드 로봇의 열관리는 공랭(Air Cooling), 액랭(Liquid Cooling), 수동 방열(Passive Dissipation), 소프트웨어 기반 능동 제어(Software-Defined Thermal Management)의 네 가지 접근법을 복합적으로 활용한다.

공랭 시스템

팬을 이용하여 강제 대류를 생성하고, 방열 핀을 통해 열 교환 표면적을 극대화하는 방식이다. 구현이 단순하고 무게 페널티가 적다는 장점이 있으나, 열 전달 계수가 액체 냉각 대비 낮아 고열 밀도 부위에서는 단독으로 사용하기 어렵다.

몸통 내부의 배터리와 연산 유닛처럼 상대적으로 열 밀도가 낮고 접근성이 좋은 부위에 적합하다.

액체 냉각 시스템

냉각수(Coolant)를 밀폐된 유로(Flow Channel)를 통해 순환시켜 열을 흡수하고 원격 방열부로 이송하는 방식이다. 물 또는 불소계 유체(Fluorinated Fluid)를 냉매로 사용하며, 공기 대비 수백 배 높은 열 용량과 열 전달 계수를 제공한다.

특히 미세 채널(Micro-channel) 기술은 채널 폭을 0.4mm 이하로 설계하여 층류* 조건에서도 높은 열 전달 효율을 달성한다. 관절 액추에이터와 같이 열 밀도가 극히 높은 부위에 적용되며, 소형 펌프를 통해 냉각수를 순환시킨다.

구조적 수동 방열

로봇의 골격 프레임 자체를 열전도율이 높은 소재로 제작하여, 부분적으로 발생한 열을 프레임 전체로 확산시킨 뒤 대기 중으로 자연 방열하는

---

* 　층류(Laminar Flow) 조건이란, 유체(예: 물, 냉각수)가 관이나 채널 안을 흐를 때 유체 입자들이 서로 섞이지 않고, 층(layer)을 이루어 가지런히 흐르는 상태를 말한다.

방식이다. 마그네슘 합금, 알루미늄 합금 등이 대표적으로 사용되며, 별도의 에너지 소모 없이 열을 분산시킬 수 있다는 장점이 있다. 마찰 부위에는 다이아몬드처럼 매우 단단하고 마찰이 적은 탄소 코팅(DLC)팅을 적용하여 마찰 계수를 낮추고, 열 차단이 필요한 부위에는 세라믹 코팅으로 열 간섭을 방지한다.

소프트웨어 기반 능동 열 제어

센서 네트워크를 통해 실시간으로 수집된 온도 데이터를 기반으로 AI가 열 부하를 예측하고 냉각 시스템을 동적으로 제어하는 방식이다.

작업 스케줄링에 따른 열 부하 예측, 연산 칩의 동적 전압·주파수 조절, 냉각 팬 및 펌프의 가변 속도 제어, 배터리 상태 최적화 등이 포함된다. 하드웨어 냉각만으로 대응할 수 없는 극한 조건에서 소프트웨어가 보완적 역할을 수행한다.

휴머노이드 로봇 열관리 방식 비교

냉각 방식	원리	적용 부위	특징
공랭	팬 구동 강제 대류+방열 핀	배터리, 연산 유닛 (몸통)	단순 구현, 낮은 열 전달 효율
액체 냉각	미세 채널 내 냉각수 순환	관절 액추에이터	높은 열 전달 효율, 소형화 가능
구조적 방열	고열전도 프레임을 통한 자연 방열	로봇 골격 전체	무에너지 소모, 넓은 표면적 활용
소프트웨어 제어	AI 기반 열 부하 예측 및 동적 제어	전체 시스템	능동적 최적화, 극한 조건 대응

Tesla Optimus의 열관리 기술

Tesla Optimus는 전기차 Model 3/Y에서 검증된 열관리 기술을 휴머노이드 로봇에 이식하였다. 개별 부품 수준의 냉각을 넘어 로봇 전체를 하나의 통합 열역학 시스템으로 설계한 대표적 사례이다.

듀얼 시스템 협력 냉각

Optimus의 몸통 내부에는 배터리 팩과 메인 컴퓨팅 보드(Tesla SoC)가 수직으로 적층 배치되어 있다. 이 두 발열원 사이에는 공유 공기 덕트가 설계되어 있으며, 단일 팬이 외부 공기를 흡입하여 덕트를 관통시킴으로써 배터리와 연산 칩의 열을 동시에 제거한다.

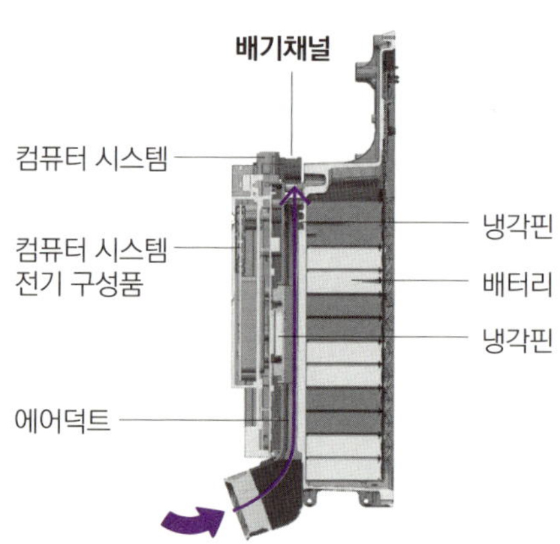

Tesla Optimus의 배터리 덕트의 방열 구조

덕트 내부에는 열 교환 효율을 높이기 위한 미세 방열 핀이 촘촘하게 배치되어 있다. 이러한 통합 설계는 각 부품에 독립된 냉각 시스템을 부여하는 방식 대비 중량과 체적을 크게 절감한다. 에너지 저장 인클로저(Battery Enclosure)* 자체도 알루미늄 등 고열전도 소재로 제작되어 구조적 방열판 역할을 수행한다. Tesla 특허(WO2024072966A1)에는 이 수직 덕트 구조의 단면도가 공개되어 있다.

액추에이터 통합 미세 냉각 채널

Optimus의 열관리 기술에서 가장 혁신적인 요소는 관절 액추에이터 하우징 내부에 직접 가공된 미세 유체 냉각 채널(Micro-fluidic Cooling Channel)이다.

Optimus에는 별도의 냉각 파이프가 외부에 장착되는 방식이 아니라, 액추에이터의 금속 하우징 내벽에 채널 폭 0.4mm 이하의 미세한 수로가 만들어져 있다. 이 수로를 통해 냉각수가 순환하며 모터 스테이터 주변의 열을 직접 흡수한다.

미세 채널의 기술적 특징은 다음과 같다. 첫째, 채널의 수력 직경이 극히 작으므로 층류 조건에서도 벽면과 유체 간의 온도 경계층이 매우 얇아져 열 전달 계수가 크게 향상된다.

둘째, Tesla Valve 구조를 채널 내부에 도입하여 역류를 방지하고 유체의 혼합을 촉진함으로써 열 교환 균일성을 높였다. 이 구조는 펌프를 사용

---

* 배터리 시스템을 보호하고 구조적으로 지지하는 외부 하우징이다. 배터리 셀·모듈·팩을 기계적 충격, 진동, 먼지, 수분으로부터 보호하고 열관리 시스템(냉각·가열 장치)을 통합하며 화재나 열폭주 발생 시 확산을 지연·제어하는 역할을 한다.

하지 않고 자연 순환에 의존하는 조건에서도 일정한 유동 방향성을 확보할 수 있다.

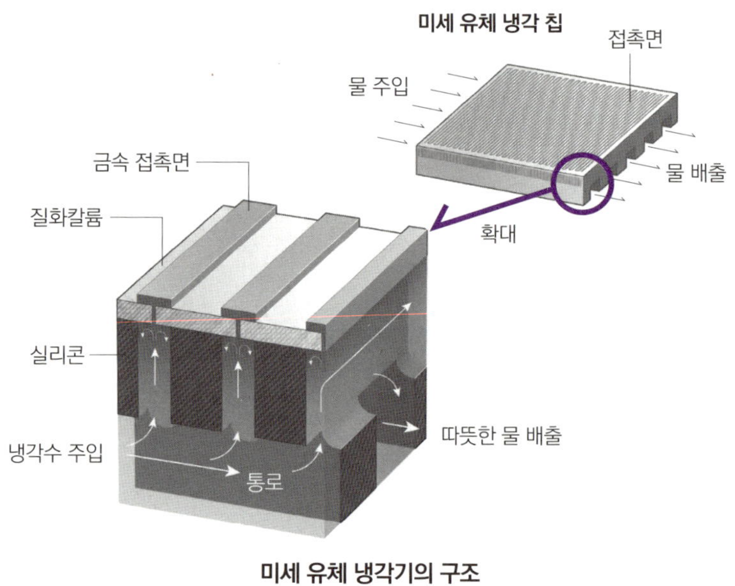

미세 유체 냉각기의 구조

(출처: nature*)

가열된 냉각수는 액추에이터에서 로봇의 마그네슘 합금 프레임으로 열을 전달한다. 프레임은 넓은 표면적을 통해 대기 중으로 열을 자연 방열하는 거대한 라디에이터 역할을 수행한다. 이 시스템 덕분에 Optimus는 최대 부하 조건에서도 액추에이터 온도를 60°C 이하로 유지하며, 전체 소비 전력을 400~800W 범위로 최적화할 수 있다.

---

* https://www.nature.com/articles/d41586-020-02503-1)

마그네슘 합금 프레임의 구조적 방열 네트워크

Optimus의 골격은 강철 대비 경량이면서도 열전도율이 우수한 마그네슘 합금으로 제작되어 있다. 이 프레임은 단순한 구조재가 아니라, 액추에이터와 전자 부품에서 발생한 열을 수집하여 로봇 전체 표면으로 확산시키는 열 분산 네트워크로 기능한다.

마찰이 심한 관절부에는 다이아몬드와 유사한 구조를 가진 초경질 탄소 박막(Diamond-Like Carbon) 코팅을 적용하여 마찰열 자체를 저감하고, 열적 격리가 필요한 부위에는 세라믹 코팅으로 열 간섭을 차단한다. 이러한 소재 공학적 접근은 별도의 팬이나 펌프 없이도 수동적으로 열을 관리할 수 있는 기반을 제공한다.

소프트웨어 통합 열 관리

Optimus의 열관리 시스템은 하드웨어만으로 완결되지 않는다. AI 소프트웨어가 다수의 온도 센서로부터 실시간 데이터를 수집하고, 예정된 작업 시퀀스를 분석하여 열 부하를 사전 예측한다. 이를 기반으로 냉각 팬 및 펌프의 회전수를 가변 제어하고, 연산 칩의 전압과 주파수를 동적으로 조절하여 과열을 미연에 방지한다.

배터리 관리 시스템은 Tesla 전기차와 동일한 아키텍처를 공유하며, 셀 간 온도 편차를 실시간으로 모니터링한다. 극한 환경(-40℃~50℃)에서는 배터리를 최적 작동 온도 범위로 사전 조절한다. 또한 달리기나 중량물 운반과 같이 특정 관절의 열 부하가 급증하는 작업에서는 해당 관절의 냉각수 유량을 최대 50%까지 증가시키는 동적 유량 조절이 수행된다.

열관리 계층	핵심 기술	대상 부위	성능 지표
듀얼 공랭	공유 덕트+방열 핀	배터리, SoC	중량·체적 절감
미세 채널 액랭	0.4mm 이하 유로+ Tesla Valve	28개 관절 액추에이터	60°C 이하 유지
구조적 방열	Mg 합금 프레임+ DLC 코팅	로봇 골격 전체	무동력 열 확산
SW 능동 제어	DVFS+동적 유량 조절+ BMS	전체 시스템	유량 50% 가변 제어

Tesla Optimus의 열관리 시스템은 전기차에서 축적된 통합 열관리 노하우를 휴머노이드 로봇이라는 새로운 폼 팩터에 성공적으로 이식한 사례이다.

공랭과 액랭의 하이브리드 구성, 구조재를 방열 경로로 활용하는 소재 공학적 접근, 그리고 AI 기반의 예측적 열 제어가 유기적으로 결합됨으로써, 제한된 체적과 전력 예산 안에서 안정적인 열적 균형을 달성하고 있다. 이는 향후 휴머노이드 로봇의 상용화 과정에서 열관리 설계의 중요한 참조 모델이 될 것으로 전망된다.

Figure AI: Figure 03의 열관리 기술

휴머노이드 로봇의 상용화를 가로막는 가장 큰 기술적 장벽 중 하나는 배터리 안전성이다. 리튬이온 배터리는 높은 에너지 밀도를 제공하지만,

열폭주라는 치명적 위험을 내재하고 있다. 특히 산업 현장에서 인간과 함께 작업하는 휴머노이드 로봇에서 배터리 화재는 단순한 재산 피해가 아니라 인명 사고로 직결된다.

Figure AI는 2025년 7월 공개한 Figure 03 배터리에서 이 문제를 정면으로 해결했다. 회사는 개발 초기부터 '단일 셀의 치명적 고장이 발생해도 외부로 화염이 분출되지 않아야 한다'는 목표를 설정했다. 1년간의 열역학 모델링과 반복 테스트 끝에, 여러 독자적 기술을 결합한 다층 안전 아키텍처를 구축했다.

통합형 능동 냉각의 효율성

Figure 03 배터리의 첫 번째 혁신은 냉각 시스템을 다이캐스팅 구조체에 직접 통합한 것이다. 전통적인 배터리 팩은 셀과 냉각 시스템이 별도로 제작되어 조립되는 구조였다. 이는 열저항을 증가시키고, 국부적 발열을 초래하며, 결과적으로 충전 속도와 배터리 수명을 제한했다.

Figure는 알루미늄 다이캐스팅 공정을 활용해 냉각 채널을 배터리 하우징 자체에 일체화했다. 이를 통해 열저항을 최소화하고 국부 발열을 억제함으로써, 단순한 강제 대류 냉각만으로도 2kW의 고속 충전을 안전하게 구현했다. 복잡한 액체 냉각 시스템이나 열교환기 없이도 효과적인 열 관리가 가능해진 것이다.

이는 제조 복잡도와 비용을 동시에 절감하는 설계다. 냉각 성능을 유지하면서도 부품 수를 줄이고, 전체 시스템의 신뢰성을 높인다. Figure가 목표로 하는 연간 12,000대 대량 생산에서 이런 단순화는 필수적이다.

냉각 채널을 배터리 하우징에 일체화 한 Figure 03의 배터리 팩

(출처: Figure AI 홈페이지)

열폭주 방지: 3단계 방어선

Figure 03의 안전 시스템은 세 겹의 방어선으로 구성된다. 첫 번째는 맞춤형 배터리 관리 시스템(BMS)이다. 센서, 스위치, 퓨즈 어레이가 과충전, 과방전, 과열, 단락 같은 이상 조건을 실시간 감지하고 차단한다. 이는 정상 작동 중 발생할 수 있는 대부분의 위험을 사전 제거한다.

두 번째 방어선은 셀 간 열전파 차단이다. Figure는 열이 쉽게 밖으로 전달되지 않도록 전자부품을 감싸 고정하는 단열 수지 재료와 급속 열분산 전략을 결합했다.

하나의 셀이 열폭주에 진입하더라도, 단열 재료가 인접 셀로의 열전달을 차단한다. 동시에 급속 열분산 구조가 열을 빠르게 확산시켜 온도 상승을 억제한다. 내부 셀 연결에 사용된 가는 금속선은 기하학적으로 퓨즈 역할을 하도록 설계되어 단락 발생 시 자동으로 차단된다.

세 번째이자 마지막 방어선은 화염 억제 시스템이다. Figure 03은 다기능 화염 방지 배출구와 특허받은 화염 억제 기술을 탑재했다. 이 시스템은 만약 열폭주가 발생하더라도 화염이 배터리 팩 외부로 위험하게 분출되지 않도록 막는다.

Figure는 이 시스템을 검증하기 위해 극한 조건의 고장 주입 테스트를 실시했다. 의도적으로 셀을 가열해 열폭주를 유발한 결과, Figure 03 배터리는 외부 화염 분출을 완전히 차단하고 셀 간 열전파를 성공적으로 억제했다. 이는 실험실 데이터가 아니라 실제 제품에서 검증된 성능이다.

열관리의 미래

Figure 03 배터리가 보여주는 것은 휴머노이드 로봇의 배터리 기술이 단순히 전기차 배터리를 축소하는 수준을 넘어섰다는 점이다. 로봇은 차량과 다른 제약 조건을 갖는다. 공간이 더 제한적이고, 무게 중심이 더 중요하며, 인간과의 근접 작업에서 안전성 요구가 더 엄격하다.

능동 냉각의 다이캐스팅 통합, 다층 안전 시스템, 구조적 기능 통합은 모두 이런 고유한 요구사항에 대한 해답이다. 이는 배터리 기술이 아니라 시스템 엔지니어링의 승리다. Figure가 1년간 투입한 열역학 모델링과 반복 테스트는 휴머노이드 로봇이라는 새로운 제품 카테고리가 요구하는 기술적 깊이를 보여준다.

휴머노이드 로봇이 비를 맞거나
물에 빠지면 어떻게 될까?

전자제품과 물, 그리고 휴머노이드 로봇

전자제품과 물은 태생적 상극이다. 배터리·인버터·PCB 제어 기판·정밀 센서를 온몸에 탑재한 휴머노이드 로봇에게 물은 단순한 불편 요소가 아니라 생사를 가르는 위협이다.

물이 전도성 이온을 머금은 채 회로에 닿으면 즉각 단락(short circuit)이 발생하고, 배터리에 침투하면 열폭주(thermal runaway)로 화재까지 이어질 수 있다. 관절과 감속기 내부의 수분 침투는 단기적으로 윤활제를 희석시키고, 장기적으로 금속 부품 전체를 부식시킨다.

방수 성능의 국제 기준: IP 등급(IEC 60529)

방수 성능은 국제전기기술위원회의 IEC 60529 표준에 따라 IP(Ingress Protection) 등급으로 표기한다. 두 자리 숫자 중 첫 번째는 먼지 차단, 두 번째는 물 방어 수준을 나타내며, 숫자가 높을수록 보호 강도가 강하다.

IP 등급	방수 수준	대응 가능 상황
IP65	완전 방진 + 저압 수류(6.3L/min)	보통 비, 저압 세척
IP66	완전 방진 + 고압 수류(100L/min)	우천, 고압 산업 세척
IP67	완전 방진 + 1m 수심 30분 침수	침수, 잠깐 물에 빠질 수 있는 상황
IP68	완전 방진 + 1m 이상 장시간 침수	군사·잠수 장비(휴머노이드 미도달)

2026년 주요 휴머노이드 로봇 방수 현황

2026년 현재, 공식 IP 등급을 보유한 휴머노이드 로봇은 극소수다. Boston Dynamics의 Atlas는 IP67로 산업 현장 세척과 일시 침수에 대응하며, 중국 Deep Robotics의 DR02는 IP66 인증으로 우천 시 야외 운용이 가능하다. 나머지 대부분의 모델은 AI 지능과 조작 정밀도 개발에 집중하며 방수 인증을 취득하지 않은 상태다.

로봇	IP 등급	주요 운용 환경	특이 사항
Atlas	IP67	산업현장, 야외	세척·침수 공식 인증
Optimus	미공개	자동차 공장 실내	전기차 기술 기반 방수 설계 추정
Figure 03	미공개	실내 건식 환경	AI 중심 개발
DR02	IP66	야외	휴머노이드에서 IP등급 최초 취득

완전 방수를 가로막는 세 가지 장벽

IP68 이상의 완전 방수 설계를 실현하지 못하는 이유는 세 가지 물리적 제약에 있다. 첫째, 열 관리 문제다. 모터·배터리·연산 칩이 발생하는 열을 외부로 배출하려면 외함에 열교환 통로가 필요한데, 밀봉이 완전할수록 이 통로가 막혀 과열이 발생한다.

둘째, 중량 증가다. 모든 관통부에 내수 씰과 가스켓을 추가하면 로봇 무게가 늘고, 2족 보행 특성상 균형과 에너지 효율에 직접 영향을 준다.

셋째, 정비성 저하다. 완전 밀봉 구조는 부품 교체를 어렵게 만든다. Atlas가 IP67을 달성하면서도 팔다리를 5분 내 현장 교체 가능하도록 설계한 것은 방수와 정비성 사이의 정밀한 공학적 절충이다.

결론

현재의 휴머노이드 로봇은 가벼운 비와 산업 현장 세척에는 대응 가능하지만, 물에 빠지도록 설계된 기계는 아니다. 1m 수심 이내의 일시 침수는 Atlas(IP67)가 버텨내지만, 그 이상의 심층 침수는 어떤 모델에게도 치명적이다. 열 방출·중량·정비성을 동시에 해결하는 신소재와 냉각 기술이 등장하기 전까지, IP68 이상의 완전 방수 휴머노이드는 현실적 목표가 되기 어렵다. 인간의 몸을 닮은 로봇이 인간처럼 물을 두려워하는 것은, 2026년 현재 기술이 허락한 자연스러운 한계이다.

PART 2

피지컬 AI 생태계의 거인들

"휴머노이드의 두뇌와
몸을 만드는 자들의 경쟁 무대"

Chapter 9

피지컬 AI의 인프라

NVIDIA의 피지컬 AI 생태계

NVIDIA는 생성형 AI뿐만 아니라 피지컬 AI 시대의 가장 중요한 인프라 기업이다. GPU(Graphics Processing Unit)로 시작한 이 회사는 AI 혁명의 중심에 서서 시가총액 3조 달러를 돌파하며 세계에서 가장 가치 있는 기업 중 하나가 되었다.

젠슨 황(Jensen Huang) CEO는 2025년 CES 기조연설에서 "피지컬 AI의 ChatGPT 순간이 왔다"고 선언했다. 그가 말하는 ChatGPT 순간이란 누구나 쉽게 사용할 수 있는 범용 로봇이 등장하여 대중화되는 시점을 의미한다.

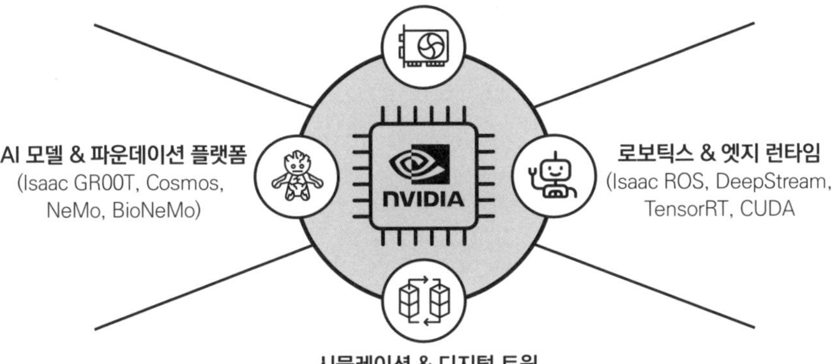

NVIDIA가 구축한 피지컬 AI 생태계

NVIDIA의 피지컬 AI 전략은 하드웨어, 소프트웨어, 플랫폼을 모두 아우른다. 하드웨어 측면에서는 Blackwell 아키텍처 기반의 GPU가 현재 핵심이며, 향후에는 다음 세대 AI 인프라인 Rubin 플랫폼이 피지컬 AI·로봇·자율주행·VLA 모델을 위한 대규모 인프라로 확장될 예정이다.

로봇이 실시간으로 복잡한 상황 인식과 판단을 내리려면 엄청난 연산 능력이 필요하며, 이러한 고성능·저전력 AI 인프라를 통해 Blackwell과 Rubin은 다양한 물리적 AI 애플리케이션을 가능하게 한다.

NVIDIA의 피지컬 AI 소프트웨어

소프트웨어 플랫폼으로는 Isaac Sim과 NVIDIA Omniverse가 있다. Isaac Sim은 물리 법칙을 정확히 시뮬레이션하는 가상 환경으로 로봇이 현실 세계에 배치되기 전에 수백만 번의 시행착오를 거칠 수 있게 한다.

BMW는 NVIDIA Isaac Sim과 Omniverse를 통해 공장 물류 로봇을 위한 디지털 트윈을 구현하고, 새로운 생산 라인과 로봇 동작을 가상 환경에서 테스트한다. Amazon은 Isaac Sim을 이용해 물류 창고 로봇을 고정밀 시뮬레이션에서 훈련·검증한 뒤, 실제 창고에 배치한다.

Cosmos 플랫폼은 NVIDIA의 야심찬 프로젝트다. 이는 피지컬 AI를 위한 오픈소스 기반 모델(Foundation Model) 생태계다. ChatGPT가 텍스트 기반 AI의 표준이 되었듯이 Cosmos는 로봇 AI의 표준이 되려는 목표를 가지고 있다.

Cosmos World Foundation Model(WFM)은 비디오 데이터로 학습하여 물리 법칙, 공간 관계, 객체 상호작용을 이해한다. 예를 들어 컵을 떨어뜨리면 깨진다는 것, 문을 밀면 열린다는 것, 계단을 오를 때는 균형을 유지해야 한다는 것 등을 학습한다.

GR00T(Generalist Robot 00 Technology) 플랫폼은 휴머노이드 로봇을 위한 범용 AI다. 다양한 제조사의 휴머노이드 로봇이 GR00T를 두뇌로 사용할 수 있도록 설계되었다. 이는 스마트폰에서 안드로이드나 iOS가 하는 역할과 비슷하다.

Figure AI, Agility Robotics, Unitree 등을 포함한 여러 로봇 기업이 NVIDIA의 GR00T를 시험·검증 및 초기 적용 단계에서 사용하고 있다. 이를 통해 각 기업은 하드웨어·기구·센서 설계에 집중하며, 상위 계층의 AI·행동 정책은 NVIDIA의 파운데이션 모델과 플랫폼을 사용하는 구조를 구축하고 있다.

자동차 분야에서는 Drive Thor 플랫폼이 핵심이다. 이는 자율주행에 필요한 모든 연산을 하나의 칩에서 처리하는 통합 솔루션이다. Drive Thor는 2,000 TOPS의 성능으로 다양한 고급 주행·인포테인먼트 기능을 하나의 칩에서 통합·병렬 처리한다. Mercedes-Benz는 Drive Thor를 탑재한 차량을 출시할 예정이며, 중국의 Li Auto와 Zeekr도 차세대 차량에 이를 적용할 계획을 발표했다.

NVIDIA는 AI 시대 제일 돈을 많이 버는 기업

NVIDIA의 생태계 전략은 매우 영리하다. 하드웨어만 파는 것이 아니라 소프트웨어 플랫폼까지 제공하여 고객사를 생태계에 묶어둔다. 일단 NVIDIA의 플랫폼으로 개발을 시작하면 다른 칩으로 전환하기 어렵다. 이는 NVIDIA에게 지속적인 경쟁 우위를 제공한다.

재무적으로도 NVIDIA는 압도적이다. FY2025 매출은 1,305억 달러로 전년 대비 114% 증가했다. 데이터센터 부문 매출은 1,152억 달러로 전체의 88.3%를 차지한다. 영업이익률은 62%에 달하며 이는 기술 기업 중 최상위 수준이다. FY2026 매출은 2,159억 달러이며 순이익은 1,200억 달러이다. AI 붐이 꺼지지 않는 한 이러한 성장세는 지속될 것으로 보인다.

그러나 리스크도 있다. 첫째, 고객 집중도가 높다. Microsoft, Meta, Google, Amazon이 매출의 상당 부분을 차지하는데 이들이 자체 칩 개발에 성공하면 NVIDIA 의존도를 낮출 수 있다. 실제로 Google의 TPU, Amazon의 Trainium/Inferentia, Microsoft의 Maia 등 자체 AI 칩 개발이 진행 중이다. 둘째, 지정학적 리스크다. 미국의 대중 반도체 수출 규제로 중국 매출이 큰 타격을 받았다. 셋째, 공급망 문제다. NVIDIA는 칩 설계만 하고 생산은 TSMC에 전적으로 의존한다. TSMC에 문제가 생기면 NVIDIA도 직격탄을 맞는다.

투자 관점에서 NVIDIA는 피지컬 AI 인프라의 핵심이다. 주가는 이미 높은 밸류에이션을 반영하고 있지만 AI 시장이 계속 성장한다면 정당화될 수 있다. 보수적 투자자에게는 변동성이 부담스러울 수 있지만 피지컬 AI 테마에 투자하려는 사람에게는 빼놓을 수 없는 종목이다.

NVIDIA Jetson 시리즈: 엣지 AI의 표준

NVIDIA Jetson은 로봇과 자율주행차의 두뇌 역할을 하는 엣지 AI 플랫폼이다. **엣지 AI란 클라우드가 아닌 디바이스 자체에서 AI 연산을 수행하는 것**을 의미한다. 로봇이 움직일 때마다 클라우드에 데이터를 보내고 결과를 받아오면 지연 시간이 발생하고 통신이 끊기면 작동이 멈춘다. 따라서 실시간 반응이 필요한 피지컬 AI는 엣지에서 직접 연산하는 것이 필수적이다.

Jetson 시리즈는 2014년 처음 출시된 이후 지속적으로 발전해왔다. 최신 모델인 Jetson Thor(특히 AGX Thor 및 T5000 모듈)은 NVIDIA의 최상위 엣지 AI 플랫폼이다. 이전 Orin 시리즈(275 INT8 TOPS, 15~60W)도 여전히 유효하지만, Thor는 2070 FP4 TFLOPS 성능으로 Orin 대비 약 7.5배 높은 AI 연산 능력과 2배인 128GB 메모리를 제공한다. 특히 FP4(4비트 부동소수점) 연산을 지원하여 최신 생성형 AI 모델 구동에 최적화되어 있다.

Jetson의 강점은 소프트웨어 생태계다. JetPack SDK는 리눅스 기반 운영체제, 딥러닝 라이브러리, 컴퓨터 비전 도구, 로봇 개발 프레임워크를 모두 포함한다. 개발자는 TensorFlow, PyTorch 같은 익숙한 도구로 AI 모델을 학습시킨 후 Jetson에 바로 배포할 수 있다. 이러한 편의성 덕분에 Jetson은 엣지 AI의 사실상 표준이 되었다.

NVIDIA Jetson T5000. NVIDIA Jetson 제품군의 최고 성능 플래그십 모듈이다.

가격 경쟁력도 중요한 요소다. Jetson Orin Nano는 499달러이지만 대량 구매 시 가격이 크게 낮아진다. 로봇 제조사들은 Jetson을 대량으로 구매하여 원가를 절감할 수 있다. 이는 휴머노이드 로봇의 목표 가격인 2만 달러를 맞추는 데도 중요하다.

향후 전망을 보면 Jetson은 피지컬 AI의 표준 플랫폼으로 자리잡을 가능성이 크다. NVIDIA가 GPU 시장에서 했던 것처럼 하드웨어와 소프트웨어를 통합한 생태계를 구축하고 있기 때문이다. 새로운 로봇 스타트업이 나올 때마다 Jetson을 선택할 확률이 높고 이는 NVIDIA의 네트워크 효과를 강화한다.

Google Coral NPU

Google은 2025년 10월 Coral NPU를 발표하며 엣지 AI 시장에 새롭게 진입했다. 이는 2019년 출시된 Coral Edge TPU의 후속작이 아니라 완전히 재설계된 오픈소스 플랫폼이다.

Coral NPU는 웨어러블과 초저전력 IoT 기기에 AI를 내장하는 것을 목표로 한다. NVIDIA Jetson이 로봇과 자율주행을 겨냥한다면, Coral NPU는 스마트워치, 이어버드, AR 글래스 같은 배터리 구동 기기를 공략한다.

Coral NPU의 핵심은 오픈소스 RISC-V 아키텍처다. Google은 하드웨어 설계, 컴파일러, 런타임을 모두 공개하여 칩 제조사들이 자유롭게 수정하고 통합할 수 있도록 했다. 기준 설계는 512 GOPS(0.512 TOPS)의 성능을 제공하며 전력 소비는 수 밀리와트에 불과하다. 이는 기존 Coral Edge TPU(4 TOPS, 2W)보다 성능은 낮지만 전력 효율을 획기적으로 개선한 것이다. 항상 실행되는 AI 기능에서는 배터리 수명이 성능보다 중요하다는 판단이다.

Google의 강점은 AI 모델을 공통 형식으로 번역한 뒤, 이를 Coral NPU에서 잘 돌아가도록 실행 코드로 변환해 주는 통합 개발 도구 체계에 있다.

Google은 이를 위해 시뮬레이터도 함께 공개하여 실제 하드웨어 없이도 개발이 가능하게 했다. 이는 기존 Coral TPU가 TensorFlow Lite에 크게 의존했었던 것과 달리, 새 플랫폼이 주요 ML 프레임워크를 모두 지원하도록 설계되었다.

Google Coral NPU가 적용된 Astra SL2610

첫 상용 제품은 Synaptics Astra SL2610이다. Synaptics는 Google의 첫 전략적 파트너로, Coral NPU와 자체 Torq T1 NPU를 결합하여 총 1 TOPS 성능을 제공한다. 이는 기준 설계 대비 2배 성능이다. SL2610 제품

군은 2026년 2분기 출시 예정이며, 타겟 애플리케이션은 컨텍스트 인식, 음성 처리, 이미지 처리를 수행하는 웨어러블과 IoT 기기다.

NVIDIA Jetson은 로봇용 고성능 플랫폼이고, Qualcomm RB5는 드론과 AMR용 중급 플랫폼이다. Coral NPU는 스마트워치와 이어버드처럼 극도로 전력이 제한된 기기를 겨냥한다.

스마트폰에 내장된 NPU(Apple A17 Pro의 16 TOPS, Qualcomm Snapdragon의 15 TOPS)와도 다른 시장이다. 스마트폰 NPU는 카메라와 음성 인식을 위한 것이고, Coral NPU는 24시간 작동하는 초소형 기기용이다.

Qualcomm Robotics RB5/RB6 플랫폼

Qualcomm의 로보틱스 플랫폼은 5G 통신과 AI를 결합하여 차별화를 시도한다. 스마트폰 칩 설계 경험을 로봇으로 확장한 것으로, 특히 이동형 로봇과 드론에 강점이 있다. RB5는 2020년 출시되었고, RB6는 프리미엄급 후속작이다. 최근에는 RB5 Gen 2가 출시되어 성능이 개선되었다.

RB5는 Qualcomm QRB5165 프로세서를 탑재하며 15 TOPS의 AI 성능을 제공한다. 핵심은 Hexagon Tensor Accelerator라는 디지털 신호 전용 처리 장치(DSP) 기반 AI 가속기와 Adreno 650 GPU의 조합이다. 전력 소비는 최대 7W로 Jetson Orin(15~60W)보다 훨씬 낮다. RB5 Gen 2는 QCS8550 칩셋으로 업그레이드되어 16 TOPS 성능을 제공한다.

RB6는 상위 모델로 70~200 TOPS의 성능 범위를 제공한다. 최대 24

개 카메라를 동시에 처리할 수 있어 360도 인식이 필요한 자율주행 로봇에 적합하다. 초고속 단거리 5G와 안정적인 장거리 5G를 모두 지원하며, 이는 클라우드와 긴밀하게 연동되는 로봇 시스템에 유리하다. 예를 들어 무거운 AI 추론은 클라우드로 넘겨 처리하고, 실시간 제어만 엣지에서 처리하는 하이브리드 구조가 가능하다.

활용 사례는 주로 AMR(자율 이동 로봇)과 드론이다. ModalAI는 RB5 기반 드론 플랫폼을 제공하며, 실내 GPS 없이 SLAM*으로 내비게이션한다. 물류 센터의 재고 로봇, 청소 로봇, 배송 드론 등에서 채택되고 있다.

NASA의 Mars Ingenuity 헬리콥터(Perseverance rover가 운반한 드론)에 Qualcomm Snapdragon 801 칩이 사용되어 2021년 화성에서 최초로 동력 비행에 성공했다는 점은 Qualcomm 로보틱스 플랫폼의 신뢰성을 입증한다.

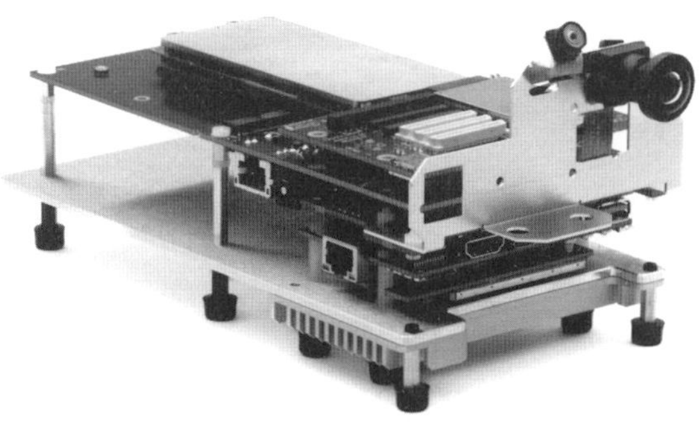

Qualcomm Robotics RB6 Platform

---

* SLAM(Simultaneous Localization and Mapping)은 로봇이 스스로 자신의 위치를 추정하면서 동시에 주변 지도를 만들어 가는 기술이다.

AMD, Intel, 그리고 새로운 도전자들

NVIDIA가 AI 칩 시장을 지배하고 있지만 AMD와 Intel도 반격을 준비하고 있다. AMD는 Instinct MI300 시리즈로 데이터센터 AI 시장에 도전장을 냈다. MI300X는 192GB의 HBM3 메모리를 탑재하여 대형 언어 모델 추론에 강점을 보인다. Microsoft와 Meta가 MI300X를 대량 구매하면서 AMD는 2024년 데이터센터 GPU 매출 45억 달러를 달성했다.

AMD의 강점은 가격 경쟁력과 오픈 생태계다. NVIDIA의 CUDA가 독점 소프트웨어인 반면 AMD는 ROCm(Radeon Open Compute)이라는 오픈소스 플랫폼을 제공한다. 이는 고객사가 NVIDIA에 종속되지 않고 선택권을 가질 수 있게 한다. 특히 중국 시장에서 미국의 NVIDIA 수출 규제로 인한 공백을 AMD가 채우고 있다.

Intel은 어려운 상황이다. 한때 반도체 산업의 절대 강자였지만 AI 시대에 뒤처졌다. Gaudi 3 AI 칩을 출시했지만 성능과 생태계 모두 NVIDIA에 크게 뒤진다. Intel의 진짜 문제는 생산 기술 지연이다. 7nm, 5nm 공정 개발이 늦어지면서 TSMC와 삼성에 주문자 위탁 생산 시장을 빼앗겼다. 2024년 대규모 구조조정을 단행하며 비용 절감에 나섰지만 AI 칩 시장에서 입지를 회복하기는 쉽지 않아 보인다.

Amazon의 Trainium과 Inferentia는 AWS 내부 사용을 위해 개발되었지만 고객사에도 저렴한 가격으로 제공한다. 성능은 NVIDIA H100보다 낮지만 가격 대비 성능은 우수하다. 비용에 민감한 스타트업들이 Trainium을 선택하는 경우가 늘고 있다.

투자 관점에서 AMD는 NVIDIA의 대안으로 고려할 만하다. 밸류에이션이 NVIDIA보다 낮고 성장 잠재력이 있다. Intel은 실적 반등 기대에 베팅하는 것인데 리스크가 크다. 신생 칩 기업들은 대부분 비상장이거나 IPO 직후라 변동성이 매우 높다. 보수적 투자자는 NVIDIA와 AMD 정도만 고려하는 것이 안전하다.

반도체가 결정하는 피지컬 AI의 속도

피지컬 AI의 발전 속도는 결국 반도체 성능에 의해 결정된다. 아무리 뛰어난 AI 알고리즘이 있어도 그것을 실시간으로 실행할 수 있는 칩이 없으면 무용지물이다.

자율주행차가 카메라와 라이다로 초당 수십 기가바이트의 데이터를 받아들일 때 이를 밀리초 단위로 처리하여 브레이크를 밟을지 핸들을 돌릴지 판단해야 한다. 휴머노이드 로봇이 넘어지지 않으려면 관절 센서 데이터를 실시간으로 분석하여 자세를 조정해야 한다. 이 모든 것이 반도체 성능에 달려 있다.

최근 들어 트랜지스터 크기를 더 이상 줄이기 어려워지면서 성능 향상 속도가 둔화되고 있다. TSMC의 3nm 공정도 물리적 한계에 가까워지고 있다. 2nm, 1nm로 가면 양자 터널링* 효과 때문에 전류가 새어 나가는

---

* 전자가 고전물리학적으로는 넘을 수 없는 에너지 장벽을, 양자역학적 확률에 의해 벽을 뚫고 반대편으

문제가 발생한다.

이에 대한 해법으로 3D 적층(3D Stacking)과 칩렛(Chiplet) 기술이 주목받는다. HBM(High Bandwidth Memory)은 메모리 칩을 여러 층으로 쌓아 대역폭을 획기적으로 높인다. NVIDIA Blackwell은 HBM3e 메모리를 사용하여 스택당 24~36GB, 총합 8TB/s의 메모리 대역폭을 달성한다.

최근 각광받는 HBM4는 스펙은 스택당 64GB, 총합으로 16TB/s 대역폭(HBM3E의 1.6배)을 가지는 고성능 메모리이다. 2026년 2월 삼성전자는 HBM4 최종 품질 테스트를 통과하여 NVIDIA에 납품하고 있다. 이는 업계 최초의 HBM4 양산 공급이다. SK하이닉스는 NVIDIA HBM4 물량의 66%를 확보하여 시장 지배력을 유지하고 있으며, 1분기 중 최종 품질 테스트를 완료할 계획이다.

삼성전자 HBM4와 SK하이닉스의 HBM4

HBM4는 2026년 하반기 출시 예정인 NVIDIA Rubin GPU의 핵심 부품이 되어 피지컬 AI 학습 속도를 2배 향상시킬 것으로 기대된다. 한국 기

로 통과하는 현상이다. 전력·발열·성능 한계를 동시에 압박하는 핵심 제약 요인이 된다.

업들의 HBM4 경쟁력은 글로벌 AI 인프라에서 핵심적 위치를 확보하는 계기가 될 전망이다.

HBM4와 50 PF NVFP4 트랜스포머 엔진을 탑재한 Rubin GPU

(출처: NVIDIA Press Kit)

피지컬 AI의 연산 속도를 높이는 가장 현실적인 방향은 AI 전용 칩의 발전이다. 범용 GPU보다 특정 AI 작업에 최적화된 칩을 만드는 것이다. Google TPU가 대표적이며, 국내에서는 리벨리온과 FuriosaAI(두 회사는 2026년 상반기~2027년 IPO 예정)가 데이터센터용 NPU를 개발하고 있다.

이러한 전문화는 성능과 전력 효율을 크게 높일 수 있다. 향후 로봇마다 특화된 AI 칩이 나올 수도 있다. 산업용 로봇은 정밀 제어에, 가정용 로봇은 자연어 처리에, 자율주행차는 실시간 영상 분석에 최적화된 칩을 쓰는 식이다.

Chapter 10

센서와 인식 기술의 선두주자들

라이다 기업들의 각축: 오스터, Hesai

라이다(LiDAR, Light Detection And Ranging)는 레이저 빛을 쏘아 반사되는 시간을 측정하여 주변 환경의 3차원 지도를 만드는 센서다. 자율주행차에게 라이다는 눈과 같은 역할을 한다.

카메라는 색상과 형태를 인식하지만 정확한 거리 측정이 어렵다. 라이다는 밀리미터 단위의 정밀도로 거리를 측정하여 장애물 회피, 경로 계획, 지도 작성 등에 필수적이다.

라이다는 자율주행차의 필수품

최근 휴머노이드는 카메라 기반 시각 인식과 학습 모델을 통해 공간을 이해하는 방향으로 발전하고 있어 LiDAR를 장착하지 않는 추세이다. 일부 연구용 휴머노이드, 중국 Unitree의 H1과 Qinglong 휴머노이드, 어두운 환경이나 먼지·연기·조명 변화가 심한 곳, 산업·재난 대응용과 같은 특정한 환경에 특화된 휴머노이드에 보조 센서로 장착하고 있다.

Ouster사의 라이다

중국 Hesai사의 PD128 라이다

Ouster는 Velodyne과의 2023년 합병을 통해 라이다 시장에서 선도적 위치를 강화했다. Velodyne의 회전식 라이다 기술을 계승해 360도 전방위 스캔을 지원하며 초기 자율주행 테스트 차량에 널리 사용되었다. Ouster는 Velarray 같은 고체형 라이다 기술을 통합하여 비용을 대폭 절감해 산업용·로보틱스·자율주행 분야에서 시장 점유율을 확대하며 2026년 현재 15만 개의 센서를 출하했다.

중국의 Hesai는 가격 경쟁력으로 빠르게 성장하고 있다. 유사한 성능의 라이다를 서구 기업 대비 절반 이하 가격에 공급한다. Li Auto, Xpeng, Nio 등 중국 전기차 제조사들이 Hesai 라이다를 대량 탑재하고 있다. 다만 미국 국방부가 Hesai를 중국 군 관련 기업 목록에 올리면서 미국 시장 진출에는 어려움을 겪고 있다.

라이다 시장의 가격 장벽과 Tesla의 도전

라이다 시장의 가장 큰 과제는 가격이다. 자동차 제조사들은 라이다 가격이 200달러 이하로 내려와야 대량 탑재가 가능하다고 본다. 중국산을 제외하고, 고급/장거리형은 500~1,000달러 수준이다.

Tesla의 일론 머스크는 라이다를 '바보들의 심부름'이라고 비난하며 카메라와 AI 기반 비전 시스템만으로 자율주행이 가능하다고 주장한다. Tesla는 현재 FSD Supervised를 차량에 채택해 사용 중이며, 라이다 없이 카메라, 레이더(일부 모델), AI(뉴럴넷)로 운영한다. 무감독 완전 자율주행 기술도 계속 개발하고 있다.

반면 Waymo, Cruise, Zoox 같은 로보택시 기업들은 모두 라이다를 필수로 본다. 결국 시장은 양분될 수 있다. 승용차는 카메라 중심, 상용 자율주행은 라이다를 포함하는 식이다.

자율주행 택시 Zoox에 설치된 라이다

(출처: Zoox 홈페이지)

투자 관점에서 라이다 기업들은 고위험 고수익 종목이다. 한때 선두를 달리던 Luminar는 2025년 12월 파산보호를 신청했고, Ouster, Innoviz, Aeva 모두 나스닥에 상장되어 있지만 대부분 아직 적자다. 자율주행 대중화가 예상보다 늦어지면서 주가는 부진하다.

그러나 장기적으로 자율주행이 확산되면 라이다 수요는 폭발할 것이다. 리스크를 감수할 수 있는 투자자에게는 매력적인 옵션이다. 분산 투자 차원에서 여러 라이다 기업에 소액 투자하는 전략도 고려할 만하다.

한국의 라이다 기업

삼성전기, 현대모비스, LG이노텍이 LiDAR용 MLCC(세라믹 콘덴서) 부품을 개발하며 자율주행 핵심 공급망을 구축하고 있다.

한국 LiDAR 생산 기업

회사명	주요 제품/특징	응용 분야	상장 여부
삼성전기	LiDAR용 MLCC 부품 개발	자율주행, 산업용	코스피(009150)
현대모비스	자동차용 LiDAR 시스템	자율주행, ADAS	코스피(012330)
LG이노텍	컴팩트·경량 LiDAR	드론, 로봇	코스피(011070)
에스오에스랩	2D/3D 고정형·솔리드 스테이트 LiDAR	자율주행, 로봇, 산업	코스닥(464080)
카네비컴	자율주행차용 LiDAR 센서 개발·양산	자율주행 자동차	비상장(예심 준비 중)
서울로보틱스	LiDAR 분석 소프트웨어·센서 통합	스마트 시티, 산업	비상장(상장 재추진)
뷰런 테크놀로지	LiDAR 인지 소프트웨어·센서 솔루션	ADAS, 스마트 인프라	비상장(2026 목표)

현대모비스는 자동차용 LiDAR 시스템으로 운전자 보조·자율주행 시장 20%를 점유하고 있고, LG이노텍은 컴팩트 경량 LiDAR를 드론·로봇에 공급한다.

중소기업으로는 코스닥에 상장된 에스오에스랩이 2D/3D 고정형 LiDAR를 양산한다. 상장을 준비중인 카네비컴, 서울로보틱스, 뷰런 테크놀로지 등은 자율주행·로봇용 전문 센서를 개발한다.

비전 시스템의 진화

피지컬 AI에게 시각은 가장 중요한 감각이다. 사람이 외부 정보의 80% 이상을 눈으로 받아들이듯이 로봇도 카메라를 통해 세상을 이해한다.

그러나 단순히 이미지를 촬영하는 것을 넘어 그 이미지가 무엇을 의미하는지 실시간으로 파악하는 컴퓨터 비전(Computer Vision) 기술이 핵심이다. 물체 인식(Object Detection), 의미론적 분할(Semantic Segmentation), 자세 추정(Pose Estimation), 깊이 인식(Depth Perception) 등 다양한 기술이 통합되어 로봇의 시각 시스템을 구성한다.

Intel의 RealSense는 심도 카메라의 대표 주자다. 스테레오 비전 방식으로 두 개의 카메라로 촬영한 이미지의 차이를 분석하여 거리를 측정한다. 사람의 양쪽 눈이 작동하는 원리와 같다.

RealSense D455는 최적 4m 내의 깊이를 측정할 수 있으며 실내 로봇, 드론, AR/VR 기기 등에 널리 사용된다. 가격도 300달러 내외로 저렴하여 개발자들이 선호한다. 2025년 중반 Intel Capital 산하 독립 회사로 분사하여 제품 지원·판매를 지속하고 있으며, D457·D555 등 신모델 출시로 로보틱스·AI 비전 분야로 사업을 확대 중이다.

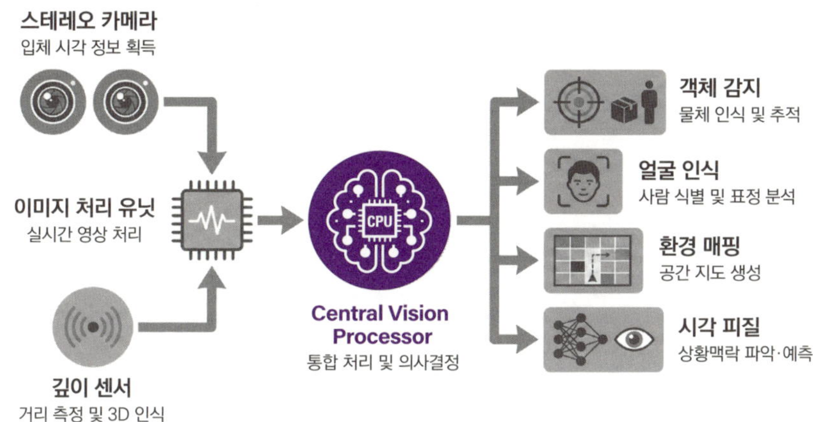

휴머노이드의 비전 시스템 구조도

Sony의 이미지 센서는 스마트폰 카메라 시장을 지배하지만 자율주행과 로봇 분야에서도 중요한 역할을 한다. Sony IMX 시리즈는 저조도 환경에서도 선명한 이미지를 촬영할 수 있어 야간 자율주행에 필수적이다. Tesla의 자율주행 시스템도 Sony 센서를 사용한다. Sony는 2024년 자동차용 이미지 센서 매출이 20억 달러를 넘어섰다고 발표했다.

Mobileye는 Intel이 인수한 자율주행 비전 기술 기업이다. EyeQ 칩은 카메라 이미지를 실시간으로 분석하여 차선, 신호등, 보행자, 차량 등을 인식한다. 전 세계 자동차 제조사 25곳 이상이 Mobileye의 첨단 운전자 보조 시스템(ADAS)을 채택했다. EyeQ6 칩은 초당 176 TOPS의 성능으로 레벨 4 자율주행을 지원한다. Mobileye는 2022년 재상장하여 독립 기업으로 운영되고 있다.

OmniVision은 소형 카메라 센서 전문 기업이다. 스마트폰, 보안 카메라, 자동차, 의료 기기 등 다양한 분야에 센서를 공급한다. 특히 자동차용 HDR(High Dynamic Range) 센서는 밝은 곳과 어두운 곳이 동시에 있는 환경에서도 선명한 이미지를 제공한다. 터널 진입 시나 석양이 질 때처럼 조명 조건이 급변하는 상황에서 중요하다.

소프트웨어 측면에서는 OpenCV가 컴퓨터 비전의 표준 라이브러리다. 오픈소스로 제공되며 이미지 처리, 객체 인식, 얼굴 인식, 광학 문자 인식(OCR) 등 수천 가지 알고리즘을 포함한다. 전 세계 수백만 명의 개발자가 OpenCV를 사용하여 로봇과 AI 시스템을 개발한다.

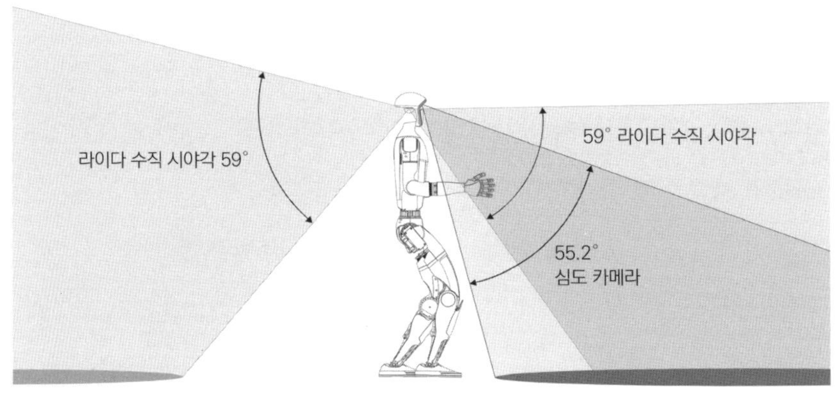

Unitree G1 휴머노이드 로봇의 비전 시스템을 통한 주변 인식 범위

딥러닝의 발전은 카메라 기반 인식 기술을 크게 향상시켰다. 최신 인공지능 모델은 영상 속에서 사람, 차량, 사물 등 여러 객체를 동시에 빠르게 구분하고 위치까지 파악할 수 있다. Waymo의 자율주행 시스템은 이러한 딥러닝 모델을 사용하여 초당 30프레임의 고해상도 비디오에서 보행자, 자전거, 차량, 동물 등을 구분한다.

멀티카메라 시스템도 중요한 트렌드다. Tesla FSD는 차량 주변에 8개의 카메라를 배치하여 360도 전방위 시야를 확보한다. 각 카메라의 이미지를 통합하여 'Bird's Eye View'라는 위에서 내려다본 시점의 지도를 생성한다. 이를 통해 사각지대 없이 주변 환경을 파악한다.

이벤트 카메라(Event Camera)는 미래 기술로 주목받는다. 일반 카메라가 고정된 프레임 레이트로 촬영하는 반면 이벤트 카메라는 픽셀 밝기가 변할 때만 신호를 보낸다. 이는 지연 시간을 마이크로초 단위로 줄이고 데이터량을 90% 이상 감소시킨다. Prophesee, iniVation 같은 스타트업이 개발 중이며 초고속 로봇과 드론에 적합하다.

투자 관점에서 글로벌 비전 시스템 기업들은 다양한 수익 모델을 가진다. Sony는 안정적인 대기업이고 Mobileye는 성장주다. 센서 제조사들은 하드웨어 판매로 꾸준한 수익을 올리지만 마진은 낮다. 소프트웨어 기업들은 라이선스와 구독 모델로 높은 마진을 누릴 수 있다. 전체적으로 비전 시스템은 피지컬 AI의 필수 인프라로서 장기 성장이 확실하다.

한국의 비전 시스템 기업

한국에는 카메라 모듈, 렌즈, 라이다, 머신비전, 3D 비전 솔루션에 이르기까지 비전 밸류체인 전 구간을 커버하는 상장사 10곳이 포진해 있으며, 코스피 대형주부터 코스닥 전문기업까지 스펙트럼이 넓다.

코스피 — 조 단위 매출의 글로벌 플레이어

국내 비전 시스템의 최상위에는 **LG이노텍**이 위치한다. 2024년 매출 21.2조 원 중 광학솔루션사업부가 절대 다수를 차지하며, 연간 카메라·광학 기반 매출만 10조 원을 크게 상회한다. 스마트폰 카메라 모듈에서 세계 최상위급이라는 점 외에, **Boston Dynamics Atlas용 비전 센싱 시스템의 유력 양산업체로 지목**되면서 자율주행과 휴머노이드 양쪽에 동시 노출된 대형 제조사로 부각되고 있다.

RGB 카메라, 3D 센싱, 라이다, 레이더를 하나로 집적하는 비전 센싱 모듈을 개발 중이며, 현대차그룹의 2028년 연 3만 대 휴머노이드 양산 계획과도 연관되어 거론되고 있다.

삼성전기는 2024년 매출 10.3조 원에 광학통신솔루션사업부가 최대 사업부로 올라섰다. 수 조 원대 카메라 모듈 매출에서 전장 카메라 비중이 구조적으로 확대되고 있으며, 글로벌 전기차 OEM 대상 ADAS 카메라 공급이 미래 성장축이다.

삼성전기는 Tesla Optimus 개발과정에서 카메라 모듈을 납품한 것으로 알려져 있다. Optimus Gen 3의 대량 생산까지 폭넓게 연결되어 있는지에 대해서는 공식 발표나 확인된 정보가 아직 없다.

현대모비스는 카메라·레이더·라이다를 통합한 ADAS 시스템·자율주행 플랫폼 관점의 핵심 기업으로, 개별 센서보다 시스템 단위 공급에 강점을 갖는다.

엠씨넥스는 ADAS 및 자율주행용 센싱 카메라, 내부 운전자·탑승자 모니터링 시스템 등 차량용 비전 솔루션을 주요 사업으로 영위하는 비전 기반 부품·솔루션 기업이다. 2025년 예상 매출액은 약 1조 2,730억 원(전년 대비 약 20% 성장 전망), 영업이익액은 약 578억 원이다.

코스닥 — 전문 영역의 강소 플레이어

세코닉스는 2025년 매출액 4,728억 원 기준으로 차량용 부품이 매출 비중의 약 85% 수준을 차지하며, 현대모비스에 차량용 카메라를 90% 이상 공급하는 ADAS 카메라 체인의 핵심 렌즈·모듈 공급사다. **코아시아씨엠**은 2025년 기준 연결 매출 약 2,581억 원 규모의 카메라 모듈 업체로, 현재는 스마트폰 비중이 높지만 전장·XR 영역으로의 확장을 본격화하고 있다.

뷰웍스는 국내 최대 산업용 머신비전 카메라 상장사로, 2025년 사상 최대 실적(매출 2,393억 원)을 기록했으며 HBM·AI 반도체 검사 수요 확대가 머신비전 매출을 견인하고 있다. 3D·고속 산업용 카메라 라인업은 로봇팔·휴머노이드 시각 센서로 직접 전용 가능한 구조다.

에스오에스랩은 코스닥에 상장된 라이다 하드웨어 전문기업으로, 자율주행차·로봇·스마트시티에 3D 라이다를 공급하며 현대 제네시스 탑재 실적을 보유한다. CES 2026 현장에서 미국의 피지컬 AI 로봇 전문기업 하이코어와 전략적 업무협약을 체결하고, 하이코어의 로봇 제품에 ML-U

등 에스오에스랩의 라이다를 탑재할 계획이다.

씨메스는 3D 비전+AI+로봇 제어를 융합한 지능형 로봇 솔루션 제조사로, 현대차·LG에너지솔루션·쿠팡 등 주요 고객을 확보했고, K-휴머노이드 연합에 직접 참여해 휴머노이드용 3D 비전 실증 사업을 수행 중이다. 매출 규모는 아직 68억 원(2024년) 수준이나, 전년 대비 140% 성장률이 시사하듯 피지컬 AI 시대의 직접적인 비전 솔루션 수혜주로 꼽힌다.

한국 비전 시스템 제조 기업

회사명	주요 제품/특징	응용 분야	상장 여부
LG이노텍	국내 최대 광학·비전 모듈 업체	자율주행, 휴머노이드 **Atlas에 채택 가능성 높음**	코스피(011070)
삼성전기	카메라모듈·전장 카메라 대형 플레이어	자율주행·ADAS용 카메라 모듈	코스피(009150)
현대모비스	ADAS 센서(카메라· 레이더·라이다) 시스템	자율주행 비전 시스템의 핵심 기업	코스피(012330)
엠씨넥스	자동차 카메라 모듈 글로벌 Top5	자동차 카메라 모듈의 국내 최대 규모 기업	코스피(097520)
세코닉스	차량용 카메라 렌즈·모듈 중심	현대모비스에 차량용 카메라 공급	코스닥(053450)
뷰웍스	산업용 머신비전 카메라, 로봇 비전 기반	산업용 로봇·협동로봇의 '눈' 역할	코스닥(100120)
에스오에스랩	자율주행·로봇용 라이다	자율주행차·로봇(휴머노이드 포함) 3D 비전 센서	코스닥(464080)
씨메스	3D 비전 로봇 정밀제어 솔루션	3D 비전+AI+로봇 제어를 묶은 비전 솔루션	코스닥(475400)
유진로봇	2D·3D 라이다와 스테레오 카메라	적자 지속	코스닥(056080)

로봇이 단순히 보고 듣는 것을 넘어 만지고 느낄 수 있다면 훨씬 더 섬세한 작업이 가능해진다. 촉각 센서(Tactile Sensor)와 힘 센서(Force Sensor)는 로봇에게 물체의 질감, 무게, 미끄러짐, 충격 등을 감지하는 능력을 부여한다. 달걀을 깨지 않고 집거나 나사를 적절한 힘으로 조이거나 과일의 익은 정도를 촉감으로 판단하는 것은 모두 촉각 센서가 있어야 가능하다.

ATI Industrial Automation은 **힘-토크 센서**의 대표적인 글로벌 공급사다. 로봇 손목에 장착되어 6축(X, Y, Z 방향의 힘과 회전력)의 힘을 정밀하게 측정한다. 조립 작업에서 부품이 제대로 끼워졌는지, 연마 작업에서 적절한 압력을 가하고 있는지 등을 실시간으로 파악한다. FANUC, ABB, KUKA 같은 산업용 로봇 제조사들이 ATI 센서를 폭넓게 활용하고 있다.

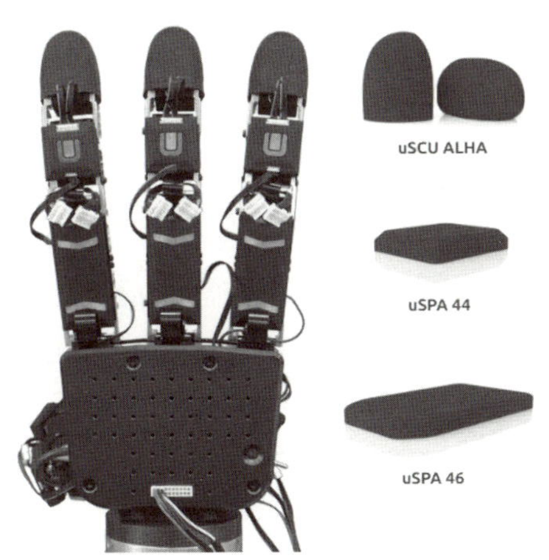

XELA Robotics(일본)**의 uSkin 시리즈 촉각 센서**

한국 **에이딘로보틱스**(IPO 준비중)의 촉각 센서(ATT)는 휴머노이드 로봇의 손가락 끝과 손바닥에 부착해 사람 피부와 유사한 촉각을 제공하는 피부형 센서이다. 여러 개의 센싱 셀을 통해 물체의 접촉 위치와 힘의 분포를 실시간으로 감지해 파지력 조절과 미끄러짐 방지를 지원한다.

폴리머 기반 유연 구조로 다양한 손 형태에 적용 가능하며, 고감도 힘 측정과 빠른 반응 속도로 정교한 로봇 조작을 구현한다. 에이딘로보틱스는 자체 개발한 휴머노이드 로봇 핸드(AIDIN Robotic Hand)에 촉각·힘 센서를 통합하고 있다.

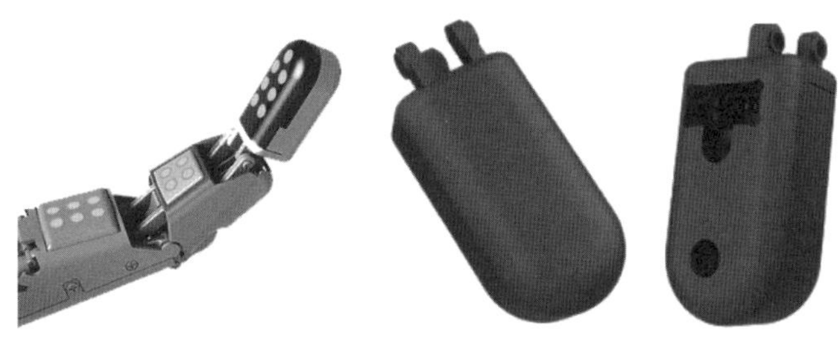

에이딘로보틱스(한국)**의 휴머노이드 촉각 센서**

Meta의 Reality Labs는 DIGIT라는 소형 촉각 센서를 개발하여 오픈소스로 공개했다. 손가락 끝 크기의 센서로 고해상도 카메라가 내장되어 접촉면의 미세한 변형을 촬영한다. 이를 통해 표면 질감, 압력 분포, 미끄러짐 등을 감지한다. 개당 재료비 기준 제조 원가가 15달러 정도로 저렴하여 다수의 센서를 로봇 손에 장착할 수 있다.

Tesla는 Optimus 로봇의 손에 촉각 센서를 통합하고 있다. 손가락마

다 여러 개의 센서를 배치하여 물체를 안전하게 잡고 조작할 수 있도록 한
다. 머스크는 "촉각 없이는 진정한 손재주가 불가능하다"고 강조했다. 달
걀을 깨지 않고 집거나 케이블을 꼬지 않고 정리하는 등의 작업은 시각만
으로는 어렵다.

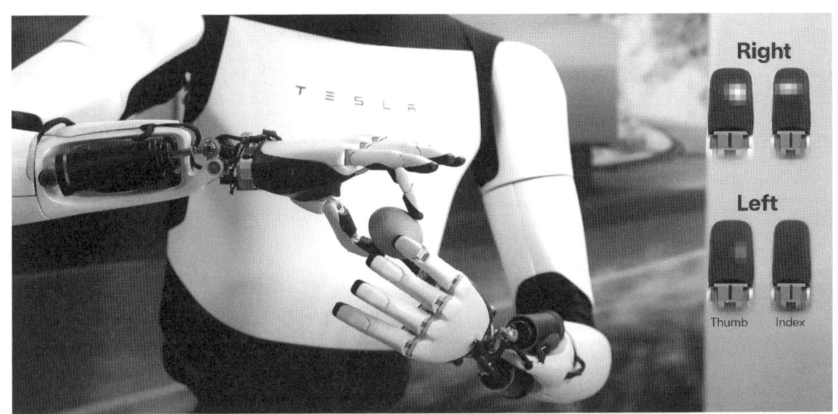

Tesla Optimus Gen 2의 달걀 잡기와 손가락 센서의 반응

압전 센서(Piezoelectric Sensor)는 힘을 가하면 전기 신호가 발생하는 원리
를 이용한다. 빠른 응답 속도와 높은 민감도가 장점이지만 정적 하중 측정
에는 부적합하다. 진동 감지, 충격 감지 등에 주로 사용된다.

전자피부(E-Skin)는 차세대 촉각 기술이다. 넓은 면적에 수천 개의 센서
를 유연한 필름에 통합하여 로봇 팔이나 몸 전체를 덮는다. 어디를 만졌는
지, 얼마나 강한 압력인지를 2차원 맵으로 제공한다. Stanford, UC
Berkeley 등에서 연구가 활발하며 Xenoma 같은 스타트업이 상용화를 시
도하고 있다.

시각장애인이 점자를 읽거나 물건을 식별하는 것은 모두 촉각에 의존한다. 로봇도 마찬가지다. 시각이 막히거나 조명이 부족한 환경에서는 촉각이 유일한 감각이 될 수 있다. 배관 내부를 점검하거나 흙 속에서 작업하는 로봇은 촉각에 크게 의존한다.

촉각 센서의 과제는 내구성과 가격이다. 센서가 반복적인 충격과 마모를 견뎌야 하는데 민감도를 유지하면서 튼튼하게 만들기는 어렵다. 또한 로봇 손 하나에 수십 개의 센서가 필요한데 각각이 비싸면 전체 비용이 급증한다. 이를 해결하기 위해 저가 대량 생산 기술 개발이 진행 중이다.

한국의 촉각 센서·힘 센서 기업들

한국에는 휴머노이드용 촉각 센서나 힘 센서를 주력 사업으로 하는 순수 상장 기업은 없다. 로봇용 촉각 센서·힘 센서 시장 자체가 아직 초기 단계이며, 관련 기술을 보유한 기업들은 대부분 비상장 스타트업이거나 대기업 자회사 형태로 존재한다.

원익로보틱스(비상장, 원익홀딩스 자회사)의 Allegro Hand는 공압 방식의 압력 센서로 촉각 감도에 따라 색상이 변하며, 실시간 센서 값을 연산하여 16개 관절을 제어한다.

에이딘로보틱스(IPO 준비 중)는 휴머노이드 로봇의 손·발·관절에 직접 장착 가능한 3축·6축 힘-토크 센서를 자체 개발·제조하며, 높은 정밀도와 안정성으로 휴머노이드용 힘 감지를 구현하고 있다. 또한 휴머노이드 손가락 끝에 탑재되는 촉각 센서도 개발해, 로봇이 물체를 잡고 조작할 때 감각 정보를 제공한다.

멀티모달 센서 융합

피지컬 AI의 진정한 능력은 여러 센서의 정보를 통합하여 종합적으로 판단하는 데서 나온다. 카메라, 라이다, 레이더, IMU(관성측정장치), 촉각 센서, 마이크 등이 각각 제공하는 데이터를 융합(Sensor Fusion)하여 더 정확한 인식을 달성한다. 이는 사람이 시각, 청각, 촉각, 평형감각을 동시에 활용하는 것과 같다.

각 센서는 한계가 있다. 카메라는 비나 눈, 강한 햇빛에 약하다. 레이더는 정밀도가 낮고, 초음파는 범위가 짧다. 그러나 이들을 융합하면 서로의 약점을 보완하여 어떤 날씨와 조명 조건에서도 안정적으로 작동한다.

5세대 Waymo는 카메라 29개, 라이다 5개, 레이더 6개를 차량 곳곳에 배치했다. 각 센서의 데이터는 중앙 컴퓨터로 전송되어 실시간으로 통합된다. 예를 들어 라이다가 앞에 물체가 있다고 감지하면 카메라가 그것이 사람인지 차량인지 식별하고 레이더가 속도를 측정하여 충돌 가능성을 계산한다. 이 모든 과정이 수십 밀리초 안에 일어난다.

Boston Dynamics의 Atlas 로봇은 비전, IMU, 관절 엔코더, 힘-토크 센서를 융합한다. 계단을 오를 때 카메라로 계단의 높이와 위치를 파악하고 IMU로 몸의 기울기를 감지하며 관절 센서로 각 다리의 각도를 측정하고 발바닥의 힘 센서로 지면 접촉을 확인한다. 이 정보들이 통합되어 실시간으로 자세를 조정하며 균형을 유지한다.

칼만 필터(Kalman Filter)는 센서 융합의 고전적 알고리즘이다. 각 센서의 측정값에는 오차가 있는데 칼만 필터는 통계적 방법으로 가장 정확한 추정값을 계산한다. 예를 들어 GPS는 위치를 몇 미터 오차로 알려주고 IMU는 가속도를 측정하는데 '서서히 쌓이는 오차(drift)'가 있다. 칼만 필터는 두 정보를 결합하여 더 정확한 위치와 속도를 추정한다.

투자 관점에서 센서 융합 기술은 소프트웨어 영역이므로 직접 투자 대상은 아니다. 그러나 이를 구현하는 로봇과 자율주행 기업들의 핵심 경쟁력이다. 자율주행차 시장의 Tesla, Waymo, Zoox의 기술 우위는 센서 하드웨어보다 융합 알고리즘에 있다. 이들의 가치 평가 시 센서 융합 능력을 중요한 지표로 봐야 한다.

한국의 멀티모달 센서 융합 기업

우리나라에서도 카메라, 라이다, 레이더, IMU 등 다양한 센서 데이터를 통합해 더 정밀한 인식과 판단을 구현하는 기술이 산업 전반으로 확산되고 있다.

기업명	주요 사업 영역	센서/융합 관련 포인트	구분
현대모비스	ADAS, 자율주행 부품, 차량용 전장	카메라·레이더·초음파 센서 및 제어 모듈 통합 솔루션 개발	코스피(012330)
HL만도	차량용 레이더, 제동·조향 시스템	ADAS용 센서 시스템 및 자율주행 기능 구현	코스피(204320)
에스오에스랩	3D LiDAR 개발	자율주행·로봇·스마트 인프라용 라이다 및 센서 확장	코스닥(464080)
두산로보틱스	협동로봇, 산업용 로봇	AI·비전·센서 기반 지능형 로봇 제어	코스피(454910)
세코닉스	차량용 카메라 모듈	ADAS 및 자율주행용 비전 센서 공급	코스닥(053450)
모트렉스	차량용 인포테인먼트	차량용 센서·전장 시스템 통합	코스닥(118990)

Chapter 11

소프트웨어와 플랫폼 기업

Covariant: 창고를 위한 AI 두뇌

Covariant는 UC Berkeley의 세계적인 로봇 연구자 Pieter Abbeel 교수가 2017년 설립한 기업이다. 물류 창고 자동화를 위한 AI 소프트웨어를 개발하며 '로봇을 위한 ChatGPT'를 표방한다. Covariant Brain이라는 범용 AI 플랫폼은 강화학습으로 학습하여 다양한 물건을 집고 분류하고 포장하는 작업을 수행한다.

Covariant의 차별점은 일반화 능력이다. 전통적 창고 로봇은 특정 물건만 다룰 수 있도록 프로그래밍된다. 새로운 상품이 들어오면 엔지니어가 다시 프로그래밍해야 한다. 반면 Covariant Brain은 한 번도 보지 못한 물건도 형태와 질감을 파악하여 적절하게 잡는다. 신발, 책, 전자기기, 의류 등 수만 가지 SKU(Stock Keeping Unit)를 하나의 시스템으로 처리한다.

Covariant는 실제 창고 환경에서 데이터를 수집하고 학습한다. 수백만 번의 물건 집기 작업(피킹)에서 얻은 경험을 AI 모델에 반영한다. 실패 사례도 학습 데이터가 된다. 물건을 떨어뜨리거나 잘못 잡으면 그 상황을 분석하여 다음에는 개선한다. 이는 시뮬레이션만으로는 불가능한 현실 세계의 복잡성을 다룬다.

Obeta, Otto Group, McKesson 같은 대형 물류 기업들이 Covariant를 도입했다. 피킹 속도는 시간당 수백 개에 달하며 정확도는 99% 이상이다. 사람보다 빠르고 정확하며 24시간 쉬지 않고 작동한다. 창고 운영사들은 Covariant 도입으로 인건비를 절감하고 처리량을 증가시켰다.

2024년 Covariant는 시리즈 D 라운드에서 7억 5천만 달러 밸류에이션을 달성했다. Radical Ventures, Index Ventures, Amplify Partners 등이 투자했다. 아직 비상장이지만 IPO 가능성이 높다. 물류 자동화 시장이 급성장하면서 Covariant의 가치도 계속 상승할 것으로 예상된다.

Covariant는 자체 하드웨어를 만들지 않는다. ABB, KUKA, FANUC 등 기존 로봇 제조사의 로봇에 Covariant Brain을 탑재한다. 이는 소프트웨어 기업으로서 높은 마진을 유지하며 확장성을 확보하는 전략이다. 구독 모델로 매년 라이선스 비용을 받아 반복 수익을 창출한다.

한계도 있다. 현재는 구조화된 환경인 창고에 특화되어 있다. 비정형 환경이나 완전히 새로운 작업으로 확장하려면 추가 개발이 필요하다. 또한 고객사가 대형 물류 기업으로 집중되어 있어 고객 다변화가 과제다. 중소 기업들은 Covariant의 높은 도입 비용을 부담하기 어렵다.

투자 관점에서 Covariant는 피지컬 AI 소프트웨어 분야의 선두주자
다. Amazon 같은 거대 경쟁자가 있지만 전문성과 기술력으로 차별화하
고 있다. IPO 시 관심을 가질 만한 기업이다. 물류 자동화는 인건비 상승
과 이커머스 성장으로 장기 성장이 확실한 시장이다.

Intrinsic: Google의 로봇 소프트웨어 조직

Intrinsic은 Google의 X(구 Google X) 연구소에서 2021년 분사했다가
2026년 2월 다시 Google에 합병된 로봇 소프트웨어 기업(이제는 Google의
일부)이다.

Intrinsic의 목표는 산업용 로봇을 훨씬 쉽게 프로그래밍하고 사용할 수
있게 만드는 것이다. 현재 산업로봇은 전문 엔지니어가 복잡한 코드를 작
성해야 하는데 Intrinsic은 이를 노코드(No-Code) 또는 로우코드(Low-Code)
로 만들려 한다.

Flowstate라는 플랫폼이 핵심이다. 직관적인 그래픽 인터페이스로 로
봇의 작업 흐름을 설계한다. 마치 레고 블록을 조립하듯이 '물건 잡기', '이
동하기', '조립하기' 같은 기능 블록을 드래그앤드롭으로 배치한다. AI가
자동으로 최적 경로와 동작을 계산한다. 코딩 지식이 없는 현장 기술자도
몇 시간 교육으로 로봇을 설정할 수 있다.

Intrinsic은 Google의 AI 기술을 활용한다. Google Cloud, TensorFlow,
Transformer 모델 등이 통합되어 있다. 로봇이 수집한 데이터를 클라우드

로 전송하여 지속적으로 학습한다. 한 공장의 로봇이 배운 것을 다른 공장의 로봇도 즉시 활용할 수 있다.

2024년 Intrinsic은 Vicarious를 인수했다. Vicarious는 뇌신경과학에서 영감을 받은 AI를 개발하는 스타트업으로 Jeff Bezos, Mark Zuckerberg 등이 투자한 바 있다. 이 인수로 Intrinsic은 시각 인식과 손재주 기술을 강화했다.

초기 고객사로는 자동차, 전자, 소비재 제조업체들이 있다. Intrinsic은 고객사 이름을 공개하지 않지만 여러 파일럿 프로젝트가 진행 중이라고 밝혔다. 특히 중소 제조업체들이 관심을 보인다. 이들은 로봇 도입을 원하지만 전문 인력 부족으로 어려움을 겪었는데 Intrinsic의 쉬운 인터페이스가 해법이 될 수 있다. Intrinsic의 비즈니스 모델은 아직 명확하지 않다. SaaS 구독인지 라이선스 판매인지 공개되지 않았다.

Intrinsic의 도전 과제는 경쟁이다. ABB, KUKA, FANUC 같은 기존 로봇 제조사들도 자체 소프트웨어 플랫폼을 개발하고 있고, Siemens, Rockwell Automation 같은 산업 자동화 대기업들도 비슷한 솔루션을 제공한다.

Intrinsic이 Foxconn과의 합작을 통해 상용화에 첫발을 내디뎠지만, 아직 대규모 배치 실적이 검증되지 않은 상황에서 수십 년간 산업 현장의 신뢰를 쌓아온 기존 강자들의 벽을 넘기란 쉽지 않다.

투자 관점에서 Intrinsic이 다시 Google에 합병되었으므로 Google의 모회사인 Alphabet 주식을 사는 것이 직접 투자 방법이다.

오픈소스 로봇 운영체제(ROS)의 역할

ROS(Robot Operating System)는 로봇 개발을 위한 오픈소스 프레임워크로, 실제로는 센서·액추에이터·알고리즘을 연결하는 미들웨어에 가깝다. 2007년 Stanford의 Willow Garage에서 시작되어 현재 Open Robotics 재단이 관리한다.

최대 장점은 모듈화와 재사용성이다. SLAM(지도 작성과 위치 인식) 같은 복잡한 알고리즘도 검증된 패키지를 다운받아 바로 사용할 수 있으며, 전 세계 개발자가 기여한 수만 개의 패키지가 생태계를 이룬다. Python, C++ 등 다양한 언어와 서로 다른 제조사의 하드웨어를 통합할 수 있어 연구실부터 산업 현장까지 널리 쓰인다.

MIT, Stanford, CMU 등 거의 모든 로봇 연구실이 ROS를 사실상 표준으로 사용하며, 산업계에서도 BMW 공장 로봇, Amazon 창고 로봇, NASA 화성 탐사 로봇 프로토타입 등에 채택이 늘고 있다. ROS-Industrial 프로젝트는 제조업 요구에 맞춘 확장판을 제공한다.

차세대 버전인 ROS 2는 기존의 실시간성·보안 약점을 보완했다. DDS 산업 표준 통신 프로토콜과 실시간 운영체제를 지원하며 보안 기능도 강화되었다. Tier IV가 주도하는 Autoware는 ROS 2 기반 오픈소스 자율주행 스택으로, 중소 제조사와 스타트업들이 자체 자율주행 시스템 개발에 활용한다.

주요 도구로는 로봇 팔의 장애물 회피 경로를 계산하는 모션 플래닝 라이브러리 MoveIt, 가상 환경에서 로봇을 테스트하는 시뮬레이터 Gazebo

가 있다. 다만 학습 곡선이 가파르고, 연구용 코드를 상용 제품화하려면 안정성·최적화를 위한 추가 작업이 많이 필요하다는 한계가 있다. ROS 자체는 오픈소스라 직접 투자 대상은 아니지만, 이를 활용하는 로봇 기업들의 개발 비용을 낮춰주므로 간접적으로 중요하다.

시뮬레이션 플랫폼: Isaac Sim, MuJoCo, Unity

로봇 개발에서 시뮬레이션은 필수적이다. 실제 로봇으로 모든 것을 테스트하면 시간과 비용이 너무 많이 든다. 로봇이 넘어져 부서지거나 사람을 다치게 할 위험도 있다. 시뮬레이션은 가상 환경에서 무한히 실험하고 실패할 수 있게 해준다. 강화학습처럼 수백만 번의 시행착오가 필요한 경우 시뮬레이션 없이는 불가능하다.

NVIDIA Isaac Sim은 Omniverse 플랫폼 기반의 로봇 시뮬레이터다. 물리 엔진 PhysX를 사용하여 중력, 마찰, 충돌, 유체 등을 실제와 거의 동일하게 시뮬레이션한다. 광선 추적(Ray Tracing)으로 조명과 그림자를 정확히 렌더링하여 카메라가 보는 장면도 현실적이다. 로봇이 시뮬레이션에서 학습한 것을 실제 환경에 그대로 적용할 수 있다.

Isaac Sim의 강력한 기능은 합성 데이터 생성이다. 로봇 학습에는 방대한 양의 데이터가 필요한데 실제로 수집하기 어렵다. Isaac Sim은 수백만 장의 이미지와 센서 데이터를 자동으로 생성한다. 다양한 조명, 각도, 배경에서 물체를 촬영한 데이터를 만들어 AI 모델 학습에 사용한다.

Amazon, BMW, Volvo 등이 Isaac Sim을 활용한다.

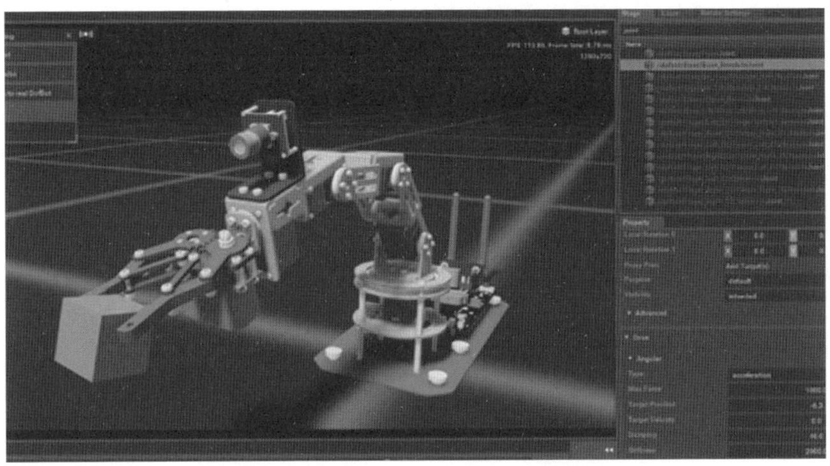

Isaac Sim에서 Dofbot 로봇을 제어하는 모습　(출처: NVIDIA 블로그)

MuJoCo는 DeepMind가 인수한 오픈소스 물리 시뮬레이터다. 원래 상용 소프트웨어였지만 2021년 DeepMind가 무료로 공개했다. 빠른 속도와 정확한 접촉 역학이 강점이다. 복잡한 관절 구조를 가진 로봇의 움직임을 효율적으로 시뮬레이션한다.

MuJoCo는 강화학습 연구에서 표준으로 쓰인다. OpenAI Gym의 많은 환경이 MuJoCo 기반이다. 로봇 팔이 물건을 잡거나 휴머노이드가 걷는 시뮬레이션을 몇 줄의 코드로 구현할 수 있다. 학계에서 알고리즘 벤치마크로 널리 사용된다.

Unity는 게임 엔진이지만 로봇 시뮬레이션에도 활용된다. Unity ML-Agents는 강화학습을 Unity 환경에서 수행할 수 있게 한다. 뛰어난

그래픽 성능으로 사실적인 3D 환경을 만들 수 있다. BMW는 Unity를 사용하여 공장 디지털 트윈을 구축하고 생산 라인을 시뮬레이션한다.

시뮬레이션과 실제 환경 사이의 차이(Sim-to-Real Gap)는 시뮬레이션의 가장 큰 과제다. 아무리 정교한 시뮬레이션도 현실을 완벽히 재현할 수는 없다. 마찰 계수, 공기 저항, 재료 탄성 등 수많은 변수가 있고 현실은 예측 불가능한 상황이 발생한다. 로봇이 시뮬레이션에서는 완벽하게 작동하지만 현실에서는 실패하는 경우가 많다.

환경 무작위화(Domain Randomization)는 이 문제를 완화하는 기법이다. 시뮬레이션에서 조명, 질감, 물체 크기, 센서 노이즈 등을 무작위로 변화시켜 학습하여 로봇이 다양한 조건에서 환경 변화에 잘 견디도록 만든다. OpenAI는 이 방법으로 로봇 손이 루빅스 큐브를 맞추게 했다.

투자 관점에서 시뮬레이션 플랫폼 자체는 일부는 무료이고 일부는 NVIDIA나 Unity 같은 대기업의 일부다. 직접 투자 대상은 아니지만 이들을 활용하는 로봇 기업들의 개발 속도를 좌우한다. NVIDIA는 시뮬레이션 플랫폼을 통해 생태계를 장악하려는 전략이므로 장기 투자자는 주목할 필요가 있다.

피지컬
AI가 온다

피지컬 AI 기술과
투자 지도

PART 3

피지컬 AI가
바꿀 미래

"인간과 로봇의 공존은 축복이자
또 다른 격변의 시작이다."

Chapter 12

일자리의 재편

어떤 직업이 사라질 것인가

피지컬 AI가 가장 먼저 대체할 직업은 반복적이고 육체적인 작업이다. 창고 작업자, 배송 기사, 공장 조립 라인 근로자, 청소원, 경비원 등이 여기에 속한다. 이들 직업은 정해진 패턴을 반복하며 복잡한 판단이 필요하지 않다. 로봇이 가장 쉽게 대체할 수 있는 영역이다.

McKinsey는 2030년까지 전 세계적으로 4억~8억 개의 일자리가 자동화로 사라질 수 있다고 전망한다.[*] 이 중 상당 부분이 피지컬 AI와 관련된

---

[*]   https://www.mckinsey.com/featured-insights/future-of-work/jobs-lost-jobs-gained-what-the-future-of-work-will-mean-for-jobs-skills-and-wages

다. 제조업에서는 조립, 용접, 도장, 검사 등의 작업이 로봇으로 전환된다. 이미 자동차 공장에서는 용접 작업의 90% 이상이 로봇이 수행한다.

물류 분야도 큰 변화를 겪는다. Amazon 창고에서는 로봇이 물건을 나르고 분류한다. 사람은 로봇이 가져온 물건을 피킹하는 역할만 한다. 향후 피킹마저 로봇이 하게 되면 창고 작업자의 대부분은 불필요해진다. 배송 기사도 자율주행 트럭과 드론으로 대체될 것이다. 미국 트럭 운전사는 약 350만 명인데 이들의 상당수가 10년 내 일자리를 잃을 수 있다.

음식 서비스업도 변화한다. 패스트푸드 체인은 이미 키오스크로 주문을 자동화했다. 다음 단계는 조리 로봇이다. Miso Robotics의 Flippy는 햄버거를 굽고 튀김을 튀긴다. White Castle, CaliBurger 같은 체인이 도입했다. 단순 조리 작업은 로봇이 더 일정한 품질을 낸다. 서빙도 로봇이 담당하기 시작했다. 한국과 중국 식당에서는 서빙 로봇이 흔해졌다.

건설 현장도 예외가 아니다. 벽돌 쌓기 로봇 SAM100은 하루에 3,000개의 벽돌을 쌓는다. 숙련공보다 3배 빠르다. 용접, 도장, 철근 배근 등도 로봇으로 자동화되고 있다. 위험하고 힘든 작업일수록 로봇 도입이 빠르다. 농업도 큰 변화를 겪는다. 수확 로봇이 과일과 채소를 딴다. Abundant Robotics의 사과 수확 로봇 등이 상용화되었다. 잡초 제거, 파종, 농약 살포도 자율주행 트랙터가 담당한다. 농업 노동력 부족 문제를 해결하지만 농업 노동자의 일자리는 줄어든다.

사무직도 안전하지 않다. 데이터 입력, 서류 정리, 간단한 고객 응대 등은 AI가 더 잘한다. 회계, 법률, 의료에서도 반복적인 업무는 자동화된다. 세무사가 세금 신고서를 검토하는 작업, 변호사가 판례를 찾는 작업, 방사

선과 의사가 X-ray를 판독하는 작업 등이 AI로 대체된다.

그러나 모든 직업이 사라지는 것은 아니다. 창의성, 공감 능력, 복잡한 문제 해결, 대인 관계가 중요한 직업은 여전히 사람이 필요하다. 예술가, 작가, 상담사, 간호사, 교사, 경영진 등은 AI가 쉽게 대체하지 못한다. 오히려 AI가 단순 업무를 처리하면서 사람은 더 가치 있는 일에 집중할 수 있다.

새로운 일자리의 탄생

피지컬 AI는 일자리를 없애는 동시에 새로운 일자리를 만든다. World Economic Forum은 2030년까지 9,200만 개의 일자리가 자동화와 AI로 인해 대체되지만, 1억 7,000만 개의 새로운 일자리가 창출되어 전체적으로는 순증가 될 것으로 예상한다.[*] 로봇 설계 엔지니어, AI 트레이너, 로봇 유지보수 기술자, 로봇 윤리 전문가 등 과거에는 존재하지 않던 직업들이 생긴다.

로봇 플릿[**] 관리자(Robot Fleet Manager)는 수십~수백 대의 로봇을 통합 관리한다. 창고에서 로봇들이 효율적으로 작동하도록 스케줄링하고 문제 발생 시 해결한다. 로봇 간 충돌을 방지하고 작업 부하를 분산시킨다. 이는 기존의 물류 관리자가 진화한 형태다.

---

[*]　　https://www.weforum.org/publications/the-future-of-jobs-report-2025/
[**]　　플릿(fleet)은 여러 대의 로봇을 하나의 집합으로 묶어 중앙에서 통합적으로 제어·모니터링·운영하는 것을 의미한다.

AI 트레이너는 로봇에게 새로운 작업을 가르친다. 강화학습 시뮬레이션을 설정하고 보상 함수를 설계한다. 로봇이 학습한 결과를 평가하고 개선한다. 프로그래밍 지식과 도메인 전문성을 모두 가져야 한다. 예를 들어 수술 로봇 트레이너는 의학 지식과 AI 지식을 겸비해야 한다.

데이터 라벨러와 시뮬레이션 디자이너도 증가한다. AI 학습에는 방대한 양의 라벨링된 데이터가 필요하다. 이미지에서 물체를 표시하고 로봇 동작에 주석을 다는 작업이다. 시뮬레이션 환경을 구축하는 디자이너도 필요하다. 가상 공장, 가상 도시를 만들어 로봇을 학습시킨다.

로봇 커스터마이제이션 전문가는 고객 맞춤형 로봇을 설계한다. 기업마다 작업 환경과 요구사항이 다르므로 표준 로봇을 수정하고 특수 그리퍼나 센서를 추가한다. 이는 기술 영업과 엔지니어링을 결합한 역할이다.

전체적으로 새 일자리는 고숙련, 고임금 직종이 많다. 반면 사라지는 일자리는 저숙련, 저임금이다. 이는 소득 불평등을 심화시킬 수 있다. 교육과 재훈련 시스템이 중요한 이유다.

▎ 노동 시장의 구조적 변화

피지컬 AI는 노동 시장의 구조 자체를 바꾼다. 과거 산업혁명이 농업 사회를 공업 사회로 전환시켰듯이 AI 혁명은 공업 사회를 지식 사회로 전환시킨다. 이 과정에서 단기적으로는 혼란과 실업이 발생하지만 장기적으로는 새로운 균형에 도달한다.

첫 번째 변화는 숙련도 양극화다. 중간 숙련 일자리가 사라지고 고숙련과 저숙련으로 나뉜다. 로봇 엔지니어 같은 고숙련 직종은 수요가 증가하고 임금이 오른다. 반면 단순 육체 노동은 로봇으로 대체된다. 남는 것은 로봇이 못하는 저숙련 서비스직이다. 노인 돌봄, 청소, 접객 등은 여전히 사람이 필요하지만 임금은 낮다.

두 번째는 단기·계약 중심 노동의 확산이다. 정규직이 줄고 프리랜서, 계약직, 파트타임이 증가한다. 로봇이 대부분의 작업을 처리하고 사람은 필요할 때만 투입된다. Uber 기사처럼 플랫폼을 통해 일감을 받는 형태가 많아진다. 고용 안정성은 떨어지지만 유연성은 높아진다.

세 번째는 업무 시간 단축이다. 로봇이 생산성을 높이면서 같은 산출량을 더 적은 인력으로 달성한다. 일부 국가에서는 주 4일 근무제를 도입한다. 아이슬란드와 벨기에는 이미 시범 운영 중이다. 사람들은 더 적게 일하고 여가와 자기 개발에 시간을 쓴다.

네 번째는 기본소득 논의다. 로봇이 생산하는 부를 사회 전체가 나눠 가져야 한다는 주장이 힘을 얻는다. 일자리를 잃은 사람들에게 최소한의 생계를 보장한다. 핀란드, 캐나다, 케냐 등에서 기본소득 실험이 진행되었다. 결과는 엇갈리지만 논의는 계속된다.

다섯 번째는 평생 교육의 필수화다. 한 가지 기술로 평생 일하는 시대는 끝났다. 10년마다 새로운 기술을 배워야 한다. 정부와 기업은 재교육 프로그램에 투자한다. 온라인 교육 플랫폼이 활성화되고 단기 전문 자격이 확산된다.

로봇 트레이너의 딜레마
배신자인가, 혁신가인가

휴머노이드 로봇이 AI를 장착했다고 해서 곧바로 일을 할 수 있는 것은 아니다. 휴머노이드 로봇이 공장에 배치되면 누군가는 그들을 가르쳐야 한다. 조립 라인의 미묘한 힘 조절, 불량품을 구별하는 감각, 예상치 못한 상황에 대처하는 요령 같은 것은 매뉴얼에 없다. 오랜 경력의 숙련공만이 아는 노하우다. 기업들은 이 지식을 로봇에게 옮기기 위해 숙련 노동자를 '로봇 트레이너'로 지목한다.

하지만 작업장의 분위기는 차갑다. 로봇 트레이너는 매일 아침 동료들의 시선을 감내해야 한다. "저 사람이 우리 일자리를 기계에게 넘기고 있어." 휴게실에서 대화가 뚝 끊기고, 점심시간엔 혼자 앉게 된다. 어제까지 함께 맥주를 마시던 동료는 이제 '기계 제국의 앞잡이'를 바라보는 눈빛이다. 가족을 먹여 살리기 위한 선택이었지만, 그것이 다른 가족들의 생계를 위협한다는 죄책감은 지울 수 없다.

그러나 냉정하게 보면 선택지는 많지 않다. 휴머노이드 로봇의 공장 배치는 이미 결정된 미래다. BMW는 Figure AI 로봇을, 현대차는 Boston Dynamics Atlas를 배치할 것이다. 한 사람이 거부한다고 멈출 물결이 아니다. 오히려 문제는 이렇게 물어야 한다. "어떤 방식으로 로봇이 도입되느냐." 제대로 교육받지 못한 로봇은 불량률을 높이고 안전사고를 일으킨다. 그 피해는 결국 남아있는 노동자들에게 돌아간다.

일부 기업들은 새로운 모델을 실험하고 있다. 로봇 도입으로 늘어난 생산성의 일부를 노동자 재교육과 전직 지원에 투자하는 것이다. 조립공에서 로봇 유지보수 기술자로, 품질관리 담당자로, 공정 디자이너로 전환하는 경로를 만든다. 로봇 트레이너는 단순히 자신의 일자리만 지키는 게 아니라, 이런 전환 프로그램을 설계하고 동료들을 이끄는 역할을 할 수 있다. "나만 살겠다고 한 게 아니라, 우리 모두가 새로운 역할을 찾도록 다리를 놓았다"고 말할 수 있는 날이 올까.

로봇 트레이너는 배신자가 아니다. 변화의 최전선에 선 사람이다. 그가 마주한 딜레마는 개인의 문제가 아니라 우리 사회 전체가 답해야 할 질문이다.

여섯 번째는 노동조합의 변화다. 전통적인 제조업 노조는 약화되고 새로운 형태의 노동자 단체가 생긴다. 프리랜서와 단기·계약 노동자들이 연대하여 플랫폼 기업에 권리를 요구한다. 로봇세(Robot Tax) 도입을 주장하기도 한다. 로봇이 사람 일자리를 빼앗으면 기업이 세금을 내야 한다는 논리다.

이러한 변화는 모든 국가에서 동일하게 일어나지 않는다. 사회 안전망이 튼튼한 북유럽은 부드럽게 전환할 수 있지만 안전망이 약한 개발도상국은 큰 혼란을 겪을 수 있다. 정부의 역할이 중요하다. 교육, 복지, 규제를 통해 전환을 관리해야 한다.

인간 – 로봇 협업의 미래상

완전 자동화가 아닌 인간-로봇 협업이 더 현실적인 시나리오다. 로봇이 반복적이고 힘든 일을 맡고 사람은 판단과 조정을 담당한다. 이는 서로의 강점을 결합하여 최고의 성과를 낸다.

제조 현장에서는 협동로봇(Cobot)이 사람 옆에서 일한다. 무거운 부품을 들어 올리고 정확한 위치에 고정하는 것은 로봇이 한다. 사람은 복잡한 배선 연결이나 품질 검사를 한다. BMW 공장에서 작업자는 로봇 팔이 자동차 문을 들어 올리면 힌지를 조립한다. 로봇 없이는 혼자서 무거운 문을 다룰 수 없고 로봇 혼자서는 섬세한 조립을 못한다. 협업으로 둘 다 가능하다.

수술실에서는 의사가 로봇을 조종한다. 다빈치 수술 로봇이 대표적이다. 의사의 손 떨림을 제거하고 정밀도를 높인다. 그러나 판단은 의사가 한다. 어디를 절개할지, 얼마나 깊이 들어갈지, 예상치 못한 출혈에 어떻게 대응할지는 사람만이 결정할 수 있다.

농장에서는 농부가 자율주행 트랙터를 감독한다. 트랙터가 밭을 갈고 파종하는 동안 농부는 태블릿으로 진행 상황을 모니터링한다. 문제가 생기면 개입한다. 작물의 건강 상태를 판단하고 수확 시기를 결정하는 것은 여전히 농부의 경험과 지식이 필요하다.

물류 창고에서는 사람과 로봇이 구역을 나눠 작업한다. 로봇은 무거운 박스를 나르고 사람은 깨지기 쉬운 물건을 다룬다. 로봇이 가져온 선반에서 사람이 필요한 물건을 고른다. Amazon의 하이브리드 시스템이 이런 방식이다.

고객 서비스에서도 협업이 일어난다. 챗봇이 1차 응대를 하고 복잡한 문제는 사람에게 넘긴다. 고객은 빠른 응답과 개인화된 서비스를 모두 받는다. 로봇은 24시간 대기하며 단순 질문에 답하고 사람은 중요한 고객에게 집중한다.

효과적인 협업을 위해서는 인터페이스가 중요하다. 로봇이 무엇을 하고 있는지 사람이 이해해야 한다. AR 고글이나 대시보드를 통해 로봇의 상태와 의도를 시각화한다. 사람의 제스처나 음성으로 로봇에게 지시를 내린다. 자연스러운 소통이 가능해야 협업이 원활하다.

신뢰 구축도 필수다. 사람들은 로봇이 실수할까봐 불안해한다. 로봇의 신뢰성을 입증하고 한계를 명확히 해야 한다. 로봇이 확신이 없을 때는 사람에게 물어보도록 설계한다. 투명성이 신뢰를 만든다.

　장기적으로 인간-로봇 협업은 당연한 것이 된다. 마치 지금 사람들이 컴퓨터와 협업하는 것처럼 로봇은 도구이자 동료가 된다. 중요한 것은 기술이 사람을 대체하는 것이 아니라 증강한다는 인식이다. 로봇은 사람의 능력을 확장하고 한계를 극복하게 돕는다. 이것이 피지컬 AI가 그려가는 미래의 일터다.

Chapter 13

가정 속으로 들어오는 로봇

요리, 청소, 빨래: 가사노동의 재정의

가정용 로봇은 피지컬 AI의 궁극적인 목표다. 산업용 로봇이 수십억 달러 시장이라면 가정용 로봇은 수조 달러 시장이다. 전 세계 20억 가구가 잠재 고객이다. 그러나 가정은 공장보다 훨씬 복잡하다. 각 집마다 구조가 다르고 물건 배치가 다르며 예측 불가능한 상황이 발생한다.

로봇 청소기는 가정용 로봇의 선구자다. iRobot의 Roomba는 2002년 출시 이후 전 세계에 4,000만 대 이상 판매되었다. 초기 모델은 무작위로 돌아다니며 청소했지만 최신 모델은 집 안 지도를 만들고 효율적인 경로로 청소한다. LiDAR와 카메라로 장애물을 피하고 카펫과 마루를 구분하여 흡입력을 조절한다.

　한국의 삼성전자와 LG전자도 로봇 청소기 시장에서 강세다. 삼성 Bespoke Jet Bot AI는 AI 물체 인식으로 양말, 전선, 애완동물 배설물을 피한다. LG AI 로보킹은 자동 주행·자동 집진·자동 충전 기능을 갖추고 있으며, 집 안 전체를 지도로 스캔한 뒤 효율적으로 경로를 짜서 청소한다.

　청소 로봇의 다음 단계는 물걸레 로봇이다. Roborock S8 Pro Ultra는 진공 청소와 걸레질을 동시에 한다. 스스로 물을 채우고 걸레를 세척하며 건조시킨다. 사람의 개입이 거의 필요 없다. 다만 가격이 1,500달러 이상으로 비싸 보급이 제한적이다.

　요리 로봇은 아직 초기 단계다. Moley Robotics는 2015년 세계 최초 로봇 주방을 공개했다. 두 개의 로봇 팔이 사람처럼 칼질하고 볶고 접시에 담는다. 유명 셰프의 레시피를 학습하여 똑같이 재현한다. 그러나 가격이 25만 달러로 일반 가정에는 불가능하다. 아직 부자들의 장난감 수준이다.

　더 현실적인 접근은 특정 요리에 특화된 기기다. Thermomix는 재료를 넣으면 자동으로 요리하는 만능 조리기다. 엄밀히 로봇은 아니지만 자동화의 한 형태다. 밥솥, 에어프라이어, 커피 머신 등이 점점 똑똑해지고 있다. 향후 이들이 통합되어 주방 전체가 하나의 로봇 시스템이 될 수 있다.

빨래 로봇은 더 어렵다. 옷의 재질, 색상, 오염 정도가 천차만별이다. 접는 것은 특히 복잡하다. FoldiMate는 옷을 자동으로 접는 기계를 개발했지만 2021년 사업을 중단했다. 기술적으로는 가능하지만 가격과 크기가 문제였다. 일본의 Seven Dreamers도 빨래 접기 로봇 Laundroid를 만들었다가 실패했다.

대신 세탁기와 건조기가 진화하고 있다. LG의 AI DD 세탁기는 옷감을 인식하여 최적의 세탁 방식을 선택한다. 삼성 Bespoke AI 건조기는 옷의 종류에 따라 온도와 시간을 조절한다. 완전 자동은 아니지만 사람의 판단을 대신한다.

가사 업무 자동화 비교

가사 업무	자동화 수준	주요 제품	가격대	보급률
청소	높음	Roomba, Roborock, 삼성 Jet Bot	$300~$1,500	선진국 20~30%
설거지	중간	식기세척기(로봇 아님)	$500~$2,000	선진국 60~70%
빨래	낮음	AI 세탁기/건조기	$800~$3,000	거의 100%(세탁기)
요리	매우 낮음	Moley(시제품)	$250,000	1% 미만
정리정돈	매우 낮음	연구 단계	미정	0%

설거지는 이미 자동화되었다. 식기세척기가 그 역할을 한다. 문제는 식

기를 넣고 빼는 것이다. 이를 자동화하려면 로봇 팔이 필요하다. 아직 상용 제품은 없지만 연구는 진행 중이다. 식탁을 치우고 설거지까지 하는 로봇이 나올 날도 멀지 않았다.

정리 정돈 로봇도 개발되고 있다. Preferred Networks는 일본에서 집안을 정리하는 로봇을 개발한다. 바닥에 떨어진 물건을 집어 올려 제자리에 놓는다. 장난감, 책, 옷을 구분하여 정리한다. 그러나 집마다 수납 위치가 다르므로 학습이 필요하다.

가사 로봇의 최대 난제는 손재주다. 달걀 프라이를 뒤집거나 과일을 깎거나 양말을 뒤집는 것은 사람에게는 쉽지만 로봇에게는 어렵다. 촉각 센서와 정밀 제어 기술이 발전해야 가능하다. 2030년대에는 대부분의 가사가 로봇으로 자동화될 것이라는 전망이 많지만 실현 여부는 지켜봐야 한다.

노인 돌봄과 장애인 보조

고령화 사회에서 돌봄 로봇은 필수가 되고 있다. 한국은 2025년 고령 인구 비율이 20%를 넘어 초고령 사회에 진입했다. 일본은 이미 29%에 달한다. 돌봄 인력 부족이 심각한 문제다. 로봇이 부분적인 해법이 될 수 있다.

일본은 돌봄 로봇 개발에 가장 적극적이다. Paro는 물개 모양의 치료 로봇으로 치매 환자를 진정시킨다. 부드러운 털과 센서로 사람의 터치에 반응한다. 환자가 쓰다듬으면 소리를 내고 눈을 깜빡인다. 연구 결과 Paro

와의 상호작용이 환자의 스트레스를 줄이고 약물 사용을 감소시킨다.

Pepper는 Softbank Robotics가 만든 휴머노이드 로봇이다. 요양원에서 노인들과 대화하고 간단한 게임을 한다. 약 먹을 시간을 알려주고 운동을 권유한다. 감정 인식 AI로 노인의 기분을 파악하여 적절히 반응한다. 그러나 실용성이 제한적이고 가격이 비싸 널리 보급되지 못했다.

더 실용적인 접근은 보행 보조 로봇이다. 혼다의 Walking Assist는 허리에 착용하는 외골격 로봇으로 걸을 때 다리를 지지한다. 무릎과 고관절에 힘을 보태 노인이 더 멀리 걸을 수 있게 한다. 재활 치료에도 사용된다. 뇌졸중 환자가 걷는 연습을 할 때 로봇이 도와준다.

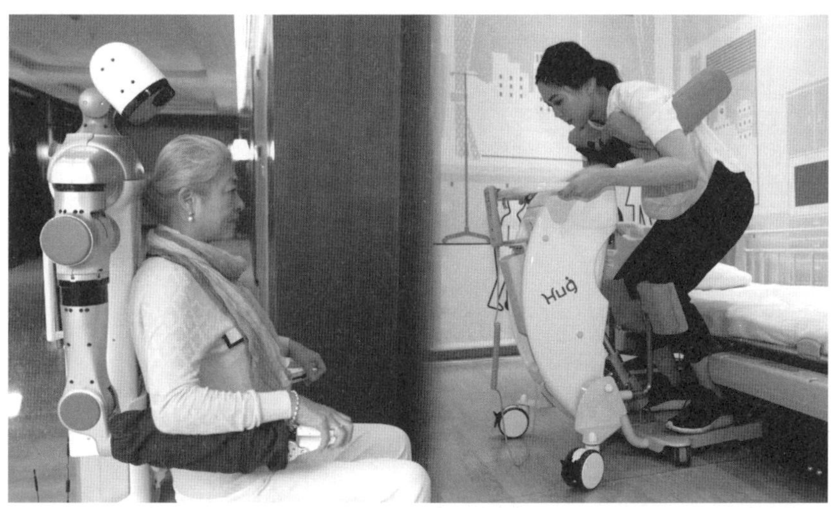

거동 불편 노인 및 고독한 노인을 위해 설계된 상하이 로봇짐(Shanghai Robotgym)의
Q1 케어 로봇(좌)와 일본 FUJI CORPORATION의 돌봄 로봇(우)
(출처: XRoboHub와 FUJI FUJI_Hug 유튜브 캡처)

일어서기 보조 로봇도 있다. Robear는 곰 모양의 로봇으로 침대에서 휠체어로 환자를 옮긴다. 간병인의 허리 부담을 크게 줄인다. 환자를 안전하게 들어 올리려면 정교한 힘 제어가 필요한데 Robear는 촉각 센서로 이를 구현한다.

시각장애인을 위한 안내 로봇도 연구된다. 안내견을 대체할 수 있는 로봇 개다. 카메라와 라이다로 장애물을 감지하고 안전한 경로를 안내한다. 신호등, 계단, 문턱을 인식하여 음성으로 알려준다. 아직 안내견만큼 신뢰할 수 있는 수준은 아니지만 발전하고 있다.

청각장애인을 위한 수화 통역 로봇도 가능하다. 카메라로 수화를 인식하여 음성으로 변환하거나 그 반대로 한다. 소통의 장벽을 낮춘다. 일본의 Yamaha는 수화 통역 로봇 시제품을 공개했다.

휠체어 자체도 스마트해지고 있다. 자율주행 휠체어는 음성 명령으로 목적지를 말하면 스스로 이동한다. 장애물을 피하고 엘리베이터를 타며 문을 연다. WHILL은 자율주행 휠체어를 공항에 공급하고 있다.

원격 돌봄 시스템도 중요하다. 집에 센서와 카메라를 설치하여 노인의 활동을 모니터링한다. 넘어지거나 이상 징후가 감지되면 가족이나 의료진에게 알린다. 로봇이 정기적으로 건강 상태를 체크한다. 혈압, 체온, 산소포화도를 측정하여 기록한다.

그러나 돌봄 로봇의 한계도 있다. 로봇은 공감과 따뜻함을 줄 수 없다. 노인들은 기계보다 사람과의 교류를 원한다. 로봇은 보조 수단이지 완전한 대체재는 아니다. 인력 부족을 완화하고 간병인의 부담을 줄이는 역할에 집중해야 한다.

윤리적 문제도 있다. 노인을 로봇에게 맡기는 것이 옳은가. 존엄성을 해치는 것은 아닌가. 가족의 책임을 방기하는 것은 아닌가. 이러한 질문에 답하며 기술을 발전시켜야 한다. 로봇은 도구일 뿐 돌봄의 본질인 인간적 관계를 대신할 수 없다.

노인 케어 로봇 비교

로봇 유형	주요 기능	적용 대상	상용화 단계
치료 로봇	정서적 안정, 치매 치료	치매 환자	상용화
대화 로봇	일상 대화, 알림	노인 전반	제한적 보급
보행 보조	걷기 지원	거동 불편 노인	상용화
이송 로봇	환자 옮기기	요양 시설	시범 운영
재활 로봇	물리치료 보조	재활 환자	의료기관 보급

일론 머스크의 유토피아는 오지 않는다.
기술 혁명과 부의 집중, 그 반복되는 역사

일론 머스크가 그리는 미래: 노동 없는 풍요의 시대

일론 머스크는 "AI와 로봇 기술이 충분히 발전하면 돈조차 관련성이 없어질 수 있다"라며, "빈곤을 제거하고 지속 가능한 풍요를 이끌 수 있다"라고 주장했다.

이는 매우 매력적인 비전이다. 로봇이 모든 노동을 대신하고, 인류는 창조적이고 의미 있는 활동에만 집중하며, 물질적 결핍 없이 살아갈 수 있는 세상. 누구나 한 번쯤 꿈꿔봤을 법한 유토피아다. 그러나 인류의 역사를 돌이켜보면, 이러한 낙관적 전망은 근거가 매우 희박하다. 기술이 발전할 때마다 생산성은 폭발적으로 증가했지만, 그 혜택은 결코 평등하게 분배되지 않았다. 오히려 부는 더욱 소수에게 집중되었고, 대다수는 여전히 생존을 위해 일해야 했다. 피지컬 AI 시대도 예외가 아닐 것이다.

역사는 반복된다

제1차 산업혁명: 1770년부터 1830년까지 면사 생산성이 200배 증가했지만, 1780~1850년 영국 노동자들의 실질 임금은 오히려 하락했다. 1인당 GDP는 2배 증가했으나 노동자들은 혜택을 받지 못했다. 상위 1%의 소득 점유율은 25%에서 30%로 상승했고, 노동자들은 하루 12~16시간 일했다.

제2차 산업혁명: 1870~1913년 미국 1인당 GDP는 2.5배 증가했지만, 록펠러·카네기 같은 소수가 산업을 독점했다. 1890년대 상위 1%가 부의 50% 이상을 보유했다. 노동자들은 여전히 주 60시간 이상 일했고, 1911년 트라이앵글 공장 화재처럼 참혹한 노동환경에 시달렸다.

정보혁명: 1980~2020년 미국 노동생산성은 80% 증가했으나 중위 임금은 15%만 올랐다. 나머지는 자본 소유자에게 갔다. 상위 1%의 소득 점유율은 10%에서 20%로 두 배가 되었다. 5대 IT 기업의 시총은 9조 달러지만 고용은 과거보다 훨씬 적다.

왜 기술은 평등을 가져오지 못하는가

생산수단 소유__방직기·공장·알고리즘을 소유한 자가 부를 독점했다. 피지컬 AI 시대에도 휴머노이드 로봇과 AI 시스템을 소유한 자가 로봇이 생산한 가치를 가져갈 것이다.

자본 수익률 > 성장률__피케티의 분석처럼 자본 수익률(4~5%)이 경제성장률(1~2%)을 초과한다. 자본을 가진 자의 부는 기하급수적으로 증가하고, 격차는 벌어진다. 기술혁명은 자본 수익률을 더욱 높여 격차를 심화시킨다.

로봇 소유권__Tesla가 100만 대의 Optimus를 생산하면, 그 가치는 Tesla 주주들에게 돌아간다. 하지만 로봇으로 대체된 노동자에게는 아무것도 없다. 보편적 기본소득이 대안처럼 보이지만, 로봇 소유자들이 높은 세율을 받아들일까? 역사는 그렇지 않다고 말한다.

자본주의의 본질__기업이 AI와 로봇에 투자하는 이유는 인류 행복이 아니라 이윤 극대화다. 20세기 중반의 상대적 평등은 기술 때문이 아니라 강력한 노동조합, 높은 세율, 복지국가 덕분이었다. 정치적 투쟁이 분배를 결정한다.

머스크의 '노동 없는 풍요'는 실현된 적 없는 환상이다. 세 차례 기술혁명 모두 생산성은 폭증했지만 혜택은 소수에게 집중되었다. 피지컬 AI 시대도 다르지 않을 것이다. 로봇 소유자는 천문학적 부를 축적하고, 대다수는 최소한의 기본소득에 의존하게 될 것이다.

기술 자체는 평등을 가져오지 않는다. 평등은 정치적 투쟁과 사회적 합의를 통해서만 달성된다. 피지컬 AI 시대가 풍요를 가져올지, 전례 없는 불평등을 가져올지는 기술이 아니라 우리의 선택이 결정할 것이다.

Chapter 14

산업·의료·국방 분야의 피지컬 AI

산업 현장의 대전환

스마트 팩토리의 진화

스마트 팩토리는 피지컬 AI가 가장 먼저 적용되는 영역이다. 공장은 구조화된 환경이고 투자 대비 효과가 확실하다.

한국의 GS칼텍스는 정유 공장에 AI를 도입하여 큰 성과를 냈다. 정유 공정은 온도, 압력, 유량 등 수백 개의 변수를 조절해야 한다. 숙련 엔지니어의 경험에 의존했지만 AI가 이를 최적화한다. 강화학습 알고리즘이 수백만 번의 시뮬레이션을 통해 최적 조건을 찾아낸다. 결과는 놀라웠다. 연료비가 20% 절감되고 온실가스 배출이 15% 감소했다. 연간 수백억 원의 비용 절감 효과다.

HD현대미포는 조선소에 AI 로봇 용접 검사 시스템을 도입했다. 선박 건조에는 수십만 개의 용접이 필요하다. 과거에는 사람이 일일이 육안 검사하고 X-ray 촬영을 했다. 시간이 오래 걸리고 숙련공이 필요했다. AI 비전 시스템은 카메라로 용접부를 촬영하여 결함을 자동 감지한다. 검사 시간이 12.5% 단축되었고 정확도도 향상되었다. 위험한 높은 곳이나 좁은 공간의 검사도 로봇이 담당한다.

핵심 기술은 디지털 트윈과 예측 유지보수다. 실제 공장을 가상으로 복제하여 시뮬레이션하고, AI가 기계 고장을 사전 예측한다. BMW는 디지털 트윈으로 설계 시간을 30% 단축했다. 과제는 초기 투자 비용과 기술 인력 부족이다. 중소기업은 수억~수십억 원의 설비 도입이 어렵고, 로봇 유지보수 엔지니어 확보도 쉽지 않다. 사이버 보안도 중요한데, 공장 전체가 네트워크로 연결되면 해킹 위험이 커진다.

AI·로봇 제조 성과 비교

기업	적용 분야	AI/로봇 기술	성과
GS칼텍스	정유 공정	강화학습 공정 최적화	연료비 20% 절감 (AI 플랫폼 개발 중)
HD현대미포	조선 용접 검사	AI 비전, 로봇 검사	검사시간 12.5% 단축 (실제 AI 용접 시스템 운영)
지멘스 암베르크	산업용 제어기	자동화율 75%, AI 품질검사	불량률 0.001% (실제 12ppm 수준)
Tesla 기가팩토리	전기차 생산	완전 자동화 라인	분당 1대 생산(상하이 공장 95% 자동화, 30초/대)
화웨이 동관 공장	5G 장비	무인 자동화	탄소배출 50% 감소 (실제 90% 수준 달성)

물류와 유통의 혁명

Amazon은 75만 대 이상의 로봇을 배치했다. 로봇이 선반을 들어 작업자에게 가져와 효율을 25% 높였다. 중국 JD.com은 완전 무인 창고를 운영하며 분당 수백 개 주문을 99.9% 정확도로 처리한다.

자율주행 배송도 시작됐다. Nuro의 소형 배송 로봇은 미국에서 식료품을 배송하고, Amazon Prime Air는 드론으로 30분 내 배송을 목표로 한다. Starship 로봇은 대학 캠퍼스와 주택가에서 수백만 건의 배송을 완료했다.

최대 수혜자는 소비자지만 일자리 감소는 불가피하다. 미국 물류업 종사자 600만 명 중 상당수가 10년 내 대체될 수 있다. 전기 배송 로봇은 탄소 배출을 줄이지만 포장재 쓰레기는 증가한다.

가까운 미래의 배달 상상도. Boston Dynamics의 Atlas는 산업용으로 개발될 계획이므로 당장 배달에 투입되지는 않을 것이지만 상상은 자유다. (출처: 유튜브 @Airobots-i1z 캡처)

건설과 광업: 위험한 작업 현장에서

벽돌 쌓기 로봇 SAM100은 하루 3,000개로 숙련공의 3배 속도다. 호주 FBR의 Hadrian X는 하루에 단독주택 한 채 분량의 벽돌을 쌓는다. 덴마크 COBOD는 3D 프린팅으로 콘크리트 건물을 짓는다.

Rio Tinto는 호주 광산에서 130대 이상의 무인 트럭을 24시간 운영하며 생산성을 15% 높였다. 사고율도 크게 낮아졌다. 드론은 건설 현장을 촬영해 3D 모델을 만들고 진행 상황을 실시간 파악한다.

과제는 험난한 환경과 높은 비용이다. 먼지, 진동, 온도 변화가 심하고 지하에서는 GPS가 작동하지 않는다. 건설·광업은 마진이 낮아 비싼 로봇 도입이 부담스럽다. 전환 과정에서 많은 노동자가 일자리를 잃어 사회 안전망과 재취업 지원이 필요하다.

의료와 공공 서비스

AI 수술 로봇

글로벌 수술 로봇 시장은 2021년 약 50억 달러에서 2030년 200억 달러로 성장할 전망이다(연평균 18% 성장).

Intuitive Surgical의 다빈치 시스템은 수술 로봇의 표준이다. 전립선, 자궁, 심장 수술 등에서 최소 침습으로 환자의 회복 시간을 크게 단축시킨다. 기존 개복 수술은 입원 기간이 12주였지만 로봇 수술은 23일로 줄어든다. 통증이 적고 흉터도 작다. 의료비 절감 효과도 크다.

큐렉소(한국)는 인공관절 수술을 정밀하게 지원하는 정형외과 수술로봇 'CUVIS-Joint'를 개발·상용화했다. 수술 전 3D 영상 기반 계획과 실시간 위치 추적 기술을 통해 절삭 오차를 줄이고, 수술의 정확도와 재현성을 높이는 것이 특징이다.

과제는 비용과 접근성이다. 첨단 로봇은 150만~250만 달러로 의료 불평등을 심화시킬 수 있다. AI 실수 시 책임 소재도 불명확하다.

재활 로봇

엔젤로보틱스(한국)는 의료 재활 웨어러블 로봇을 제조하는 대표 기업으로 코스닥에 상장되어 있다. 하지 불완전·완전 마비 환자용 웨어러블 보행 재활 로봇 M20은 착용자의 보행 의도를 감지해 보조력을 제공하며, 20단계 보조·6가지 훈련 모드(서기·앉기·보행·계단·스쿼트 등)를 지원한다.

큐렉소(한국)의 재활 로봇인 모닝워크는 뇌졸중이나 척수손상 환자의 보행 훈련을 돕는다. 장비는 환자의 체중을 지지하면서 반복적이고 정밀한 보행 패턴 훈련을 가능하게 한다. 정량화된 데이터 기반 훈련을 통해 치료 효율과 안전성을 동시에 높이는 것이 특징이다.

네오펙트(한국)의 라파엘 스마트 글러브는 손 기능 회복을 위한 센서 기반 재활 장치이다. 이 장치는 게임형 콘텐츠와 연동되어 환자의 자발적 참여를 유도한다. 사용자의 움직임 데이터를 분석해 맞춤형 훈련 프로그램을 제공하는 것이 강점이다.[*]

---

[*]   큐렉소와 네오펙트 모두 코스닥에 상장되어 있다. 네오펙트의 주가는 1,000원 이하라서 투자 주의가

코스모로보틱스(코스닥 상장 추진)는 영유아·청소년·성인 재활용 웨어러블 로봇과 산업용 웨어러블 로봇을 생산한다. EA2 Pro는 지면보행형 웨어러블 재활 로봇으로 보행 시 발목의 움직임을 최적화하여 더욱 자연스럽고 효율적인 보행 훈련이 가능하도록 설계되었다.

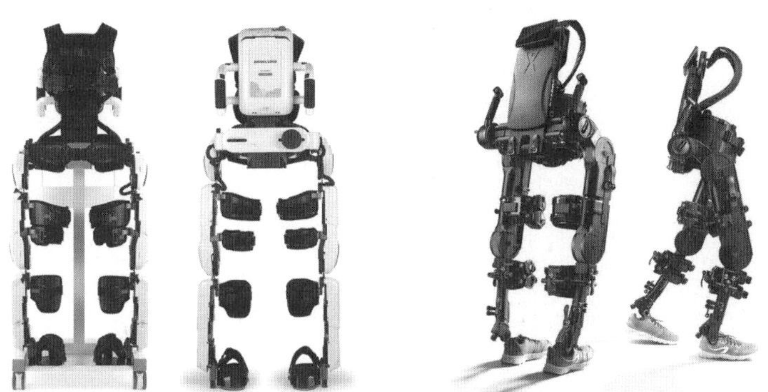

엔젤로보틱스의 재활 로봇 M20(좌)**과 코스모로보틱스 재활 로봇 EA2 Pro**(우)

한편, 한국의 재활 로봇 전문 기업들이 휴머노이드 시장으로 사업 영역을 확장하고 있다. 초기에 '반휴머노이드(상체만 있거나 특정 작업 특화)'로 시작해 기술 검증 후 완전체로 진화하는 전략을 취하고 있다.

티로보틱스(한국)는 뇌졸중 환자의 초기 보행 운동 능력 회복을 위한 트레드밀·지면 보행 보조 로봇 Healbot-T·Healbot-G로 보행 재활 시장에서 입지를 다진 뒤, 산업·재활·물류·헬스케어를 아우르는 휴머노이드 로봇 개발을 위해 'K-휴머노이드 연합'에 참여하고 있다. 자사의 자율주행

필요하다.

물류 로봇(AMR) 플랫폼과 로봇 제어·제작 기술을 활용해 산업 현장에 바로 투입 가능한 실용형 휴머노이드 로봇을 개발 중이다

위로보틱스(한국)는 보행 보조 웨어러블 로봇 'WIM' 시리즈에서 쌓은 기술을 기반으로, 범용 휴머노이드 하드웨어 플랫폼 '알렉스'를 개발하고 있다. 2족 보행 연구용 플랫폼과 힘 제어·고자유도 제어 기술을 통해 2족 보행 제어 분야에서 높은 전문성을 확보하고 있다.

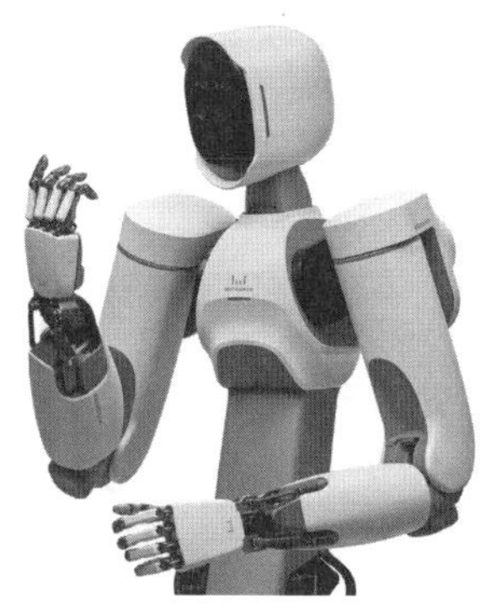

**재활 로봇 기업에서 휴머노이드 기업으로 진화하는
위로보틱스의 상반신 휴머노이드 알렉스(ALLEX)**

재난 구조

Boston Dynamics Spot은 붕괴 건물을 탐색하고 생존자를 찾는다. 2023년 튀르키예 대지진에서 투입되어 여러 생존자 구출에 기여했다. 후쿠시마 원전 사고에서는 iRobot의 PackBot이 방사능 지역을 탐색했다.

DJI 드론은 열화상 카메라로 생존자를 찾고 구명조끼를 투하한다. Thermite RS3 소방 로봇은 높은 온도 속에서 선제 진압하며, Bluefin

Robotics의 수중 로봇은 선박 침몰 시 해저를 탐색한다.

과제는 신뢰성과 통신이다. 극한 환경에서 로봇이 고장 나면 방해가 되고, 지하에서는 GPS와 무선 신호가 안 닿는다. 배터리 수명도 몇 시간 이상 필요한데 현재 기술로는 부족하다.

노인 요양

일본 Paro(물개 로봇)는 치매 환자에게 정서적 안정을 준다. 연구 결과 스트레스 호르몬이 감소하고 우울증이 개선되었다. Pepper는 노인과 대화하고 약 복용을 알린다.

Toyota HSR은 물건을 집어주고, Robear는 환자를 침대에서 휠체어로 옮긴다. Obi는 식사 보조를 하고, 배회 감지 시스템은 치매 환자의 사고를 예방한다. 로봇과 함께 지내면 외로움을 감소할 수 있으나, 로봇은 따뜻함과 공감을 줄 수 없다. 장기적으로는 로봇이 무거운 짐을 들고 간병인은 정서적 지원을 제공하는 협업 모델이 이상적이다.

군사·국방과 피지컬 AI

무인 전투 로봇

미국 국방부는 Replicator 프로그램으로 2년 내 수천 대의 저가 자율 무기를 배치하려고 한다. 에스토니아 Milrem의 THeMIS는 기관총·대전차 미사일을 탑재하며, 이스라엘 Elbit의 Border Protector는 국경을 경비한다.

가장 논란은 자율 살상 무기다. AI가 인간 개입 없이 표적을 선택하고 공격한다. 드론 떼 전술도 발전해 수백 대가 협력하여 방어망을 뚫는다. 피지컬 AI의 군사 무기화는 법적·윤리적 문제가 심각하다. 전쟁 범죄 발생 시 책임 소재가 불명확하고, 전쟁이 비디오 게임처럼 느껴지면 도덕적 판단이 무뎌진다. 해킹 위험도 크고, 한 국가가 개발하면 군비 경쟁이 가속화된다.

고스트 로보틱스의 4족 보행 로봇 비전 60 (출처: U.S. Army Central)

드론 전쟁

우크라이나 전쟁은 드론 전쟁의 실험장이 되었다. 터키 Bayraktar TB2(500만 달러)는 러시아 장비를 정밀 타격하고, 이란 Shahed-136 자폭 드론은 대량으로 도시를 공격한다. 우크라이나 전선에서 싸운 국제 의용군 출신 한국인 이병훈씨는 "총소리 보다도 드론 소리가 더 무서웠다. 아무리 피해다녀도 드론이 14시간을 따라다녔다"라고 증언했다.

미국은 MQ-9 Reaper로 중동에서 수천 건의 공격을 실시했다. Bureau of Investigative Journalism에 따르면 파키스탄·예멘·소말리아에서 수천 명의 민간인이 사망했다. 드론 조종사는 HD 화면으로 사람이 죽는 것을 보며 심각한 PTSD를 겪는다. 드론은 이제 테러 조직도 보유한다. 2018년 베네수엘라에서 드론 암살 시도가 있었다. 대응 기술이 발전하지만 소형 드론은 탐지가 어렵고 대량 공격에는 버겁다.

국제 규제 논의

UN CCW 회의는 2014년부터 치명적 자율무기 체계에 대해 논의했지만 10년이 지나도 구속력 있는 조약이 없다. 30개국 이상이 금지를 지지하지만, 미국·러시아·중국·이스라엘은 반대한다. '의미 있는 인간 통제'라는 타협안은 개념이 모호하다.

검증도 어렵다. 핵무기는 실험으로 탐지되지만 AI 무기는 소프트웨어라 감지가 불가능하다. Campaign to Stop Killer Robots 등 NGO가 활동하고 1,000명 이상의 AI 연구자가 금지에 서명했다.

현실은 군비 경쟁이 앞서간다. 규제 논의 중에도 기술은 발전하고 배치는 계속된다. 낙관적 시나리오는 화학무기처럼 예방적 금지지만, 비관적 시나리오는 대참사 후에야 규제가 만들어지는 것이다. 역사는 후자를 암시한다.

PART 4

대한민국의 피지컬 AI

“늦었다고 생각할 때가
진짜 기회이다.”

Chapter 15

한국의 강점과 약점

세계 1위 로봇 밀도: 노동자 1만 명당 1,012대

한국은 제조업 로봇 밀도에서 압도적인 세계 1위다. 국제로봇연맹 (IFR)의 2024년 통계에 따르면 한국의 제조업 로봇 밀도는 노동자 1만 명당 1,012대에 달한다. 이는 2위인 싱가포르(605대)의 거의 2배, 일본(397대)의 2.5배를 넘는 수치다. 세계 평균(126대)과 비교하면 8배에 달한다.

이러한 높은 로봇 밀도는 한국 제조업의 특성을 반영한다. 자동차, 전자, 반도체, 디스플레이, 배터리 등 정밀 제조업이 주력이다. 이들 산업은 높은 품질과 생산성을 요구하므로 자동화가 필수적이다. 현대차, 삼성전자, LG, SK하이닉스 등 대기업들이 수십 년간 로봇 투자를 지속해왔다.

현대차 울산 공장만 해도 수천 대의 산업용 로봇이 작동한다. 차체 용

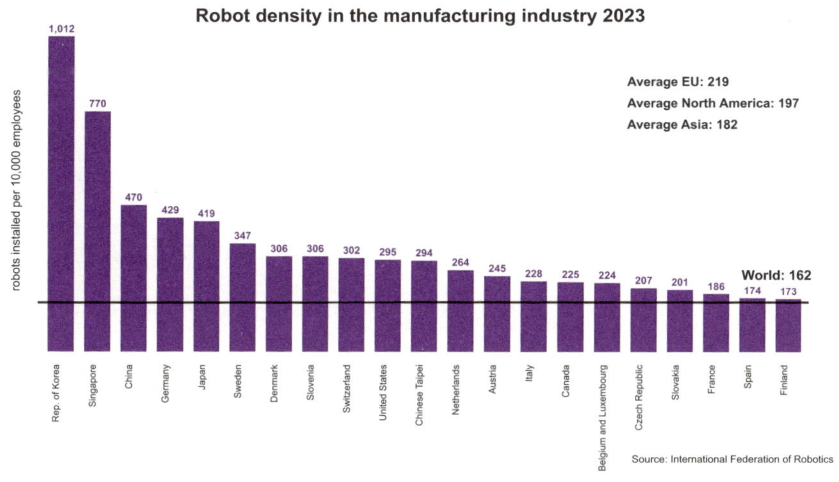

한국의 로봇 밀도는 노동자 1만 명당 1,012대로 세계 1위이다.

접, 도장, 조립 라인이 거의 완전 자동화되었다. 삼성전자 수원 반도체 공장은 24시간 무인으로 운영되는 부분이 많다. 웨이퍼 이송, 검사, 패키징이 로봇으로 이루어진다.

로봇 밀도가 높다는 것은 제조업 경쟁력의 지표다. 인건비가 상승하는 상황에서 자동화로 생산성을 유지한다. 품질 편차를 줄이고 24시간 생산이 가능하다. 위험하고 반복적인 작업을 로봇이 담당하여 산업재해도 감소한다.

그러나 역설적으로 이것은 약점이기도 하다. 이미 자동화가 고도로 진행되어 추가 자동화의 여지가 적다. 타 선진국보다 먼저 자동화 한계에 도달했다는 의미다. 향후 로봇 도입 증가율은 둔화될 수 있다.

또한 대기업과 중소기업의 격차가 크다. 대기업은 최첨단 로봇을 도입하지만 중소 제조업체는 비용 때문에 어렵다. 중소기업의 로봇 보급률은 10%대에 불과하다. 정부의 M.AX 얼라이언스 같은 지원 정책이 이 격차를 줄이려 한다.

제조업 고용 문제도 심각하다. 1990년대 초반 약 450만 명 수준이던 제조업 종사자는 2025년에도 410~420만 명대로 줄어 비중이 사상 최저를 기록하고 있다. 그럼에도 높은 로봇 밀도는 한국이 피지컬 AI 시대를 준비하는 데 유리한 출발점이다. 로봇을 다루는 문화와 인프라가 갖춰져 있다. 차세대 AI 로봇으로 전환할 때 경험과 노하우를 활용할 수 있다.

제조업 인프라와 자동화 경험

한국은 압축 성장을 통해 세계적 제조업 강국이 되었다. 1960년대 섬유와 신발에서 시작하여 조선, 철강, 자동차, 전자, 반도체로 산업을 고도화했다. 이 과정에서 자동화 경험을 축적했다.

포스코는 1970년대부터 제철소 자동화를 추진했다. 용광로 온도 제어, 압연 공정, 품질 검사가 자동화되었다. 현재 포항과 광양 제철소는 AI 기반 공정 최적화를 도입하여 에너지 효율을 높이고 있다.

조선업도 자동화가 진행되고 있다. HD현대중공업은 용접 로봇, 도장 로봇, 블록 이송 로봇을 사용한다. 선박 건조 기간이 단축되고 품질이 향상되었다. 삼성중공업도 스마트 조선소를 구축하여 IoT와 AI로 생산성을 높인다.

자동차 산업은 자동화의 선두주자다. 현대차는 1990년대부터 로봇 용접 라인을 도입했다. 현재는 협동로봇이 작업자와 함께 일한다. 기아의 오토랜드 화성 공장은 스마트 팩토리로 AI가 생산 스케줄을 최적화하고 품질을 실시간 관리한다.

배터리 산업도 자동화가 필수다. LG에너지솔루션과 삼성SDI는 배터리 셀 조립 라인을 완전 자동화했다. 전극 코팅, 권취, 전해액 주입, 검사가 로봇으로 이루어진다. 정밀도와 속도가 품질과 직결되므로 사람보다 로봇이 유리하다.

이러한 경험은 피지컬 AI로의 전환에 자산이 된다. 기존 로봇에 AI를 통합하면 더 유연하고 똑똑해진다. 사전 프로그래밍 없이 스스로 학습하여 새로운 작업을 수행한다. 한국 제조업은 이 전환을 빠르게 추진할 역량이 있다. 정부는 스마트공장 보급 사업을 추진한다. 이미 2025년까지 5만 개의 중소기업에 스마트공장을 보급하겠다는 계획을 초과달성했으며, 새롭게 2030년까지 10만 개 중소기업에 스마트공장을 구축할 계획이다. 이를 위해 컨설팅, 자금 지원, 교육을 제공한다.

그러나 과제도 있다. 자동화 경험이 있는 인력의 고령화다. 숙련 기술자들이 은퇴하고 젊은 인력은 제조업을 기피한다. 로봇을 다룰 수 있는 차세대 인력 양성이 시급하다. 마이스터고, 전문대학, 직업훈련원에서 로봇 교육을 강화하고 있지만 수요를 따라가지 못한다.

소프트웨어 역량도 약하다. 하드웨어 제조는 강하지만 AI 알고리즘 개발은 미국, 중국에 뒤진다. NVIDIA, OpenAI 같은 플랫폼 기업이 없다. 제조업과 IT의 융합이 필요한데 두 분야의 협력이 원활하지 않다.

데이터 활용도 미흡하다. 공장에서 방대한 데이터가 생성되지만 제대로 분석하지 못한다. AI 학습에 사용할 양질의 데이터가 부족하다. 데이터 표준화와 공유 체계가 필요하다.

반도체와 배터리 기술력

한국의 반도체와 배터리 기술은 세계 최고 수준이다. 이는 피지컬 AI의 핵심 부품이므로 전략적 우위를 제공한다.

반도체 분야에서 삼성전자는 메모리 반도체 세계 1위다. DRAM 시장 점유율 43%, NAND 플래시 30%를 차지한다. SK하이닉스는 DRAM 2위(28%)다. 두 회사가 글로벌 메모리 시장의 70%를 장악한다.

특히 HBM(High Bandwidth Memory)에서 압도적이다. AI 칩에 필수적인 고대역폭 메모리로 SK하이닉스가 시장의 50% 이상을 차지한다. NVIDIA Rubin 칩에는 SK하이닉스와 삼성의 HBM4 메모리가 사용된다. HBM 없이는 첨단 AI 로봇을 만들 수 없으므로 한국의 전략적 가치가 크다.

한국의 반도체 제조 인프라는 강점이다. 평택, 화성, 이천에 대규모 반도체 공장 클러스터가 있다. 장비, 소재, 부품 공급망이 완비되었다. 신속한 양산과 기술 개발이 가능하다.

배터리 분야는 더욱 강력하다. LG에너지솔루션, 삼성SDI, SK온이 글로벌 배터리 시장의 30%를 차지한다. 전기차용 배터리뿐만 아니라 ESS(에너지 저장장치) 시장에서도 선도한다.

로봇에게 배터리는 생명줄이다. 휴머노이드 로봇의 작동 시간은 배터리 성능에 달려 있다. 한국의 배터리 기술력은 로봇 경쟁력으로 직결된다.

차세대 배터리 개발도 활발하다. 전고체 배터리는 에너지 밀도가 높고 안전하다. 삼성SDI는 2027년 양산을 목표로 한다. 성공하면 로봇의 작동 시간을 2배 이상 늘릴 수 있다.

리튬-황 배터리, 리튬-공기 배터리 같은 차차세대 기술도 연구된다. KAIST, 서울대, KIST 등에서 기초 연구가 진행된다. 실용화까지는 10년 이상 걸리지만 장기 경쟁력을 위해 필요하다.

과제는 중국의 추격이다. CATL, BYD 같은 중국 기업이 빠르게 성장한다. 가격 경쟁력으로 시장을 잠식한다. 한국 기업들은 기술 우위를 유지하며 프리미엄 시장을 공략해야 한다.

원재료 확보도 문제다. 리튬, 코발트, 니켈 등 핵심 광물은 대부분 수입한다. 중국이 공급망을 장악하고 있어 지정학적 리스크가 크다. 호주, 남미, 캐나다와 자원 확보 협력을 강화한다.

주요 첨단 소재·부품 분야별 한국 기업 경쟁력

분야	한국 기업	글로벌 점유율	경쟁력
DRAM	삼성전자, SK하이닉스	71%	세계 최고
NAND Flash	삼성전자, SK하이닉스	48%	세계 최고
HBM	SK하이닉스, 삼성전자	80% 이상	압도적 우위
전기차 배터리	LG에너지솔루션, 삼성SDI, SK온	30%	기술 선도
ESS 배터리	LG에너지솔루션, 삼성SDI	25%	강세

부족한 AI 소프트웨어 역량

한국의 피지컬 AI 발전에서 가장 큰 약점은 AI 소프트웨어 역량 부족이다. 하드웨어는 세계적이지만 소프트웨어는 미국, 중국에 크게 뒤진다.

AI 연구 인력이 부족하다. Stanford HAI의 AI Index에 따르면 한국은 AI 논문 수에서 세계 10위권 밖이다. 미국, 중국은 연간 수만 편을 발표하지만 한국은 수백 편에 그친다. 질적 측면에서도 Top 컨퍼런스(NeurIPS, ICML, CVPR) 논문 수가 적다.

AI 스타트업 생태계도 약하다. Crunchbase 데이터에 따르면 한국의 AI 스타트업 투자액은 미국의 1% 수준이다.[*] 네이버, 카카오 같은 대기업 중심이고 혁신적인 스타트업은 극소수다.

AI 플랫폼이 약하다. 국가 주도로 독자 파운데이션 모델(Foundation Model)이 개발되고 있지만 OpenAI, Anthropic, Google, Microsoft 같은 완성된 기반 모델에 비해 아직 약하다. 네이버의 HyperCLOVA, LG의 EXAONE이 있지만 글로벌 경쟁력은 제한적이다. 한국 기업들은 외국 AI 플랫폼에 의존한다.

로봇 AI 소프트웨어도 마찬가지다. NVIDIA의 Isaac(시뮬레이션·학습·파운데이션 모델 통합 플랫폼), Google DeepMind의 Gemini Robotics 파운데이션 모델과 MuJoCo/MJX 기반 시뮬레이션 인프라, Intrinsic 같은 로

---

[*] https://en.sedaily.com/finance/2025/12/18/korea-ranks-9th-in-ai-venture-investment-as-us-eu-roll-back

봇 소프트웨어 플랫폼처럼, 통합된 로봇 AI 소프트웨어 스택을 개발하지 못했다.

네이버는 웹 기반 로봇 전용 OS 아크마인드(ARC Mind)를 개발해, 제조사·기종에 관계없이 모든 로봇을 하나의 클라우드 시스템에서 구동·관제하는 '로봇판 안드로이드' 플랫폼을 구축하고 있다.

인재 생태계의 현실

한국의 인재 생태계는 양면적이다. 우수한 인재는 많지만 적재적소에 배치되지 못한다. 교육 시스템과 취업 시장의 미스매치가 크다.

한국 학생들의 학업 성취도는 세계 최상위다. PISA(국제학업성취도평가)에서 수학, 과학이 상위권이다. 대학 진학률도 70%로 OECD 최고 수준이다. 인적 자원의 잠재력은 크다. 그러나 AI와 로봇 공학을 전공하는 학생은 부족하다. 인기 전공은 의대, 법대, 경영대다. 공학은 기피된다. 힘들고 보수가 상대적으로 낮다는 인식 때문이다.

박사 인력은 특히 부족하다. 한국의 이공계 박사 배출은 연간 5,000명 수준이다. 미국(25,000명), 중국(50,000명)과 비교하면 턱없이 적다. 더 문제는 박사 후 진로다. 대학 교수 자리는 제한적이고 기업 연구소는 박사를 선호하지 않는다.[*] 기업들은 즉시 투입 가능한 경력직을 선호한다. 신입 박

---

*   https://www.data.go.kr/data/15053964/fileData.do

사는 실무 경험이 없어 환영받지 못한다. 급여도 석사 경력자보다 낮은 경우가 있다. 이러한 구조에서 박사 과정을 선택하는 학생이 줄어든다.

대기업과 스타트업의 인재 쟁탈전도 문제다. 삼성, 현대차 같은 대기업이 높은 급여와 안정성으로 우수 인재를 흡수한다. 스타트업은 인재 확보가 어렵다. 미국처럼 빅테크를 떠나 스타트업을 창업하거나 합류하는 문화가 약하다.

중소기업은 더욱 심각하다. AI 로봇 기술을 도입하고 싶어도 다룰 인력이 없다. 엔지니어를 채용하려 해도 지원자가 없다. 지방 중소기업은 특히 어렵다. 젊은이들이 수도권으로 몰린다.

정부와 기업은 인재 양성에 투자한다. 삼성은 청년 SW 아카데미를 운영하여 연간 수천 명을 교육한다. 네이버는 부스트캠프로 AI 인재를 키운다. 현대차는 소프트웨어 인재 채용을 대폭 늘린다.

대학도 변화한다. AI 융합 전공이 생긴다. 기계공학과 컴퓨터공학을 결합한 로봇 공학과가 늘어난다. 산학 협력 프로젝트로 학생들이 실무 경험을 쌓는다. 마이스터고, 폴리텍 같은 직업훈련 기관도 로봇 교육을 강화하여 산업 현장에서 바로 쓸 수 있는 기술자를 양성한다.

근본적으로는 사회 인식이 바뀌어야 한다. 제조업과 엔지니어링을 존중하는 문화가 필요하다. 독일처럼 기술자가 자긍심을 가지고 일할 수 있어야 한다. 이공계 전공자의 처우 개선과 커리어 경로 확립이 필수다.

Chapter 16

M.AX 얼라이언스

100조 원을 향한 제조 AI 전환 프로젝트

M.AX(Manufacturing AI eXcellence) 얼라이언스는 2025년 산업통상자원부와 대한상공회의소가 공동 출범시킨 야심찬 제조업 AI 전환 프로젝트다. AI를 산업 현장에 적용하여 자율주행차, 휴머노이드, AI 팩토리 등 제조 AX 분야에서 2030년 100조 원 이상의 부가가치를 창출한다는 전략이다.

목표는 다음과 같다. 첫째, 제조업 생산성을 30% 향상시킨다. AI와 로봇으로 공정을 최적화하고 불량률을 줄인다. 둘째, 글로벌 피지컬 AI 시장에서 한국의 점유율을 20%로 높인다. 셋째, 10만 개의 양질의 일자리를 창출한다. AI 엔지니어, 로봇 오퍼레이터, 데이터 분석가 등 신규 직종이다.

정부는 R&D 지원, 세제 혜택, 인프라 구축에 투자한다. 민간은 실제 설비 투자와 인력 채용을 담당한다. 삼성, 현대차, LG, SK, 포스코 등 주요 대기업이 참여했다.

M.AX의 핵심은 중소기업 지원이다. 대기업은 자체적으로 AI 전환이 가능하지만 중소기업은 어렵다. 정부는 중소기업 1만 곳에 AI 시스템 도입 비용의 50~70%를 지원한다. 기업당 최대 10억 원까지 보조한다.

지원 대상은 스마트 팩토리 구축, 협동로봇 도입, AI 품질 검사 시스템, 예측 유지보수, 공정 최적화 AI 등이다. 기업은 자체 부담금과 정부 지원금으로 시스템을 구축한다. 컨설팅 업체가 현장을 분석하고 맞춤형 솔루션을 제안한다.

특히 지방 제조업 클러스터를 집중 지원한다. 대구(섬유, 기계), 부산(조선, 기계), 울산(자동차, 화학), 창원(기계), 광주(자동차) 등 전통 제조업 도시가 AI로 재도약하도록 돕는다. 각 지역에 AI 테스트베드를 만들어 기업들이 실험하고 검증할 수 있게 한다.

한국 AI 산업 육성 투자 계획

구분	투자 규모	내용	기대 효과
정부 투자	30조 원	R&D, 인프라, 중소기업 지원	산업 기반 구축
민간 투자	40조 원	설비, 인력, 기술 개발	실제 전환 실행
중소기업 지원	10조 원	1만 개 기업, 기업당 최대 10억	생산성 30% 향상
인력 양성	5조 원	10만 명 교육 및 재교육	양질의 일자리 창출
인프라	15조 원	AI 데이터센터, GPU 클러스터	연구개발 가속화

▌2027년까지 100개 이상 휴머노이드 시범 사업

M.AX 얼라이언스의 중점 프로젝트 중 하나는 휴머노이드 로봇 시범 사업이다. 산업부와 M.AX는 2020년대 후반까지 국내 주요 산업 현장에 휴머노이드 로봇을 본격적으로 실증·배치해, 한국을 휴머노이드 로봇 실용화의 선도 국가로 육성하려는 전략을 추진하고 있다.

시범 사업의 목표는 기술 검증과 사회적 수용성 확인이다. 휴머노이드가 실제 현장에서 안전하고 효율적으로 작동하는지 확인한다. 작업자들의 반응과 협업 가능성을 평가한다. 규제 개선이 필요한 부분을 파악한다.

데이터 수집도 중요하다. 시범 사업에서 얻은 데이터로 AI를 개선한다. 한국 제조 환경에 최적화된 로봇을 만든다. 이 데이터는 국내 로봇 기업들과 공유하여 생태계를 강화한다.

정부는 시범 사업 참여 기업에 인센티브를 제공한다. 로봇 구매·도입 비용의 상당 부분을 정부가 지원하며(사업별로 최대 50~80% 수준), 안전 인증과 규제 완화를 우선 검토·적용한다. 성공 사례는 홍보하여 다른 기업의 도입을 유도하는 정책을 추진하고 있다.

2027년 100개 이상의 휴머노이드 시범 사업이 완료되면 본격 확산 단계로 넘어갈 계획이다. 성공 모델을 표준화하여 전국 산업현장으로 확산을 추진한다. 2029년부터 산업현장에 휴머노이드 로봇을 본격 투입·양산할 수 있는 체계를 구축하고, 2030년까지 제조 AX·AI 패키지를 통해 제조 현장에 폭넓게 확대하는 것이 목표다.

On-Device AI 반도체 개발: 2028년 프로토타입

M.AX 얼라이언스는 피지컬 AI·로봇·자율주행 등 현장에서의 AI 수행을 위한 핵심 기술로, 온디바이스 AI 반도체 개발을 국가 전략 과제로 추진한다. 로봇이 클라우드 없이 자체적으로 AI를 실행하려면 고성능 저전력 칩이 필요하다. 한국은 이 분야에서 경쟁력을 확보하는 것을 목표로 한다.

M.AX 얼라이언스에 참여하는 휴머노이드 플랫폼의 핵심 과제 중 하나는 멀티모달 처리다. 비전, 음성, 센서 데이터를 동시에 처리하는 통합 아키텍처를 통해 로봇을 더 자연스럽게 제어하려 한다. 로봇은 카메라, 마이크, IMU, 촉각 센서 등 다양한 입력을 받으며, 각각을 따로 처리하는 대신 하나의 온디바이스 AI 칩에서 통합해 처리하는 방향을 지향하고 있다.

성공한다면 파급 효과는 크다. 한국이 AI 칩 시장에서 입지를 확보한다. 로봇뿐만 아니라 스마트폰, 자동차, IoT 기기에도 적용할 수 있다. 반도체 생태계를 한 단계 업그레이드할 수 있다.

지역별 AI-로봇 클러스터 구축

M.AX 얼라이언스는 지역별 주요 산업단지를 AI·로봇 기반 M.AX 클러스터로 전환하여, 전국 단위에서 AI-로봇 클러스터를 확산하려 한다. 기업, 연구소, 대학이 한곳에 모여 협력하는 혁신 생태계를 조성하고, 실리콘밸리·보스턴·선전과 같은 글로벌 AI·로봇 허브에 버금가는 한국의

로봇 허브를 만들겠다는 구상이다.

대전은 대덕연구단지를 중심으로 AI·로봇 딥테크 생태계 거점 도시로 지정되었다. KAIST, ETRI 등 연구기관이 밀집해 있어 R&D 인프라가 두텁고, AI·로봇 지원센터 및 실증연구센터를 단계적으로 확대해 감성·인지 기반 로봇 기술의 개발과 실증을 지원한다.

대구는 제조·휴머노이드 로봇 실증 클러스터를 조성하려는 도시다. 섬유·기계 산업의 쇠퇴에 대응해 AI·로봇으로 노동력 부족을 해소하고 생산성을 높이려 한다. 대구기계산업단지에 테스트베드를 구축해 중소 제조업체의 로봇 도입을 지원하고, 경북대·계명대 등이 인력을 양성한다.

부산은 AI·로봇 기반 스마트 항만·물류 클러스터를 목표로 한다. 부산항 중심의 물류 자동화 수요가 크며, 자율주행 배송 로봇·창고 자동화·항만 하역 로봇 등을 개발·실증한다. 부산대 등이 연구·인력 양성을, 부산테크노파크가 스타트업 중심 생태계를 지원한다.

광주는 AI·자율주행·로봇·드론 융합 모빌리티 클러스터를 조성하려는 도시다. 기아 광주 공장 등 자동차 산업과의 시너지가 크며, GIST가 핵심 기술 연구를 주도한다. 자율주행 테스트베드를 구축해 실도로 실증과 데이터 기반 교통·도시 서비스 개발을 추진한다.

창원은 산업용·협동로봇 제조·공급 클러스터로 거듭나고 있다. 두산로보틱스, 레인보우로보틱스 등 로봇 기업 본사가 위치하며, 창원국가산업단지에 스마트공장·로봇 자동화를 도입해 공정 스마트화를 추진한다.

울산은 중공업·항만 물류 연계 로봇·자동화 클러스터가 형성 중이다. 현대차, HD현대중공업 등 대형 수요처가 위치하며, UNIST가 항만·공정 자동화를 위한 로봇·AI 융합 연구와 고급 인력 양성을 담당한다.

인천은 공항·항만 물류·서비스 로봇 클러스터를 목표로 한다. 인천국제공항과 인천항의 물류·여객 허브를 기반으로 항만 자동화, 공항 서비스 로봇, 드론 배송 등의 수요가 크며, 인천대·인하대 등이 실증·상용화를 추진한다.

대한민국 로봇 산업 클러스터

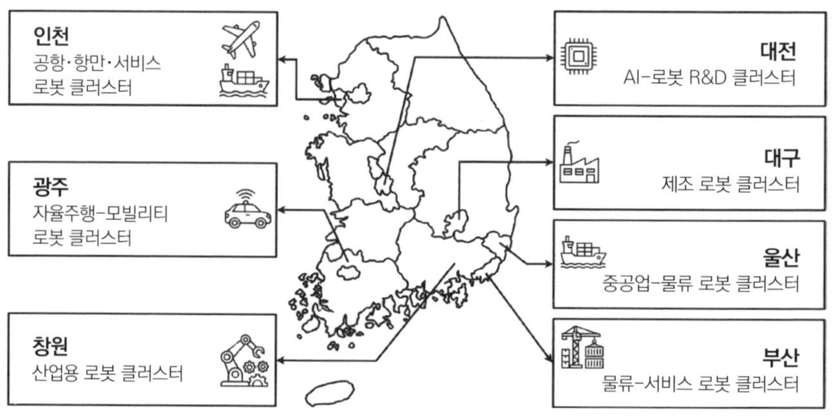

정부와 지자체는 각 AI-로봇 클러스터에 대해 대규모 투자와 인프라 지원을 진행한다. 연구 시설, 공용 장비, 테스트베드를 구축하고, 스타트업 입주 공간과 펀드·투자 유치를 지원하며, 세제 혜택과 규제 특례를 제공하는 방향으로 정책을 추진한다.

국가 AI 인프라: 26만 개 NVIDIA GPU 투자

M.AX 얼라이언스의 핵심 축 중 하나는 국가 AI 인프라 구축이다. AI 모델 학습에는 막대한 연산 자원이 필요하지만 개별 기관이 자체 GPU 클러스터를 구축하기 어려워, 정부가 소버린 AI[*]와 피지컬 AI를 위한 컴퓨팅 인프라를 국가 차원에서 제공한다.

NVIDIA와 협력을 통해 최신 GPU가 단계적으로 공급되며, 초대형 AI 데이터센터와 국가AI컴퓨팅센터에서 모델 학습·연구·산업 적용을 지원할 계획이다.

GPU 인프라는 대전 KISTI, 판교, 광주, 부산·대구 등 전국 거점에 분산 배치되어 고속 네트워크로 연결될 예정이다. 대학·연구기관·스타트업·중소기업이 공공 자원으로 저렴하게 이용할 수 있도록 하며, 공공 연구는 무상 또는 저가로, 상업적 용도는 시장가 대비 낮은 수준으로 지원하는 방안이 포함되어 있다.

국가 AI 인프라는 미국·중국과 유사하게 AI 연구·산업·교육을 촉진하는 공공 기반으로 인식되며, GPU의 빠른 기술 진화와 에너지 소비에 대응해 2~3년 단위 업그레이드 로드맵으로 지속 가능성을 확보하려 한다.

---

[*]   소버린 AI(Sovereign AI)는 한 국가가 자국의 데이터·인프라·언어·법체계에 기반해 인공지능을 독자적으로 개발·운영하는 전략을 말한다. 해외 빅테크 의존을 줄이고 기술 주권, 데이터 주권, 국가 안보를 확보하려는 움직임이다.

한국의 휴머노이드 부품 제조사의 미래 전략
현대차가 '역할'을 해줄 것인가?

현재 한국의 휴머노이드 산업은 일부 산업·물류 현장에 한정된 소규모 테스트 단계에 머물러 있다. 휴머노이드 로봇의 대량 생산과 상용화가 아직 먼 만큼, 한국 부품사에게는 안정적인 수요처를 먼저 확보하는 것이 핵심 과제다.

Atlas 생태계 편입을 통한 레퍼런스 확보

초기 전략의 중심으로 현대차그룹과 Boston Dynamics를 설정할 수 있다. Boston Dynamics는 2026년 1월 CES에서 Atlas 상업용 버전을 공개했으며, 현대차그룹은 2028년부터 공장에 Atlas를 투입해 부품 조립·반복 작업·중량물 운반을 맡기고, 2030년대에는 더 복잡한 작업으로 확장할 계획이다.

이 과정에서 현대모비스를 비롯한 한국 부품사는 Atlas에 필요한 액추에이터·배터리·센서·구조 부품 등을 공급하게 된다. 이를 통해 부품의 품질과 신뢰성을 검증하는 초기 레퍼런스를 확보할 수 있다. 다만 기업은 '이윤추구'가 본질적 목표라는 냉혹한 현실을 감안할 때, 현대차가 한국의 부품 제조사 역량을 끌어올릴 정도의 역할을 해줄 것인지는 미지수다.

공급처 다변화로 독자 생존 모색

중장기적으로는 공급처 다변화가 불가피하다. 단일 고객에 과도하게 의존하는 구조는 위험하기 때문이다. 한국 정부는 2025년 4월 K-휴머노이드 얼라이언스를 출범시켜 2028년까지 로봇 공용/AI 기본 모델 개발, 2029년부터 연 1,000대 이상 양산을 목표로 하는 로드맵을 제시했다. 이 얼라이언스에는 레인보우로보틱스·두산로보틱스·HD현대로보틱스 등 로봇 전문사, 삼성SDI·SK온·LG에너지솔루션·포스코 등 대기업 계열사, 서울대·KAIST 등 연구기관이 참여하고 있다.

삼성전자는 레인보우로보틱스를 통해 휴머노이드·산업용 로봇 플랫폼을 개발하며 자사 스마트팩토리·물류·가전 분야에 로봇을 도입하고 있다. LG전자·두산로보틱스 등도 각자의 로봇 전략을 구체화하는 중이다.

LG전자는 별도로 살펴볼 필요가 있다. LG전자는 CES 2026에서 가정용 홈로봇 클로이드(CLOiD)와 함께 자체 액추에이터 브랜드 '악시움(AXIUM)'을 동시에 공개했다. LG전자는 연간 4,000만 개 이상의 고성능 모터를 직접 만들고 있으며, 이를 기반으로 액추에이터 내재화 전략을 본격화하고 있다. 즉, 액추에이터를 주력으로 하는 중소 부품사에게 LG전자는 고객이 아니라 경쟁자가 될 수 있다.

다만 LG 생태계가 완전히 닫혀 있는 것은 아니다. LG이노텍이 카메라·라이다 센서를 공급하는 구조가 이미 형성되고 있고, 구조 부품·열관리·통신·제어 모듈 등은 외부 조달 가능성이 남아 있다. LG 생태계 진입을 노린다면 'LG에 납품한다'는 시각보다, 'LG가 직접 만들지 않는 부품을 찾아 채운다'는 전략적 접근이 현실적이다.

전기차·산업로봇의 경험을 휴머노이드로 이식

한국의 휴머노이드 부품 제조사는 구조적 강점이 있다. 휴머노이드는 전기차·산업로봇 등과 모터·액추에이터·배터리·열관리·센서·제어 부품을 상당 부분 공유한다. 한국은 이미 이 분야에서 검증된 기업들을 보유하고 있다.

삼성SDI·SK온·LG에너지솔루션은 전기차 배터리 시장에서 세계 최고 수준의 기술력을 갖추었고, LS일렉트릭·에스피지·레인보우로보틱스 등은 산업용 로봇 액추에이터와 모터 분야에서 실제 양산 경험을 축적해 왔다. 이들에게 휴머노이드 부품은 완전히 새로운 시장이 아니라, 기존 기술과 공급망을 활용해 진입할 수 있는 인접 시장이다.

전기차에서 쌓은 배터리 기술은 휴머노이드 전원 시스템으로, 산업용 로봇에서 검증된 액추에이터 기술은 휴머노이드 관절 구동계로 비교적 빠르게 전환될 수 있다. 이것이 한국 부품사가 글로벌 경쟁에서 후발 주자임에도 불구하고 현실적인 공급 경쟁력을 가질 수 있는 핵심 근거다.

결론적으로, 한국 휴머노이드 부품사의 전략은 단계적으로 전개된다. 초기에는 현대자동차그룹·Boston Dynamics를 통해 기술력과 레퍼런스를 확보하되, 종속 구조에 매몰되지 않도록 경계해야 한다. 중장기적으로는 공통 부품·공통 모듈을 기반으로 삼성·LG·두산·글로벌 휴머노이드 제조사 등 다양한 전방 고객에 동시에 공급하는 포트폴리오 구조로 확장하는 것이 생존 전략의 핵심이다.

PART 5

투자자를 위한
활용 가이드

"인프라에서 로봇 기업까지
분산 전략이 장기 수익을 가른다."

Chapter 17

피지컬 AI의 투자 구조

밸류체인 분석: 칩부터 응용까지

피지컬 AI 산업의 투자 기회를 이해하려면 먼저 전체 밸류체인의 구조를 파악해야 한다. 이 산업은 반도체 칩에서 시작하여 최종 응용 서비스에 이르기까지 여러 계층으로 구성되어 있으며, 각 계층은 서로 다른 투자 특성과 수익 구조를 가진다.

가장 하단에는 반도체, GPU, AI 칩을 포함하는 하드웨어 레이어가 있고, 그 위에 운영체제와 미들웨어를 포함하는 소프트웨어 플랫폼 레이어가 존재하며, 최상단에는 완제품 로봇과 응용 서비스 레이어가 자리한다.

하드웨어 레이어에서는 NVIDIA가 GPU 시장의 80% 이상을 장악하며 가장 높은 마진율을 기록하고 있다. AI 추론용 칩 시장에서 NVIDIA의 영업이익률은 60%를 상회하며, 이는 소프트웨어 기업에 필적하는 수준이다. 반면 센서 제조업체들은 10~15%의 상대적으로 낮은 마진율을 보인다. 이는 센서 시장의 경쟁이 치열하고 제품 차별화가 어렵기 때문이다.

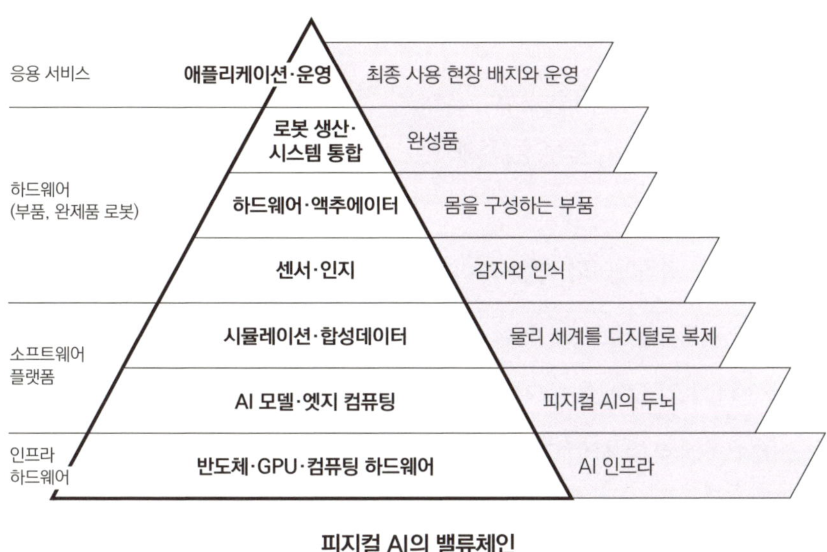

피지컬 AI의 밸류체인

Physical AI 밸류체인: 돈을 벌고 있는 확실한 계층

반도체·GPU·컴퓨팅 레이어: 압도적 수익

이 계층은 Physical AI 밸류체인에서 유일하게 초과 이윤을 거두고 있는 계층이다. NVIDIA가 사실상 독점적 지위를 갖고 있으며, FY 2025 연 매출 1,305억 달러, 순이익률 56%라는 경이적인 수치를 기록했다. FY 2026 2분기(2025년 7월 종료) 매출은 467억 달러로 전년 대비 56% 성장했다. Automotive(로봇·자율주행 포함) 부문만 FY 2025에 17억 달러로 전년 대비 55% 성장했다. Jetson 엣지 모듈, DRIVE AGX 칩이 대부분의 주요 로봇 기업(Agility의 Digit, Amazon Robotics 등)에 탑재되면서, Physical AI의 '세금 징수자' 역할을 하고 있다.

FANUC, ABB, Keyence 같은 전통 산업 자동화 기업도 안정적 흑자를 유지한다. 이들은 산업용 로봇 팔, 제어 시스템, 센서를 팔아서 꾸준한 매출을 올리고 있으며, 로봇 ETF에서도 가장 높은 비중을 차지한다.

하드웨어·액추에이터·부품 레이어: 안정적 수익

감속기, 모터, 센서 등 핵심 부품 공급업체는 이미 산업용 로봇 시장에서 검증된 수익 모델을 가지고 있다.

2024년 글로벌 산업로봇 신규 설치가 542,000대로 역대 두 번째 수준을 기록했고, 2025년에는 6% 추가 성장해 2028년까지 70만 대를 넘을 전망이므로, 부품 수요는 계속 증가하고 있다.

핵심은 이 계층이 'Physical AI든 아니든 어차피 파는' 비즈니스라는 것이다. 기존 산업로봇에도 같은 부품이 들어가므로 AI 시장의 성패와 관계없이 안정적이다.

애플리케이션·운영 레이어: 버티컬별 편차 극심

이 계층은 '어디에 쓰느냐'에 따라 상황이 완전히 다르다. 이미 돈을 버는 영역은 물류 자동화(Amazon 100만 대 이상 로봇 운영, Symbotic의 Walmart 전 물류센터 도입), 수술 로봇(Intuitive Surgical의 da Vinci — 설치 대수 10,488대, 2025

년 외과의 50%가 로봇 수술 수행), 기존 산업 자동화로, 확실한 흑자 영역이다.

아직 수익화 전인 영역은 가정용 서비스 로봇, 건설 현장 자율화, 농업용 로봇 등으로 여전히 파일럿 단계다.

Physical AI 밸류체인: 적자 또는 매출 전 단계 계층

시뮬레이션·합성 데이터 레이어: 전략적 무료 배포

이 계층의 역설적 상황은, 기술적으로는 가장 중요하지만 독립적 수익은 거의 없다는 것이다. NVIDIA의 Isaac Sim은 오픈소스이고, Omniverse도 개인 개발자에게 무료이다. Cosmos 역시 무료 공개 모델이다.

NVIDIA는 이 계층을 '곡괭이를 팔기 위한 미끼'로 운영한다. 시뮬레이션 플랫폼은 무료지만, 그것을 돌리려면 NVIDIA GPU를 사야 하기 때문이다. Siemens(Teamcenter), Ansys 같은 기존 시뮬레이션 소프트웨어 업체는 엔터프라이즈 라이선스로 수익을 내지만, Physical AI 전용 시뮬레이션으로서의 독립 매출은 미미하다.

합성 데이터 스타트업(Datagen, Synthesis AI, Bifrost AI 등)도 대부분 벤처캐피탈 자금으로 운영 중이며 의미 있는 매출을 공개한 기업이 거의 없다.

AI 모델·소프트웨어 레이어: 대규모 자금 소각 중

이 계층이 현재 가장 극적인 '돈은 안 벌지만 돈은 가장 많이 받는' 상태이다. 미국의 Physical Intelligence가 2025년 11월 6억 달러 Series B를 유치해 총 10억 달러 이상을 모금했지만, 수익은 사실상 제로이다. Skild AI도 범용 로봇 두뇌를 개발 중이지만 매출 전 단계이고, Dyna Robotics도 1억 2천만 달러의 Series A를 유치했지만 매출 전 단계이다.

이 계층의 핵심 문제는 '모델은 있는데 돌릴 로봇이 충분하지 않다'는 것이다. LLM과 달리 VLA(Vision-Language-Action) 모델은 실제 로봇에 배치되어야 가치를 증명하는데, 배치된 휴머노이드 수가 전 세계적으로 수백~수천 대 수준이라 데이터 피드백 루프가 아직 제대로 작동하지 않는다.

로봇 생산·시스템 통합: 천문학적 밸류에이션, 사실상 매출 없음

가장 주목받지만 가장 돈을 못 버는 계층이다.

Figure AI는 2025년 9월 390억 달러 밸류에이션에 10억 달러의 Series C를 유치했으나, PitchBook 기준 '현재 매출 비공개(사실상 미미)'이다. BMW 공장에서 Figure 02가 11개월간 30,000대 이상의 X3 생산에 기여한 것은 인상적이지만, 이것은 파일럿이지 대규모 상업 매출이 아니다. RaaS 모델로 대당 월 1,000달러를 받겠다고 하지만, 아직 대량생산 전이고, 배치 대수가 극소수이다.

Agility Robotics는 Spanx 창고에서 '최초의 상업적 매출을 창출하는 휴머노이드 로봇 배치'를 달성했으나, 이것이 의미 있는 흑자를 뜻하지는 않는다. 중국의 Unitree만이 유일하게 흑자를 주장하고 있는데, 이는 저가 하드웨어(5,900~16,000달러) 판매 기반이라는 점에서 다른 서구 기업과 비즈니스 모델 자체가 다르다.

정리하면, **중국의 Unitree를 제외한 주요 휴머노이드 제조 기업은 모두 매**

글로벌 주요 피지컬 AI 기업의 수익성 현황(2025년 기준)

기업명	분야	연간 매출	순이익/손실	순이익률
NVIDIA	AI 칩	790억 달러	330억 달러	42%
FANUC	산업용 로봇	60억 달러	8억 달러	13%
Intuitive Surgical	수술 로봇	70억 달러	18억 달러	26%
Locus Robotics	창고 자동화(RaaS)	3억 달러	1,000만 달러	3%
Figure AI	휴머노이드	거의 없음	−5억 달러	−
Agility Robotics	휴머노이드	거의 없음	−3억 달러	−
Waymo	자율주행 택시	미공개	미공개(적자 추정)	−

출 전 단계 상태이다. 이들 기업의 비즈니스 모델은 향후 대량 생산 시 발생할 이익을 미리 가치평가에 반영한 것으로, 벤처캐피탈과 빅테크 투자자들은 5~10년 후의 수익성을 기대하며 자금을 투입하는 것이다.

센서·인지: 혼합 상태

라이다 시장은 자율주행의 부침과 함께 요동쳤다. Velodyne(현 Ouster와 합병)은 수년간 적자를 면치 못했고, 많은 라이다 스타트업이 SPAC*을 통한 우회상장 이후 고전했다. 반면 산업용 비전 센서(Cognex, Keyence)는 안정적인 흑자이다. 촉각 센서, 힘/토크 센서는 아직 시장 규모 자체가 작

---

* SPAC(Special Purpose Acquisition Company)은 기업 인수를 목적으로 만든 빈 껍데기 회사를 말한다. 2020~2021년에 라이다 기업들(Velodyne, Luminar, Ouster, Innoviz 등)이 이 방식으로 대거 나스닥에 상장했다. 이후 Luminar는 2025년 12월 파산신청을 한 상태이며, Velodyne은 2023년 Ouster에 합병되었다. Innoviz는 주가가 낮은 수준으로 떨어져 나스닥 상장 요건 미달 통지를 받았다.

다. 이 계층은 자율주행용은 고전 중이며, 산업용은 흑자로 양분된다.

돈을 버는 기업과 돈을 태우는 기업의 차이는 뚜렷하다. 수익성 있는 기업들은 이미 시장에서 검증된 제품을 가지고 있으며, 명확한 고객 니즈를 해결하고, 규모의 경제를 달성했다.

NVIDIA는 AI 학습과 추론에 필수적인 GPU를 제공하며, FANUC과 ABB는 자동차 공장에서 없어서는 안 될 용접·조립 로봇을 공급하고, 인튜이티브 서지컬은 최소 침습 수술이라는 명확한 가치를 의사들에게 제공한다. 반면 손실을 기록하는 기업들은 아직 제품-시장 적합성을 찾지 못했거나, 기술적 완성도가 부족하거나, 가격 경쟁력이 확보되지 않았다.

피지컬 AI 산업에서 수익성의 또 다른 핵심 결정 요인은 소프트웨어와 하드웨어의 비율이다. 순수 소프트웨어 기업은 한계비용이 낮아 규모 확대 시 이익률이 급격히 개선되지만, 하드웨어 중심 기업은 생산량이 늘어도 부품 원가와 제조 비용이 비례하여 증가한다.

이는 SaaS 기업들이 70~80%의 매출총이익률을 기록하는 반면, 로봇 제조사들은 30~40%에 그치는 이유다. 따라서 투자자는 기업의 수익 구조에서 소프트웨어와 서비스가 차지하는 비중을 면밀히 분석해야 한다.

실패한 투자 사례

피지컬 AI 산업의 역사는 실패한 투자 사례로 가득하다. 이들 실패 사례를 분석하면 투자자가 피해야 할 함정을 명확히 알 수 있다. 가장 대표적인 실패는 2016년부터 2019년까지 이어진 자율주행 1차 버블이다.

당시 수백 개의 자율주행 스타트업이 등장했고, 벤처캐피탈은 이 분야에 수백억 달러를 쏟아 부었다. 우버(Uber)는 자율주행 트럭 스타트업 오토(Otto)를 6억 8,000만 달러에 인수했지만, 안전 사고와 기술적 한계로 인해 2020년 이 부문을 매각했다. Google·Uber의 자율주행 팀 출신이 설립한 Argo AI는 포드와 폭스바겐으로부터 총 36억 달러를 투자받았으나, 2022년 상업화 실패로 문을 닫았다.

자율주행 버블의 핵심 문제는 기술적 난이도를 과소평가했다는 점이다. 2016년경 많은 전문가들이 2020년이면 완전 자율주행차가 도로를 누빌 것이라고 예측했지만 현실은 달랐다. 엣지 케이스(edge case)라 불리는 예외 상황들—폭우, 폭설, 공사 구간, 복잡한 교차로—을 처리하는 것이 예상보다 훨씬 어려웠다.

또한 규제 승인 과정이 길고 복잡했으며, 안전 기준을 충족시키기 위한 추가 개발 비용이 계속 증가했다. 결과적으로 대부분의 자율주행 스타트업은 초기 자금을 소진한 후 추가 투자를 유치하지 못하고 사라졌다.

로봇 스타트업의 또 다른 전형적인 실패 패턴은 파일럿에서 양산으로 넘어가지 못하는 것이다. 많은 로봇 기업이 데모와 시범 사업에서는 인상적인 성과를 보이지만, 실제 대량 생산과 배치 단계에서 난관에 부딪힌다. 주방 로봇 스타트업 주미(Zume)는 피자 배달 트럭에 로봇 주방을 설치한다는 아이디어로 5억 달러 이상을 투자받았으나, 기술적 신뢰성 문제와 경제성 부족으로 2020년 파산했다. 로봇이 실험실에서는 완벽히 작동하지만, 실제 환경의 변수—온도, 습도, 진동, 먼지—를 견디지 못한 것이다.

주요 피지컬 AI 투자 실패 사례

기업명	분야	총 투자액	실패 연도	실패 원인
Argo AI	자율주행	36억 달러	2022	상업화 실패, 기술적 한계
Zume	주방 로봇	5억 달러	2020	신뢰성 문제, 경제성 부족
Jibo	소셜 로봇	7,300만 달러	2018	제품-시장 부적합
Anki	소비자 로봇	2억 달러	2019	판매 부진, 자금 소진
Mayfield Robotics(Kuri)	가정용 로봇	보쉬 투자	2018	실용성 부족

재택 로봇 분야도 수많은 실패 사례를 낳았다. 소셜 로봇 스타트업 지보(Jibo)는 MIT 미디어랩 출신 연구자가 창업했고, 크라우드펀딩에서 380만 달러를 모았으며, 총 7,300만 달러의 투자를 유치했다. 하지만 제품 출시가 계속 지연되었고, 출시 후에도 소비자들이 실제로 사용할 만한 기능이 부족하여 2018년 서비스를 종료했다.

가정용 로봇의 문제는 '재미있는 데모'에서 '매일 사용하는 필수품'으로 전환되는 것이 극도로 어렵다는 점이다. 사람들은 신기한 로봇에 처음에는 관심을 보이지만, 실용적 가치를 제공하지 못하면 곧 무용지물이 된다.

하드웨어 스타트업의 구조적 리스크도 많은 실패를 초래했다. 소프트웨어 스타트업은 적은 자본으로 빠르게 제품을 출시하고 사용자 피드백을 받아 개선할 수 있지만, 로봇 스타트업은 제품 개발에 수년이 걸리고 막대한 자본이 필요하다. 또한 첫 제품이 실패하면 재기가 거의 불가능하다.

배달 로봇 스타트업 스타십 테크놀로지스(Starship Technologies)는 인도를 주행하는 소형 배달 로봇으로 주목받았으나, 제한적인 속도와 적재 용량, 복잡한 도시 환경에서의 내비게이션 문제로 인해 대학 캠퍼스와 같은 제한된 환경에서만 성공했다.

실패 사례에서 얻을 수 있는 교훈이 있다. 첫째, 기술적 완성도만으로는 부족하며 실제 고객이 돈을 낼 만한 명확한 가치 제안이 있어야 한다. 둘째, 파일럿과 양산은 완전히 다른 게임이며, 대량 생산 역량과 공급망 관리 능력이 필수적이다. 셋째, 하드웨어 스타트업은 소프트웨어보다 훨씬 많은 자본과 시간이 필요하므로, 충분한 자금 확보와 장기적 관점의 투자자가 필요하다. 넷째, 규제와 안전 기준을 과소평가해서는 안 되며, 특히 자율주행과 같이 인명과 직결된 분야에서는 더욱 그렇다.

투자자 관점에서 이러한 실패 사례는 조기 경고 신호를 포착하는 데 도움이 된다. **만약 어떤 로봇 스타트업이 계속해서 제품 출시를 연기하거나, 데모 동영상만 보여주고 실제 작동하는 제품을 공개하지 않거나, 명확한 고객과 사용 사례 없이 막연한 비전만 제시한다면, 이는 위험 신호다.** 또한 경쟁사 대비 명확한 기술적 우위나 특허 포트폴리오가 없는 기업, 창업자와 경영진이 하드웨어 양산 경험이 없는 기업도 주의해야 한다.

투자 단계별 특성: 하드웨어 vs 소프트웨어

피지컬 AI 투자는 하드웨어 중심 기업과 소프트웨어 중심 기업에서 전혀 다른 양상을 보인다. 이 차이를 이해하지 못하면 투자 판단에서 중대한 오류를 범할 수 있다. 하드웨어 기업은 초기 자본 집약도가 높고, 제품 개발 주기가 길며, 규모의 경제 달성이 필수적이다. 반면 소프트웨어 기업은 상대적으로 적은 자본으로 빠르게 제품을 출시할 수 있고, 한계비용이 거의 없어 확장성이 뛰어나다.

하드웨어 중심 로봇 기업의 전형적인 투자 단계를 살펴보자. 시드 단계에서는 프로토타입 제작과 기술 검증에 100만~500만 달러가 필요하다. 이 단계에서는 핵심 기술(예: 새로운 액추에이터, 독자적인 제어 알고리즘)의 실현 가능성을 입증하는 것이 목표다. 시리즈 A 단계에서는 작동하는 제품을 만들고 파일럿 고객을 확보하는 데 1,000만~3,000만 달러가 투입된다. 이 단계의 핵심은 실험실 밖의 실제 환경에서 로봇이 안정적으로 작동함을 보여주는 것이다.

시리즈 B와 C 단계는 하드웨어 스타트업에게 가장 어려운 관문이다. 양산 설비를 구축하고 공급망을 확립하며 초기 생산을 시작하는 데 5,000만~2억 달러가 필요하다. 많은 하드웨어 스타트업이 이 단계에서 실패하는데, 소량 생산에서는 작동했던 설계가 대량 생산에서는 품질 문제를 일으키거나, 부품 조달 비용이 예상을 초과하거나, 제조 수율이 낮아 단위 원가가 급등하기 때문이다. Boston Dynamics가 상용화까지 30년 이상 걸린 이유도 바로 이 양산의 벽을 넘는 데 오랜 시간이 필요했기 때문이다.

시리즈 D 이후 단계에서는 대규모 생산 확대와 시장 점유율 확보를 위해 수억 달러가 투입된다. Tesla Optimus는 이미 수십억 달러의 투자를 받았으며, 연간 수만 대를 생산할 수 있는 기가팩토리 라인을 구축 중이다. **이 단계에서는 단순히 기술이 실제로 작동하는지가 아니라, 얼마나 빠르고 저렴하게 대량 생산할 수 있는지가 성공의 관건이다.**

하드웨어 vs 소프트웨어 피지컬 AI 기업의 투자 특성 비교

특성	하드웨어 중심	소프트웨어 중심
시드~시리즈 A	100만~3,000만 달러	50만~1,000만 달러
시리즈 B~C	5,000만~2억 달러	2,000만~1억 달러
시리즈 D 이후	3억~10억 달러+	1억~3억 달러
제품 개발 기간	3~7년	1~3년
첫 수익 시점	5~10년	2~4년
매출총이익률	30~50%	70~90%
확장성	선형적(생산 설비 필요)	지수적(복제 비용 거의 없음)
주요 위험	양산 실패, 품질 문제	경쟁, 고객 이탈

반면 소프트웨어 중심 피지컬 AI 기업의 투자 패턴은 일반적인 SaaS 스타트업과 유사하다. Covariant의 경우 시드 라운드에서 400만 달러, 시리즈 A에서 4,000만 달러, 시리즈 B에서 8,000만 달러, 시리즈 C에서 2억 2,200만 달러를 유치했다. 하지만 이 자금의 대부분은 소프트웨어 개발자 고용, AI 모델 학습, 영업 조직 구축에 사용되었다. 제조 설비나 재고에 묶이는 자본은 거의 없다.

투자자 관점에서 하드웨어 기업은 더 높은 리스크와 더 긴 회수 기간을 감수해야 하지만, 성공 시 방어 가능한 경쟁 우위를 확보할 수 있다. 일단 대규모 생산 설비를 갖추고 공급망을 구축하면 신규 진입자가 따라잡기 어렵다. 또한 물리적 제품은 소프트웨어보다 복제가 어려워 특허와 영업 비밀로 보호받을 수 있다. 반면 소프트웨어 기업은 상대적으로 빠른 시장 진입과 확장이 가능하지만, 경쟁이 치열하고 전환 비용이 낮아 고객을 유

지하기 어려울 수 있다.

흥미로운 점은 가장 성공적인 피지컬 AI 기업들이 하드웨어와 소프트웨어를 모두 장악하려 한다는 것이다. Tesla는 자동차 하드웨어뿐 아니라 자율주행 소프트웨어를 자체 개발하며, NVIDIA는 GPU 칩뿐 아니라 Isaac Sim 같은 소프트웨어 플랫폼을 제공한다. 이러한 수직 통합 전략은 높은 자본과 인력을 요구하지만, 하드웨어와 소프트웨어의 긴밀한 최적화를 통해 경쟁사가 따라올 수 없는 성능을 달성할 수 있다.

투자 단계별 평가 지표도 하드웨어와 소프트웨어에서 다르다. 소프트웨어 기업은 월간 반복 수익(MRR), 고객 획득 비용(CAC), 고객 생애 가치(LTV), 순수익 유지율(NRR) 등의 지표로 평가된다. 반면 하드웨어 기업은 프로토타입 작동률, 파일럿 성공률, 제조 수율, 단위당 원가 절감, 재고 회전율 등이 중요하다. 투자자는 각 기업 유형에 맞는 평가 기준을 적용해야 하며, 소프트웨어 기업의 지표를 하드웨어 기업에 그대로 적용하거나 그 반대로 하면 잘못된 결론에 도달할 수 있다.

Chapter 18

미국 투자 기회

피지컬 AI 인프라 레이어

미국은 피지컬 AI 인프라의 절대 강자다. 특히 NVIDIA의 지배력은 압도적이어서, AI 학습과 추론에 사용되는 GPU 시장의 80% 이상을 점유한다. 2026년 2월 기준으로 NVIDIA의 시가총액은 4.6조 달러를 돌파하며 세계에서 가장 가치 있는 기업으로 자리매김했다. NVIDIA는 단순한 칩 제조사가 아니라 피지컬 AI 생태계 전체의 플랫폼 제공자로 진화하고 있다.

NVIDIA의 강점은 하드웨어와 소프트웨어의 수직 통합이다. 블랙웰(Blackwell) 아키텍처는 이전 세대 대비 2.5배 향상된 성능을 제공하며, 2026년 출시 예정인 루빈(Rubin) 플랫폼은 다시 한 번 성능 도약을 약속한다. 하지만 NVIDIA의 진정한 해자는 CUDA 소프트웨어 생태계다. 전 세계 AI 연구자와 엔지니어들이 CUDA에 익숙하며, 수천 개의 AI 라이브러리와 툴이 CUDA 기반으로 개발되었다. 이는 AMD나 인텔이 기술적으로 경쟁력 있는 칩을 출시하더라도 NVIDIA의 시장 지배력을 빠르게 잠식하기 어려운 이유다.

피지컬 AI를 위한 NVIDIA의 핵심 제품은 크게 세 가지다. 첫째, Cosmos 플랫폼은 물리 법칙을 이해하는 월드 모델을 학습시키기 위한 오픈소스 프레임워크다. 젠슨 황 CEO는 Cosmos를 "피지컬 AI의 ChatGPT 순간"이라 표현하며, 이 플랫폼이 로봇 개발 속도를 크게 가속화할 것이라 주장한다. 둘째, GR00T는 휴머노이드 로봇을 위한 범용 기반 모델로, 다양한 로봇 형태에 적용할 수 있는 VLA 모델이다. 셋째, 젯슨 시리즈는 로봇에 탑재되는 엣지 AI 칩으로, 실시간 추론을 가능하게 한다.

자율주행 분야에서는 Drive Thor 플랫폼이 핵심이다. 이 플랫폼은 2,000 TOPS의 연산 성능을 제공하며, 자율주행에 필요한 센서 융합, 경로 계획, 제어를 단일 칩에서 처리한다. 메르세데스-벤츠, 재규어 랜드로버, 볼보 등 주요 자동차 제조사들이 Drive Thor를 채택했다.

투자 관점에서 NVIDIA는 피지컬 AI 산업의 성장에서 가장 확실한 수혜자다. **피지컬 AI 기업들이 성공하든 실패하든, 개발 과정에서 NVIDIA의 GPU와 플랫폼을 사용**해야 하기 때문이다. 이는 1849년 골드러시 당시 곡괭이와 삽을 판 상인들이 가장 안정적으로 돈을 번 것과 같은 논리다. NVIDIA의 매출은 FY2022에 270억 달러에서 FY2025에는 1,305억 달러, FY2026에는 2,159억 달러를 기록했다. FY 2027에는 약 3,200억 달러로 급증할 것으로 전망된다.*

NVIDIA 피지컬 AI 제품 포트폴리오

제품	용도	주요 고객	경쟁 우위
Blackwell/Rubin	데이터센터 AI 학습	모든 AI 기업	압도적 성능, CUDA 생태계
Cosmos	월드 모델 학습	로봇 개발사	오픈소스, 대규모 데이터셋
GR00T	휴머노이드 기반 모델	Tesla, Figure AI 등	범용성, 전이 학습
Jetson	엣지 AI 추론	모든 로봇 제조사	전력 효율, 소프트웨어 통합
Drive Thor	자율주행	자동차 OEM	단일 칩 통합, 안전 인증
Isaac Sim	로봇 시뮬레이션	로봇 개발사	물리 엔진 정확도

NVIDIA의 주요 리스크는 지정학적 갈등과 경쟁 심화다. 미국 정부는 중국으로의 고성능 AI 칩 수출을 제한하고 있으며, 이는 NVIDIA의 중국 시장 매출을 크게 감소시켰다.

또한 AMD는 MI300 시리즈로 AI 칩 시장에 적극 진출하고 있으며, Google, Amazon, Mocrosoft는 자체 AI 칩을 개발하여 NVIDIA 의존도를 낮추려 한다. 하지만 NVIDIA의 기술적 선도와 생태계 우위를 고려하면, 적어도 향후 5년간은 시장 지배력을 유지할 가능성이 크다.

---

* https://intellectia.ai/news/stock/nvidia-poised-to-exceed-fiscal-2027-revenue-estimates. 한편 NVIDIA의 FY2026은 2025년 초~2026년 1월 말까지 약 1년간의 실적을 의미한다.

휴머노이드 로봇 기업

미국의 휴머노이드 로봇 기업들은 기술적 혁신과 막대한 자본 투자로 이 분야를 선도하고 있다.

Tesla Optimus

Tesla의 Optimus는 현재 가장 주목받는 프로젝트다. 일론 머스크는 Optimus가 장기적으로 Tesla 기업 가치의 80%를 차지할 것이라고 주장한다. 2026년 현재 Optimus Gen 3은 자연스러운 보행, 물체 조작, 음성 명령 이해 등의 기능을 시연했으며, Tesla 공장에서 시범 운영 중이다.

Tesla의 강점은 대량 생산 역량이다. Tesla는 연간 수백만 대의 전기차를 생산하며 쌓아온 제조 노하우를 Optimus에 적용할 수 있다. 특히 배터리 기술, 전기 모터 제어, 소프트웨어 OTA(Over-The-Air) 업데이트는 Tesla만의 독보적 역량이다. 머스크는 2027년까지 Optimus의 가격을 2만 달러 이하로 낮춰 대중 시장을 공략하겠다는 목표를 제시했다. 만약 이 가격대를 달성한다면 로봇 산업의 게임 체인저가 될 것이다.

Tesla Optimus의 가장 큰 리스크는 기술적 완성도다. 2026년 초 현재 Optimus는 공장 내 부품 이동·정렬 등 단순 반복 작업을 넘어 물체 조작과 불균일 지형 이동을 자율 수행 중이나, 복잡한 조작이나 예측 불가능한 환경에서의 완전 능력은 여전히 입증되지 않았다. 또한 Tesla의 FSD 자율 주행 기능이 수년간 지연된 전례를 고려하면, Optimus 상용화도 지연될 가능성이 있다.

Boston Dynamics Electric Atlas

미국의 휴머노이드 로봇 기업들 중 가장 오랜 기술적 역사를 보유한 곳은 Boston Dynamics다. 2013년 공개된 Atlas 초기 버전은 당시 세계에서 가장 역동적인 휴머노이드 로봇으로 주목받았으며, 2024년 공개된 Electric Atlas는 유압 방식을 완전히 탈피한 전동(電動) 기반의 새로운 플랫폼이다.

Boston Dynamics는 2021년 현대자동차그룹이 약 1조 원을 투자해 지분 80%를 인수하면서 한국 자본과 결합한 독특한 구조를 갖추게 됐다. 현대차그룹은 단순한 재무적 투자자가 아니라 로봇 기술의 전략적 수요자로서, Boston Dynamics와의 긴밀한 협력을 통해 제조 현장 자동화와 미래 모빌리티 생태계를 동시에 추진하고 있다.

Boston Dynamics의 강점은 독보적인 동역학 기술이며, 여기에 현대차그룹의 제조 역량이 더해지면서 시너지가 본격화되고 있다. 수십 년간 축적된 보행 제어 알고리즘과 실세계 테스트 데이터는 경쟁사들이 단기간에 따라잡기 어려운 진입 장벽이다.

Electric Atlas는 기존 유압 Atlas보다 더 강력한 관절 토크와 넓은 가동 범위를 갖추고 있으며, 360도 회전 가능한 손목 구조 등 인간의 해부학적 한계를 의도적으로 초월한 설계를 채택했다. 현대차 미국 조지아 공장에서 Electric Atlas의 파일럿 테스트가 진행 중이며, 자동차 제조라는 고난도 산업 환경에서 실증 데이터를 확보중이다.

현대차그룹 입장에서는 자사 공장이 곧 로봇의 테스트베드이자 첫 번째 고객이 되는 구조로, 기술 개발과 상용화가 동시에 진행되는 선순환 구조를 갖추고 있다.

Figure AI, 1X, Agility Robotics 등 소프트웨어 중심의 후발 주자들이 AI 통합에서 빠른 속도로 격차를 좁히고 있어, 하드웨어 우위만으로는 시장 주도권을 유지하기 어려운 상황이 전개될 수 있다.

Figure AI의 Figure 03

Figure AI는 실리콘밸리의 대표적인 휴머노이드 스타트업이다. 2024년 2월 OpenAI, Microsoft, NVIDIA, 제프 베조스, Intel 등으로부터 6억 7,500만 달러를 유치하며 밸류에이션 26억 달러를 기록했고, 2025년에는 390억 달러로 급등했다.

Figure 02 로봇은 BMW 사우스캐롤라이나 공장에 배치되어 자동차 부품을 조립하고 검사하는 작업을 수행했다. 이는 휴머노이드 로봇이 실제 제조 현장에서 상업적으로 활용된 첫 사례 중 하나다.

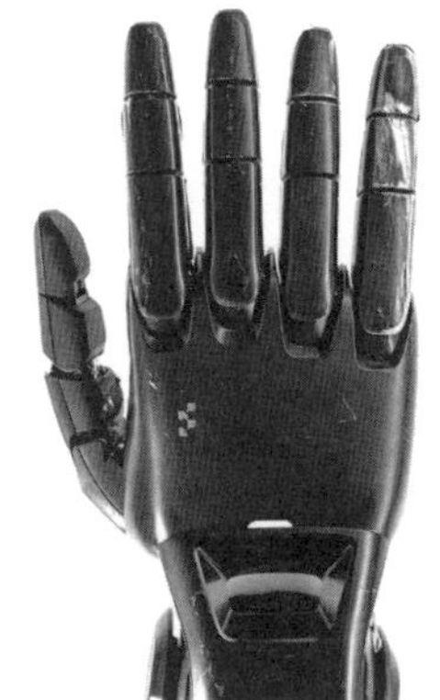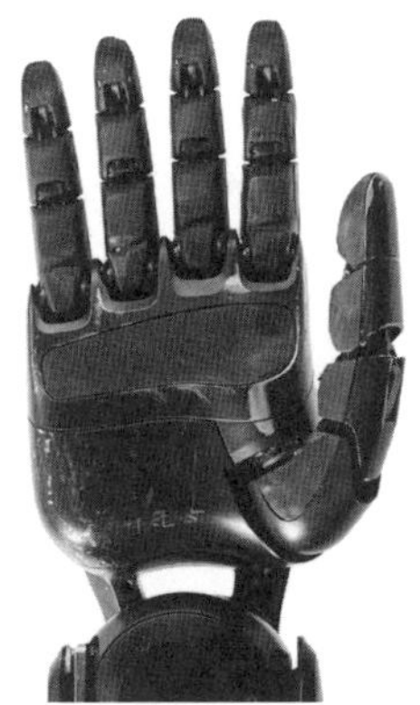

BMW에서 11개월 동안 3만대의 차를 만드는데 기여한 Figure 02의 손

(출처: Figure AI Press Kit)

Figure AI의 차별화 요소는 자체 Helix AI를 탑재한 멀티모달 AI다. Figure 03은 Helix AI 기반 음성 이해 시스템을 탑재하여 작업자와 자연스러운 대화를 나누며 지시를 받을 수 있다. 예를 들어 작업자가 "저기 있는 파란색 상자를 가져와"라고 말하면, 로봇이 시각 정보와 언어를 결합하여 해당 상자를 찾아 가져온다. 이러한 멀티모달 이해 능력은 로봇을 훨씬 유연하게 만든다.

주요 미국 휴머노이드 로봇 기업 비교

기업	최신 모델	밸류에이션	주요 투자자	상용화 단계	차별화 요소
Tesla	Optimus Gen 3	모기업에 포함	–	자사 공장 시범	대량생산, 저가격 목표
Boston Dynamics	Electric Atlas	현대차에 포함 IPO 추진중	현대차그룹	현대차 공장 실증 배치	산업용
Figure AI	Figure 03	390억 달러	OpenAI, Microsoft, NVIDIA	BMW 공장 시험 배치	Helix AI, 빠른 상용화
Agility Robotics	Digit	추정 15억 달러	Amazon, Playground	아마존 창고 시험 배치	2족 보행 안정성
Apptronik	Apollo	시리즈 A	Google Ventures	Mercedes-Benz 시험 배치	모듈형 설계

Agility Robotics의 Digit는 물류와 창고 자동화에 특화된 휴머노이드다. 키 175cm, 무게 65kg의 Digit는 최대 16kg의 화물을 운반할 수 있으며, 계단 오르기와 좁은 통로 통과가 가능하다. Digit는 기업·산업용 RaaS 형태로 상업 배치된 상태이며, 일반 소비자용은 2027년 이후로 예상된다.

Apptronik의 Apollo는 모듈형 설계를 특징으로 한다. 팔, 다리, 몸통 등 각 부위를 독립적으로 교체하거나 업그레이드할 수 있어 유지보수 비용을 낮추고 수명을 연장할 수 있다. 구글 벤처스, NASA 등의 지원을 받으며 기술 개발에 집중하고 있다. Mercedes-Benz 공장, GXO Logistics의 물류 창고, Jabil 제조 공장에 시험 배치되어 테스트를 진행중이다.

휴머노이드 로봇 기업 투자시 고려 사항

휴머노이드 로봇 제조기업에 투자할 때 첫 번째 핵심은 **현재 이 산업이 아직 수익 창출 단계에 진입하지 않았다**는 점이다. Tesla Optimus, Boston Dynamics Electric Atlas, Figure AI의 Figure 03을 비롯한 핵심 휴머노이드 로봇들은 2027년 말~2028년 말에 대량 생산이 예정되어 있다. 로봇 판매 자체에서 발생하는 매출은 사실상 전무한 상태다.

즉, 투자자들이 지금 베팅하는 것은 현재의 수익이 아니라 3~5년 후의 시장 가능성이며, 이는 기술 실현 지연, 경쟁사 추월, 자금 소진이라는 복합적 리스크를 내포한다. 이러한 점에서 Tesla와 Boston Dynamics는 안전한 지점에 위치한다. Tesla은 이미 거대 기업이고, Boston Dynamics는 현대차그룹이라는 든든한 모기업이 있다.

이들 이외의 휴머노이드 기업은 현금 보유량과 추가 자금 조달 능력, 즉 언제까지 수익 없이 버틸 수 있는가를 핵심 지표로 살펴야 한다. 기술 시연 영상이나 CEO의 장밋빛 발표에 현혹되지 않는 냉정한 시각이 필요하다. 결국 휴머노이드 로봇 제조 기업에 대한 투자는 고위험·고수익 구조의 장기 베팅임을 전제로, 포트폴리오의 일부로만 편입하는 분산 전략이 현명하다.

휴머노이드 로봇 기업에 투자할 때 두 번째 핵심은 '**누가 먼저 2만 달러 가격대에 안정적인 로봇을 양산할 수 있는가**'다. Goldman Sachs 분석에 따르면 2만 달러는 많은 산업에서 인간 노동력과 로봇이 교체되는 임계점이다. 연간 5만 달러를 받는 노동자를 2만 달러짜리 로봇으로 대체하면, 로봇의 수명을 5년으로 가정할 때 연간 비용은 4,000달러에 불과하다. 여기에 전기료와 유지보수 비용을 더해도 연간 1만 달러 미만으로, 인건비의 5분의 1 수준이다. 다만, 로봇이 인간과 유사한 생산력을 보여준다는 조건이 있어야 한다. Boston Dynamics의 Atlas는 산업 현장 적용을 최우선 목표로 하며, 13만~15만 달러 수준의 고가로 책정될 전망이다.

현재 휴머노이드 로봇의 제조 원가는 5만~10만 달러로 추정된다. 2만 달러에 판매하려면 원가를 1만~1만 5,000달러로 낮춰야 하며, 이는 연간 수만 대 이상의 대량 생산을 통해서만 가능하다. Tesla가 유일하게 이를 달성할 역량을 가진 기업으로 평가받는 이유다.

자율주행 플랫폼

자율주행은 피지컬 AI의 가장 큰 단일 시장이지만, 동시에 가장 어려운 기술적 도전을 제시한다.

미국에서는 **웨이모**(Waymo)가 유일하게 대규모 상업 서비스를 운영 중이다. 알파벳(Google)의 자회사인 웨이모는 샌프란시스코, 피닉스, 로스앤

젤레스에서 로보택시 서비스 웨이모 원(Waymo One)을 제공하며, 2025년 말 기준 주당 15만 회 이상의 유료 승차를 기록했다. 이는 2024년 대비 50% 증가한 수치다.

웨이모의 기술적 우위는 방대한 주행 데이터와 시뮬레이션 역량이다. 웨이모는 실제 도로에서 3,500만 마일 이상을 주행했으며, 시뮬레이션에서는 수백억 마일을 주행하며 엣지 케이스를 학습했다. 웨이모의 6세대 자율주행 시스템은 29개의 카메라, 5개의 라이다, 6개의 레이더를 통합하여 360도 전방위 인식을 수행한다.

웨이모의 비즈니스 모델은 로보택시 운영 수익과 자율주행 기술 라이선싱이다. 현재는 자체 차량으로만 서비스하지만, 향후 자동차 제조사에게 자율주행 스택을 판매하거나 라이선싱할 가능성이 있다. 웨이모는 아직 수익성을 공개하지 않았지만, 업계 추정에 따르면 차량 한 대당 연간 10만~15만 달러의 운영 비용이 들며, 수익은 그보다 낮을 것으로 예상된다. 하지만 규모가 확대되고 차량 원가가 하락하면 2027~2028년경 손익분기점에 도달할 것으로 보인다.

주요 미국 자율주행 기업 비교

기업	모회사	초점 분야	상용화 단계	경쟁 우위
Waymo	Alphabet	로보택시	대규모 운영	최다 주행 데이터
Aurora	독립 상장	트럭, 로보택시	초기 상용	복합 전략
Cruise	GM	로보택시	서비스 중단	GM 제조 통합
Torc Robotics	Daimler	트럭	파일럿	OEM 지원
Zoox	Amazon	로보택시	테스트 중	맞춤형 차량

오로라 이노베이션(Aurora Innovation)은 트럭 자율주행에 집중한다. 오로라는 2025년 말 텍사스와 애리조나에서 상업 서비스를 시작했으며, 페덱스, 우버 프레이트, 파카르(Paccar) 등과 파트너십을 맺었다. 트럭 자율주행은 고속도로 주행이 주를 이루고 환경이 상대적으로 단순하여, 도심 로보택시보다 빠른 상용화가 가능하다.

제너럴 모터스의 자회사 **크루즈**(Cruise)는 2023년 샌프란시스코에서 사고를 일으킨 후 서비스를 중단했다. 현재 로보택시 사업은 중단했으며, 인간이 운전하는 상태에서, 자율주행을 재개하기 위한 지도 데이터 수집용 차량만 운행하고 있다.

아마존의 자회사 **주크스**(Zoox)는 처음부터 자율주행을 위해 설계된 전용 차량을 개발했다. 주크스 차량은 운전대와 페달이 없으며, 양방향 주행이 가능하고, 최대 4명의 승객을 태울 수 있다. 2025년 라스베이거스와 샌프란시스코에서 직원 대상 셔틀 서비스를 시작했으며, 점진적으로 일반 승객 서비스로 확대할 계획이다. 주크스의 장점은 아마존의 물류 네트워크와 시너지를 낼 수 있다는 점이다.

자율주행 플랫폼 투자 시 고려해야 할 핵심 요소는 세 가지다. 첫째, 기술적 성숙도다. 주행 마일리지, 개입률(인간 운전자가 개입해야 하는 빈도), 사고율 등의 지표로 평가할 수 있다. 둘째, 규제 승인이다. 캘리포니아, 애리조나, 텍사스 등 일부 주에서는 무인 자율주행을 허용하지만, 대부분의 주에서는 여전히 안전 운전자를 요구한다. 셋째, 경제성이다. 차량 원가, 운영 비용, 수익률을 고려했을 때 언제 수익성을 달성할 수 있는지가 중요하다.

자율주행 분야는 높은 기술적·규제적 리스크를 가지지만, 성공 시 시장 규모가 막대하다. McKinsey는 2035년 자율주행 시장이 3,000억~4,000억 달러에 이를 것으로 전망한다.[*] 현재 웨이모만이 실질적인 매출을 창출하고 있지만, 향후 5~10년 내에 여러 플레이어가 대규모 서비스를 시작하면 시장은 급격히 성장할 것이다.

산업 자동화

산업 자동화 분야는 피지컬 AI에서 가장 성숙하고 안정적인 수익을 창출하는 영역이다. 일본과 유럽 기업들이 전통적으로 강세를 보였지만, 미국 기업들도 AI와 소프트웨어 역량을 앞세워 경쟁력을 키우고 있다. 특히 수술 로봇 분야에서는 미국이 절대적 우위를 점한다.

인튜이티브 서지컬(Intuitive Surgical)은 1995년 설립되어 30년 가까이 수술 로봇 시장을 지배해왔다. 다빈치 수술 시스템은 전 세계 8,000개 이상의 병원에 설치되었으며, 연간 200만 건 이상의 수술에 사용된다. 다빈치는 외과의사가 콘솔에 앉아 3D 화면을 보며 로봇 팔을 정밀하게 조작할 수 있게 하는데, 손떨림 제거, 7자유도 관절, 10배 확대 화면 등의 기능으로 최소 침습 수술을 가능하게 한다.

---

[*] https://www.mckinsey.com/industries/automotive-and-assembly/our-insights/autonomous-drivings-future-convenient-and-connected?utm_source=chatgpt.com

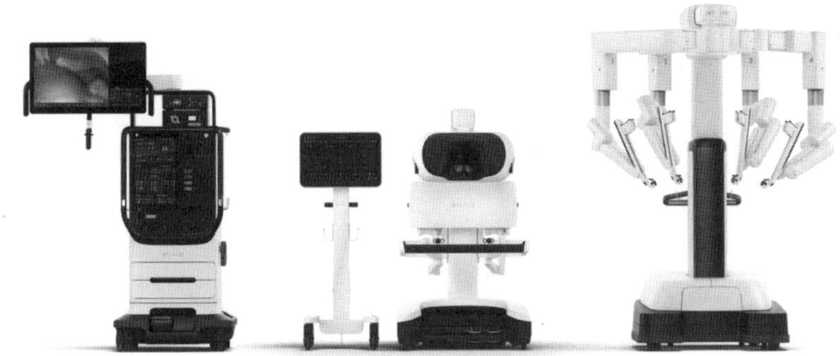

인튜이티브 서지컬의 로봇수술 시스템 다빈치 5

인튜이티브 서지컬의 비즈니스 모델은 매우 견고하다. 다빈치 시스템 한 대의 가격은 100만~250만 달러이며, 병원이 시스템을 구매하면 지속적으로 수술 도구 소모품과 유지보수 서비스를 구매해야 한다. 이 반복 수익이 전체 매출의 70% 이상을 차지하며, 높은 마진율과 예측 가능한 현금 흐름을 제공한다.

2025년 인튜이티브의 매출은 100억 달러, 순이익은 28억 달러로, 순이익률 28%는 소프트웨어 기업에 필적하는 수준이다.

인튜이티브 서지컬 재무 성과(2023~2025년)

연도	매출(억 달러)	순이익 (억 달러)	순이익률	시스템 판매 대수	누적 설치 대수
2023	71.24	17.98	25%	1,262	7,606
2024	83~100	23~28	27.8%	1,430	9,902
2025	100.64	28.56	28%	1,500(추정)	11,106

파낙(FANUC)은 일본 기업이지만 미국 시장에서도 강력한 입지를 가진다. 파낙은 자동차, 항공우주, 전자제조 등 정밀 제조 분야에서 세계 1위 산업용 로봇 제조사다. 누적 100만 대 이상의 로봇을 판매했으며, 특히 용접, 조립, 도장 분야에서 독보적 위치를 차지한다. 파낙의 강점은 신뢰성과 정밀도다. 파낙 로봇은 24시간 365일 10년 이상 작동할 수 있도록 설계되며, 반복 정밀도는 0.02mm 수준이다.

AI 통합이 파낙의 새로운 성장 동력이다. 파낙은 NVIDIA와 협력하여 AI 비전 시스템을 로봇에 탑재했다. 이를 통해 로봇은 부품의 위치와 방향을 인식하고, 불량품을 자동으로 감지하며, 새로운 작업을 빠르게 학습할 수 있다. 또한 예측 유지보수 기능으로 부품 고장을 미리 예측하여 다운타임을 최소화한다. 이러한 AI 기능은 로봇의 부가가치를 높여 가격 프리미엄을 정당화한다.

ABB 로보틱스(ABB Robotics)는 스위스 기업이지만 미국에 대규모 생산 및 연구 시설을 운영한다. ABB는 협동로봇(cobot) 분야에서 강세를 보이며, 유미(YuMi)와 고파(GoFa) 시리즈는 인간과 안전하게 협업할 수 있도록 설계되었다.

ABB는 2026년 로보틱스 사업부를 소프트뱅크에 매각하는 계약을 체결했으며, 거래는 EU·미국·중국 등 규제 승인을 거쳐 2026년 중후반에 완료될 예정이다.

쿠카(KUKA) 로보틱스는 독일 본사를 둔 산업로봇 회사로, 2017년 이후 중국 가전기업 Midea에 인수되었다. 쿠카는 iiQKA.OS2라는 로봇 운영체제를 개발하여 로봇 프로그래밍과 시운전을 단순화했다. iiQKA.OS2

는 웹 기반 UI, 가상 로봇 컨트롤러, 표준 안전 규격과 AI-ready 구조를 통해 여러 KUKA 로봇을 공통 플랫폼에서 관리할 수 있게 한다.

산업 자동화 분야에 투자할 때의 핵심은 장기 트렌드와 기업의 해자를 파악하는 것이다. 인건비 상승, 인력 부족, 품질 요구 증가라는 구조적 트렌드는 향후 수십 년간 지속될 것이다. 또한 일단 특정 브랜드의 로봇을 도입한 공장은 호환성과 운영자 숙련도 때문에 같은 브랜드를 계속 구매하는 경향이 있다. 따라서 시장 선도 기업들은 안정적인 성장과 수익성을 기대할 수 있다.

클라우드와 AI 칩

피지컬 AI 개발에는 막대한 컴퓨팅 파워가 필요하며, 이는 클라우드 서비스와 AI 칩 제조사에게 거대한 기회를 제공한다. **코어위브**(CoreWeave)는 피지컬 AI와 생성형 AI를 위한 전문 클라우드 제공자로 급부상했다. 2019년 암호화폐 채굴 사업에서 시작한 코어위브는 보유한 GPU를 AI 분야에 특화시키며 빠르게 성장했다.

코어위브의 차별화 요소는 속도와 유연성이다. AWS, Azure, GCP 같은 대형 클라우드는 범용 서비스를 제공하지만, 코어위브는 AI 학습과 추론에만 집중한다. 고객은 최신 NVIDIA GPU(A100, H100, H200)에 즉시 액세스할 수 있으며, 필요에 따라 수천 개의 GPU를 며칠 내에 사용할 수 있다. 이는 대형 클라우드에서 몇 주~몇 달이 걸리는 것과 대조적이다.

AMD는 AI 칩 시장에서 NVIDIA에 도전하는 가장 강력한 경쟁자다. AMD의 MI300 시리즈는 AI 학습과 추론 모두에서 경쟁력 있는 성능을 제공한다. 여러 분석에 따르면 MI300X 기반 서버는 NVIDIA 대비 가격 대비 성능(성능·TCO 관점)에서 경쟁력이 있으며, Microsoft, Meta, Oracle 등이 MI300X를 채택해 클라우드·AI 인프라에 도입하고 있다.

AMD는 2024년 Instinct 데이터센터 GPU 매출이 50억 달러를 넘었다고 밝히며, 2025년 이후 AI 칩 매출이 크게 성장할 것으로 전망하고 있다.

AMD의 과제는 소프트웨어 생태계다. NVIDIA의 CUDA는 15년 이상 개발되어 수만 개의 라이브러리와 툴이 존재하지만, AMD의 GPU 플랫폼인 ROCm은 성숙도가 낮다. 많은 AI 프레임워크와 모델이 CUDA에 최적화되어 있어, AMD 칩에서 실행하려면 추가 작업이 필요하다.

하지만 AMD는 오픈소스 커뮤니티와 협력하여 ROCm 생태계를 빠르게 확장하고 있으며, PyTorch와 TensorFlow의 AMD 지원도 개선되고 있다.

주요 AI 클라우드 제공자 비교

제공자	전문화	GPU 재고	주요 고객	차별화 요소
CoreWeave	AI 전용	대규모 최신 GPU	OpenAI, Stability AI	즉시 사용 가능한 환경 구성, AI 최적화
AWS	범용	중간	모든 산업	광범위한 서비스
Azure	범용	중간	기업	Microsoft 생태계
GCP	범용, AI 강화	중간	AI 스타트업	TPU, TensorFlow
Lambda Labs	AI 전용	소규모	스타트업, 연구소	저가 GPU 클라우드

인텔은 AI 칩 시장에서 고전하고 있다. 가우디(Gaudi) 시리즈를 출시했지만 시장 반응은 미온적이다. 인텔의 강점은 여전히 CPU에 있으며, 제온(Xeon) 프로세서는 엣지 AI와 추론 워크로드에서 경쟁력을 유지한다. 인텔은 자회사 모빌아이(Mobileye)를 통해 자율주행 및 ADAS 칩 시장에서 강력한 입지를 확보하고 있다. 모빌아이는 EyeQ 칩을 50개 이상의 자동차 제조사에 공급하며, 누적 출하량이 1억 8,000만 개 수준에 이르는 것으로 알려져 있다.

클라우드와 AI 칩 투자 시 고려할 점은 기술 변화의 속도다. AI 하드웨어는 매년 새로운 세대가 출시되며, 성능은 2배씩 향상된다. 이는 투자자에게 기회이자 리스크다. 최신 기술을 선도하는 기업은 높은 마진과 성장을 누리지만, 기술 전환에 뒤처지면 재고 손실과 고객 이탈을 겪는다. 따라서 연구개발 투자, 로드맵, 파트너십을 면밀히 분석해야 한다.

Chapter 19

한국 투자 기회

한국 피지컬 AI 투자의 핵심은 대형주에서 시작된다. 삼성전자, SK하이닉스, 현대차그룹, LG전자, 두산로보틱스는 각각 밸류체인의 다른 위치에서 피지컬 AI 시장의 성장을 포착할 수 있는 구조적 강점을 보유하고 있다. 삼성전자, SK하이닉스, 현대차그룹은 특별한 설명이 필요하지 않지만, 피지컬 AI라는 관점에서 살펴보도록 하자.

삼성전자

삼성전자는 피지컬 AI 산업의 다층적 수혜자다. 메모리 반도체 부문에서는 HBM(High Bandwidth Memory)이 핵심 성장 동력이다. AI 칩의 성능은 연산 능력뿐 아니라 메모리 대역폭에 크게 좌우되는데, 삼성전자의 최신 HBM4는 동작 속도 약 11.7Gbps, 최대 13Gbps 수준을 제공하며 2026년 하반기에 출시되는 NVIDIA의 Rubin GPU에 탑재된다.

삼성전자의 시스템 LSI 사업부는 모바일과 자동차용 AI 칩을 개발한다. 엑시노스(Exynos) 프로세서에 NPU(Neural Processing Unit)를 통합하여 온디바이스 AI 성능을 강화하고 있으며, 자율주행용 칩에서도 Tesla, 아우디 등과 협력한다. 또한 삼성전자는 파운드리 사업을 통해 다른 팹리스 기업들의 AI 칩 생산을 수주할 수 있다. TSMC의 지정학적 리스크를 우려하는 고객들에게 대안으로 부상하고 있다.

가전 부문에서는 AI 로봇을 개발 중이다. 삼성전자는 CES 2025에서 볼리(Ballie)라는 가정용 로봇을 공개했다. 볼리는 공 모양의 소형 로봇으로, 집안을 돌아다니며 가전기기를 제어하고 반려동물을 모니터링하며 프로젝터로 벽에 영상을 투사한다.

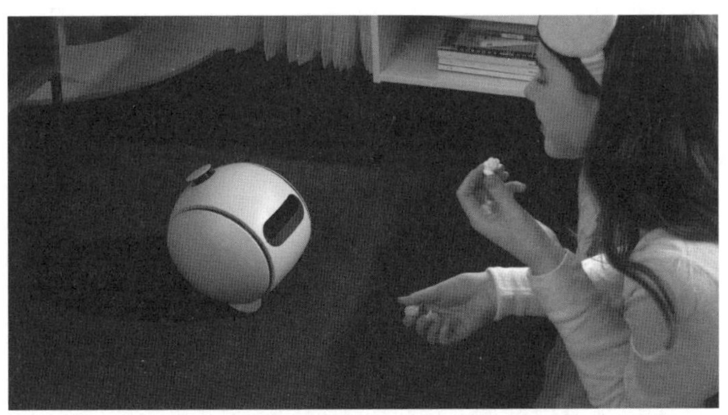

삼성전자가 CES 2025에서 선보인 가정용 로봇 볼리.
소비자 제품으로 기획했으나 내부 혁신 플랫폼으로 전환되었다.

삼성전자 피지컬 AI 관련 사업 포트폴리오

사업부문	제품/서비스	시장 위치	2025년 매출 기여	성장 전망
메모리 반도체	HBM3E, HBM4	글로벌 2위	약 10~15조 원	연 30% 성장
시스템 LSI	엑시노스, 자율주행 칩	중위권	약 10~15조 원	연 10% 성장
파운드리	AI 칩 위탁생산	글로벌 2위	약 20~30조 원	연 15% 성장
로봇/가전	볼리, AI 가전	개발 단계	볼리 개발단계	장기 잠재력

투자 관점에서 삼성전자의 핵심 가치는 HBM에 있다. AI 붐이 지속되는 한 HBM 수요는 공급을 초과할 것이며, 이는 높은 가격과 마진을 보장한다. 삼성전자는 2025년 고부가 메모리 사업의 핵심인 HBM 매출이 10조~15조 원 수준으로 확대되었으며, 2026년에는 2025년 대비 3배 이상 증가를 목표로 HBM4·HBM4E 포트폴리오를 확대하고 있다. 일부 증권사들은 이 흐름을 바탕으로 2027년에 HBM 매출이 30조 원대 수준까지 도달할 수 있을 것으로 보고 있다.

SK하이닉스

SK하이닉스는 HBM 시장에서 사실상의 절대 강자로, 2025년 글로벌 HBM 시장 점유율이 60% 수준에 근접하는 수준까지 올라섰다. NVIDIA H100과 H200에 탑재되는 HBM3·HBM3E의 주요 공급사로, NVIDIA 물량의 상당 부분을 담당하는 핵심 공급처다.

SK하이닉스는 HBM 기술을 먼저 개발해 왔고, HBM3 시점에서 삼성전자보다 1~2년 정도의 시간 차이로 시장에 선제적으로 진입했다. 이후 HBM3E에서 수율과 신뢰성 측면에서 경쟁사 대비 우위를 확보하면서, NVIDIA의 HBM3/HBM3E·HBM4의 주요 파트너로 자리를 굳혔다. 다만 NVIDIA는 공급선 다변화와 공정·성능·수율 조합을 고려해 삼성전자·마이크론과도 함께 공급 계약을 유지하고 있다.

SK하이닉스의 HBM 매출은 2023년에 15조 원 안팎으로 성장했고, 2025년에는 전년 대비 2배 이상 성장하며 30조~40조 원대까지 확대된 것으로 추정된다. 2027년까지 HBM 수요가 공급을 크게 상회할 것으로 전망되므로 HBM 매출 성장은 SK하이닉스 실적의 핵심 동력이 될 것으로 보인다. BS 등 해외 기관은 2026년에는 NVIDIA 차세대 루빈 플랫폼에 탑재되는 HBM4 시장에서 SK하이닉스가 약 70% 점유율을 기록할 것으로 전망하고 있다. 이는 HBM3·HBM3E 시장에서 SK하이닉스가 확보한 우위를 HBM4에서도 이어갈 것이라는 시각을 반영한다.[*]

SK하이닉스의 주가는 HBM 수요에 극도로 민감하다. 2023년 초 주가는 7만 원대였지만, AI 붐과 함께 2026년 초 100만 원을 돌파했다. SK하이닉스의 2025년 연간 영업이익 47조 2,063억 원으로 발표되었다.

SK하이닉스의 리스크는 HBM 집중도가 높다는 점이다. 만약 AI 투자가 둔화되거나 NVIDIA의 칩 수요가 감소하면 SK하이닉스는 곧바로 영향을 받는다. 또한 삼성전자가 HBM 시장 점유율을 확대하면 가격 경쟁

---

[*]　https://news.skhynix.co.kr/2026-market-outlook/

이 심화될 수 있다. 하지만 단기적으로는(2026~2027년) HBM 수요가 공급을 크게 초과할 것이 확실하므로, 이러한 리스크는 제한적이다.

현대자동차그룹: 자동차 기업에서 로봇 기업으로

현대자동차그룹은 피지컬 AI 생태계 전체를 아우르는 전략을 추진한다. 2021년 Boston Dynamics를 11억 달러에 인수한 것은 이 전략의 핵심이다. Boston Dynamics의 Atlas 휴머노이드는 세계 최고 수준의 운동 능력을 자랑하며, 2025년 전기 구동 방식의 차세대 Atlas를 공개했다. 현대차그룹은 Boston Dynamics 로봇을 연간 3만 대 생산할 수 있는 공장을 건설 중이며, 2027년부터 본격 양산에 들어간다.

현대차그룹의 로봇 전략은 제조, 물류, 서비스 전 분야를 포괄한다. 스팟(Spot) 4족 로봇은 현대차 공장에서 시설 점검과 안전 순찰에 활용되며, 스트레치(Stretch) 물류 로봇은 창고에서 팔레트를 운반한다. Atlas는 자동차 조립 라인에서 인간이 하기 어려운 작업—좁은 공간에서의 볼트 체결, 무거운 부품 운반, 용접 품질 검사—을 수행할 예정이다. 현대차는 2030년까지 자사 공장에 수천 대의 로봇을 배치하여 생산성을 30% 향상시킨다는 목표를 세웠다.

현대자동차 산하 Robotics LAB은 피지컬 AI 기반의 로봇 기술을 연구·개발하는 핵심 조직이다. 로봇의 인지·판단·제어 소프트웨어와 온디바이스 AI 기술을 개발해 자율성과 지능을 고도화한다. 개발된 기술은 제

조·물류·서비스 현장에 적용되어 그룹의 로보틱스 밸류체인 확장을 주도
한다.

현대 로보틱스랩에서 개발한 현대자동차·기아의 모빌리티 로봇 플랫폼 모베드(MobED)

현대차그룹은 NVIDIA와도 긴밀히 협력한다. 2025년 NVIDIA와 함께 5만 개 GPU 규모의 AI 팩토리를 구축하기로 합의했으며, 이 인프라는 자율주행 개발과 로봇 학습에 활용된다. 현대차의 차세대 자율주행 시스템은 NVIDIA Drive Thor 플랫폼 기반이며, 2027년 출시 예정인 제네시스 브랜드부터 적용된다. 또한 현대차는 42dot이라는 자율주행 소프트웨어 자회사를 운영하며 독자 기술도 개발한다.

현대차그룹의 로봇 투자 규모는 압도적이다. 2025년부터 2030년까지 로봇 분야에 총 125조 원을 투자한다는 계획을 발표했다. 이는 연간 20조 원이 넘는 금액으로, 현대차그룹 전체 연구개발비의 30% 이상을 차지한다. 이러한 대규모 투자는 현대차가 로봇을 미래 핵심 사업으로 보고 있음

을 보여준다. 정의선 회장은 "2040년 현대차그룹 매출의 50%는 로봇과 미래 모빌리티에서 나올 것"이라고 선언했다.

투자 관점에서 현대차그룹의 로봇 사업은 장기적 옵션 가치를 가진다. 현재는 매출과 이익에 거의 기여하지 않지만, 2030년대에 로봇 시장이 본격 성장하면 새로운 수익원이 될 수 있다.

현대차그룹 피지컬 AI 관련 사업 포트폴리오

기업	주요 역할·제품	밸류체인 포지션
Boston Dynamics	Atlas 휴머노이드, Spot, Stretch 물류 로봇	로봇 완제품 (휴머노이드·4족·물류)
Boston Dynamics AI Institute	인지/운동성 AI, 유기적 하드웨어, 윤리·정책 연구	피지컬 AI 원천 R&D
Robotics LAB	그룹 전체의 피지컬 AI 전략과 로보틱스 기술 개발	AI 및 제어 소프트웨어 개발, 실증·검증 및 상용화 준비
현대오토에버	로봇 학습·모니터링, Mobility SW 플랫폼	제어 SW·데이터·시스템 통합(SI)
현대모비스	Atlas용 액추에이터, 향후 그리퍼·센서·컨트롤러·배터리	액추에이터·핵심 부품
현대위아	AMR※/AGV※, 협동로봇, 공장 자동화 솔루션	물류 로봇·라인 자동화
현대글로비스	물류 최적화 및 자동화 기술	피지컬 AI 솔루션의 물류·공급망 적용
클로봇 (현대차 투자)	자율주행 SW 'CHAMELEON', 이기종 관제 'CROMS', AMR/서비스 로봇 SW	로봇 OS·자율주행·플릿※ 관리 SW

※AMR: 별도의 고정 경로 없이 센서와 인공지능을 활용해 스스로 주변 환경을 인식하고 자율적으로 이동하는 이동형 로봇.
　AVG: 사전에 설치된 경로를 따라 자동으로 이동하는 무인 운반 차량
　플릿: 여러 대의 로봇을 하나의 시스템으로 묶어 중앙에서 통합 관리·제어하는 운영 체계

LG전자

LG전자는 홈 로봇과 AI 가전에 집중한다. LG의 클로이(CLOi) 로봇 시리즈는 서빙 로봇, 안내 로봇, 배송 로봇 등 다양한 형태로 개발되었다. 서빙 로봇은 레스토랑과 호텔에서 음식과 물품을 운반하며, 2025년 말 기준 전 세계 매장에 배치되었다.

안내 로봇은 쇼핑몰과 공항에서 고객 안내와 정보 제공을 담당한다. LG전자는 로봇을 직접 판매하기보다 RaaS(Robotics-as-a-Service) 모델로 제공하여 고객의 초기 투자 부담을 낮춘다.

LG전자의 진정한 강점은 AI 가전이다. LG 씽큐(ThinQ) 플랫폼은 냉장고, 세탁기, 에어컨, 청소기 등 모든 가전을 연결하고 AI로 제어한다. 예를 들어 AI 냉장고는 내부 식재료를 인식하고 유통기한을 추적하며 레시피를 제안한다.

AI 세탁기는 옷감을 자동 인식하고 최적의 세탁 코스를 선택하며 세제를 자동 투입한다. AI 로봇 청소기는 집안 구조를 학습하고 장애물을 회피하며 효율적인 경로로 청소한다. 이러한 AI 기능은 프리미엄 가격을 정당화하며 고객 락인을 강화한다.

LG전자는 2025년 CES에서 제로 레이버 홈(Zero Labor Home) 비전을 발표했다. 이는 가사노동을 최소화하는 완전 자동화 주택이다. AI 로봇이 청소, 빨래, 설거지를 대신하고, AI 가전이 요리를 보조하며, 음성 비서가 모든 기기를 통합 제어한다. LG전자는 이 비전을 2030년까지 실현하겠다는 목표를 세웠다. 만약 성공한다면 LG는 단순한 가전 제조사에서 라이프스타일 솔루션 기업으로 전환할 수 있다.

투자 관점에서 LG전자의 매력은 상대적으로 낮은 밸류에이션이다. 2025년 말 기준 LG전자의 PER은 약 11배로 AI 관련 비전과 기술력을 고려하면 저평가되었다고 볼 수 있다. 가전 시장은 성숙 산업이지만 AI 기능 추가로 평균 판매가를 높이고 마진을 개선할 수 있다. 또한 로봇 사업이 본격화되면 추가 성장 동력이 될 수 있다.

LG전자의 피지컬 AI 관련 사업 포트폴리오

레이어		핵심 회사/제품	역할
AI·월드 모델		엑사원·엑사원 딥 (32B, 7.8B, 2.4B)	고성능 추론·전문 지식·에이전틱 기능을 제공하는 공통 두뇌, 로봇·가전·서비스에 공통 적용
가정용 로봇		CLOiD	양팔·손을 활용한 집안일 수행 및 가전 오케스트레이션
서비스·물류 로봇		CLOi ServeBot CarryBot	실내 배달·호스피탈리티·물류 자동화, 멀티 로봇 플릿 관리·클라우드 제어
휴머노이드		**케이팩스(KAPEX)**	**학습·적응·정밀 조작·인간 협업을 갖춘 차세대 휴머노이드, 공장·가정 모두를 겨냥한 피지컬 AI 플래그십 플랫폼**
로봇 SW·플릿		Bear Robotics 플랫폼	분산 멀티 로봇 제어, 플릿 관리, 클라우드 기반 서비스 로봇 SW 스택
로봇 하드웨어		액추에이터 자체 개발·지분 투자(로보스타, 로보티즈)	액추에이터·산업용 다관절·스마트팩토리 솔루션
계열사	센싱	LG이노텍	휴머노이드 비전 시스템, RGB+3D 통합 비전
	에너지	LG에너지솔루션 배터리(전고체 배터리)	고에너지·고출력·고안전성 배터리로 서비스 로봇·휴머노이드·소형 모빌리티 동력원 공급, 전고체 배터리 개발 중

LG전자와 케이팩스
한국형 휴머노이드의 가능성과 산업적 파급력

케이팩스 프로젝트의 구조와 LG의 역할

2025년 9월, 한국과학기술연구원(KIST)·LG전자·LG AI연구원은 한국형 차세대 휴머노이드 로봇 '케이팩스(KAPEX)'를 공동 개발한다고 선언했다. 한국형(K)·진화의 정점(APEX)·미지의 가능성(X)을 합친 케이팩스는 미국과 중국이 장악한 글로벌 피지컬 AI 시장에 한국이 던지는 독자 플랫폼이다.

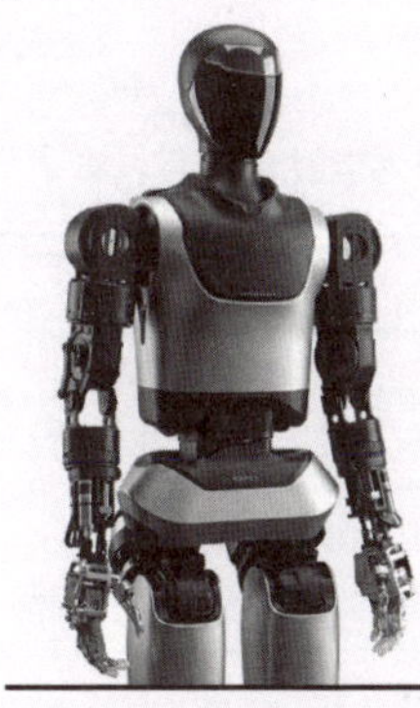

케이팩스

- 인간 수준의 신체 능력: 170cm, 60kg
- 액추에이터 KIST 자체 개발
- 섬세한 촉각 센서 기반 5개 손가락 로봇 핸드
- 강화학습, VLA 모델 기반 증강형 AI 학습 능력
- 복합 환경 인지와 자율 보행

케이팩스를 공동 개발하는 세 기관의 역할은 다음과 같다.

주체	담당영역	핵심 기여
KIST	원천 하드웨어 기술	고출력 전신 액추에이터 자체 개발 (90% 이상 국산화), 보행·조작 제어 알고리즘
LG전자	제품화·양산·판매	제조 인프라, 글로벌 B2B 판매망, 로봇플랫폼 선행연구 조직(HS사업본부)
LG AI연구원	로봇 두뇌(AI)	엑사원 비전-언어(Exaone VL) 탑재 시각·언어 통합 인지, 강화학습 기반 행동 결정

LG전자가 케이팩스에서 맡은 핵심은 'KIST가 만든 것을 세상에 내보내는 역할'이다. 키 170cm, 체중 60kg의 성인 체형으로 설계된 케이팩스는 2025년 11월 첫 실물이 공개됐고, 피펫 조작·소형 용기로의 액체 이송 같은 정밀 작업을 시연했다. LG는 KIST로부터 기술이전을 받아 수년간 공동 연구소를 운영하며 제품화를 가속한다는 계획이며, 공식 상용화 목표 시점은 2029년이다.

LG전자의 양산 역량: 강점과 병목의 충돌

LG전자가 휴머노이드 로봇을 실제로 양산할 수 있는가는 케이팩스 프로젝트의 핵심 질문이다. 현재까지의 판단은 '토대는 갖췄으나 병목이 남아 있다'는 것이다.

LG그룹은 자동차·전자·데이터센터 분야에서 '원LG' 시스템을 통해 계열사 협력을 추진해왔다. 여기에 LG전자가 지분을 확보하고 있는 외부 파트너를 포함하면 휴머노이드 로봇을 양산하기 위한 수직 계열화가 완성된다.

양산 토대-LG의 휴머노이드 로봇 수직 계열화

계열사	휴머노이드 내 역할	현황
LG전자	하드웨어 플랫폼, 양산·글로벌 판매, 액추에이터(악시움)	로봇플랫폼 선행연구 조직 신설, 자체 액추에이터 사업화 예정
LG이노텍	로봇용 카메라 모듈 (비전 센서)	Tesla Optimus 및 Figure AI의 Figure 03에 공급 계약설 있음
LG에너지솔루션	휴머노이드 전용 배터리	개발 진행 중
LG AI연구원	엑사원 VL (로봇 두뇌 소프트웨어)	피지컬인텔리전스랩 신설, 행동 모델 개발 착수
LG CNS	IT 솔루션·클라우드 인프라	AI 휴머노이드 통합 서비스 지원
로보티즈 (지분 7.36%)	액추에이터, ROS, 로봇 핸드	Tesla 공급 실적 보유 상반신 휴머노이드 AI Worker
로보스타 (지분 33.4%)	액추에이터, 산업용 로봇 제조 기술	수직다관절·반송 로봇 생산
베어로보틱스 (지분 51%)	자율주행 서빙 로봇 SW	경영권 인수, 상업용 로봇 사업 통합

이처럼 배터리·카메라·액추에이터·AI 모델·제조까지 그룹 내에서 조달 가능한 수직 계열화 구조는 테슬라와 비교해도 손색없는 잠재력이다. 연간 수천만 대의 가전을 찍어내는 LG전자의 글로벌 제조 라인은 단가 절감의 결정적 무기가 될 수 있다.

그러나 휴머노이드 로봇 제조로 가는 길에는 부품 내재화, 온디바이스 AI, 로봇 동작의 완성도라는 병목이 있다. 지금까지 공개된 내용으로 살펴보면 케이팩스는 하드웨어 체형과 국산 액추에이터 자립도에서 의미 있는 성과를 냈지만, 역동적 이동 능력·정밀한 양손 협조 작업·실환경 적응 동작 등 상용화 수준의 퍼포먼스는 아직 공개하지 못해 글로벌 경쟁자들과의 격차가 존재한다. 케이팩스를 소개하는 유튜브 채널의 영상도 실제 동작하는 모습은 없으며, 3D 프로그램으로 렌더링한 동영상만 공개되어 있다.

또한 CES 2026에서 공개된 LG전자의 클로이드 로봇은 동작 속도가 느리다는 평가를 받았다. 병목 중 가장 심각한 것은 온디바이스 AI다. 가정용 휴머노이드는 인터넷 없이도 실시간으로 환경 변화에 대응해야 한다. LG전자의 시스템온칩(SoC) 센터가 복합 AI 연산·휴머노이드 전용 칩을 개발하고 있는데, 온디바이스 추론에 특화된 휴머노이드 전용 고성능 칩의 완성도가 2029년 상용화 목표 달성의 핵심 변수로 남아 있다.

LG가 실제로 양산에 성공한다면

2029년 이후 LG전자가 Tesla Optimus에 필적하는 기능과 가격대로 케이팩스 기반의 가정용 휴머노이드를 실제로 양산·출시하는 시나리오에서, 파급 효과는 로봇 사업의 범위를 훌쩍 넘어선다.

케이팩스 양산 성공시 산업 재편 시나리오

영역	변화 내용
LG전자 사업 모델	냉장고·세탁기 판매 → '가사 노동 서비스' 판매 플랫폼으로 전환
가전 산업	로봇이 가전을 조작하는 구조로 가전과 로봇의 경계 소멸
글로벌 로봇 시장	한국산 휴머노이드의 가격 경쟁력이 미·중 독과점 구도에 쐐기
고용 시장	가사 서비스·돌봄 분야 노동 수요 구조적 변화 시작
데이터 경제	LG 가전-로봇 통합 생태계에서 축적되는 가정 행동 데이터가 새 수익원

LG전자가 꿈꾸는 '제로 레이버 홈(Zero Labour Home)'—로봇이 청소·요리·세탁을 모두 대신하는 가정—이 현실화되면, LG는 더 이상 하드웨어를 파는 회사가 아니다. 가전 데이터·로봇 행동 데이터·AI 구독 서비스를 결합한 가사 노동 플랫폼 기업으로의 전환이 시작된다. 이 모델이 완성되면 LG의 수익 구조는 제품 판매 중심에서 반복 구독·서비스형으로 이동하며, 현재 정체된 가전 사업의 성장 한계를 근본적으로 돌파하는 기회가 된다.

전망: 조건부 낙관

LG전자의 케이팩스 참여는 단순한 연구 협력 이상의 전략적 판단이다. 가전 제조 DNA, 그룹 수직 계열화, 엑사원 VL이라는 자체 AI 모델을 보유한 LG는 현대차를 제외하면 한국 기업 중 휴머노이드 양산에 가장 가까이 다가선 곳이다.

그러나 '가장 가깝다'는 것이 '준비됐다'와 같은 말은 아니다. 액추에이터 원가 경쟁력 확보, 온디바이스 AI 완성도, 로봇 학습, 실사용 환경에서의 동작 신뢰성이라는 조건이 2029년까지 해결되는가, 이것이 케이팩스와 LG 로봇 전략의 운명을 가를 것이다.

두산로보틱스는 한국의 협동로봇(cobot) 대표 기업이다. 2015년 설립되어 2023년 코스닥에 상장했다. 두산로보틱스의 주요 제품 라인업은 M 시리즈, H 시리즈를 비롯한 다양한 협동로봇으로 구성되어 있으며, 제조 현장에서 인간과 안전하게 협업할 수 있다. 특히 M 시리즈와 H 시리즈는 정밀 조립, 검사, 포장 공정에서 강점을 보이며, 전자, 자동차 부품, 식음료 산업에서 높은 수요를 기록하고 있다.

두산로보틱스는 2025년 전체 매출 약 330억 원에 영업손실 595억 원(전년 대비 44% 확대)을 기록하며 IPO 이후 단 한 번도 흑자를 내지 못한 지속 적자 패턴을 이어가고 있다.

주요 원인으로는 글로벌 제조 경기 둔화로 인한 고객사 투자 연기와 스마트 팩토리 도입 지연, 선진 시장(특히 미국) 매출 감소가 꼽힌다. 미국 관세 및 정책 불확실성으로 딜러들의 투자 집행이 조정되며 매출 부진이 가중되었다. 또한 높은 고정비 부담, R&D 인력 대규모 채용, ONExia 인수 비용, 생산 공장 가동률 저하(16% 수준)가 적자 요인으로 작용했다.

두산로보틱스 최근 실적 추이

연도	매출(억 원)	영업이익(억 원)	영업이익률
2023	530	−192	−36%
2024	468	−412	−88%
2025	329.7	−595	−180%

두산로보틱스의 성장 전략은 제품 라인업 확대와 AI 통합이다. 2025년 AI 비전 시스템을 탑재한 신제품을 출시했으며, 로봇이 부품의 위치와 방향을 스스로 인식하여 작업할 수 있다. 이는 프로그래밍 시간을 크게 단축하고 유연성을 높인다. 또한 협동로봇에서 휴머노이드로 확장하는 방안도 검토 중이다. 두산그룹은 로봇 사업을 미래 핵심으로 보고 지속적인 투자를 약속했다.

리스크는 경쟁 심화와 제조업 경기 둔화다. 중국 협동로봇 기업들이 저가 공세를 펼치고 있으며, 글로벌 제조업 투자가 감소하면 수요가 타격받을 수 있다.

레인보우로보틱스

레인보우로보틱스는 카이스트 휴머노이드 로봇 연구실에서 스핀오프하여 2011년 설립되었으며, 2021년 코스닥에 상장했다. 협동로봇과 웨어러블 로봇을 주력으로 생산하며, 2024년부터 휴머노이드 개발에 본격 착수하여 RB-Y1이라는 바퀴이동형 양팔로봇 시제품을 공개했다.

레인보우로보틱스의 핵심 강점은 부품 90% 이상의 자체 개발 역량이다. 정밀 구동부·관절 모듈·고토크 경량 감속기·BLDC 서보모터를 자체 설계·제작한다. 레인보우로보틱스의 다관절 매니퓰레이터(물체를 집거나 옮기고 조작하기 위해 여러 관절과 링크로 구성된 로봇 팔 구조) 기술은 좁은 공간 정밀 작업이 가능하다. 이 기술은 원자력 발전소 점검 로봇과 조선소 용접·

공정 자동화(삼성중공업 협력)에 적용되어 실전 성능을 입증했다.

2025년 3분기 누적 전년동기 대비 연결기준 매출액은 117.6% 증가, 영업손실은 4.0% 증가했으며, 당기순손실은 17.5% 증가했다. 아직 수익성을 달성하지 못했지만 매출은 연 30% 이상 성장하고 있다.

레인보우로보틱스는 KAIST HUBO 유산을 바탕으로 별도의 2족 보행 휴머노이드를 연구하고 있다. RB-Y1이 2족 보행 휴머노이드로 진화할 지는 아직 알 수 없다. 2족 보행 휴머노이드 로봇으로 진화할 경우 한국 정부의 M.AX 동맹 지원과 삼성의 파트너십은 레인보우로보틱스에게 유리한 환경을 제공한다.

RB-Y1

레인보우로보틱스 사업 포트폴리오

제품군	용도	상용화 단계	주요 고객
협동로봇(RB 시리즈)	제조 자동화	양산 중	전자, 자동차 부품
웨어러블 로봇	재활, 근력 보조	초기 양산	병원, 물류센터
매니퓰레이터	위험 작업	맞춤형 생산	원전, 조선
휴머노이드(RB-Y1)	범용 작업	개발 시제품	–

레인보우로보틱스 최근 실적 추이

연도	매출(억 원)	영업이익(억 원)	영업이익률
2023	152.6	-445.9(비현금 장부평가 손실)	-292%
2024	193.5	-29.8	-15.4%
2025 1·2·3분기 누적	211	-42	적자 확대

네이버: 우리는 소프트웨어로 간다

네이버는 2017년 네이버랩스를 설립해 피지컬 AI 선행 연구를 시작했으며, 핵심 전략은 로봇 소프트웨어 플랫폼에 집중하는 것이다.

네이버 피지컬 AI의 핵심 인프라는 ARC(AI·Robot·Cloud) 시스템이다. ARC는 엘리베이터 호출, 자동문 제어, 장애물 회피 등을 실시간으로 처리하며, 5G 특화망으로 수백 대 로봇의 동시 운영을 가능하게 한다. 로봇 내부가 아닌 클라우드에서 연산하는 '브레인리스' 구조를 채택해, 로봇 단가를 낮추면서도 전체 로봇의 동시 업그레이드가 가능하다.

ARC Eye는 GPS가 닿지 않는 실내에서 카메라 이미지만으로 위치를 파악하는 비주얼 로컬라이제이션 기술로 라이다 없이 작동해 비용 이점이 크며, ALIKE는 공간을 고정밀 3D로 구현하는 디지털트윈 솔루션으로 1784 전체(29개층, 10만㎡)를 디지털 복제해 로봇 운영 기반으로 활용하고 있다. 3D 복원 AI 모델인 DUSt3R은 차기 버전에서 기하학 정확도가 향상되고 이미지 세그멘테이션과 사람 인식이 가능해질 예정이며, 웹 기반 로봇 OS인 ARC Mind는 다양한 제조사의 로봇을 하나의 플랫폼에서 통합 관리하는 역할을 한다.

2022년 완공된 네이버 제2사옥 1784는 세계 최초 로봇 친화형 빌딩으로, 100대 이상의 로봇이 택배·카페·도시락 배달 서비스를 수행하고 있다. 자율주행 배달 로봇 루키, 양팔로봇 앰비덱스, 매핑 로봇 M2, 데이터센터 전용 로봇 가로 등이 운영되며, 누적 특허 460건 이상, 루키 배달 서비스 6만 건 이상을 기록했다. 제2데이터센터 각 세종에서는 고중량 서버 운송·관리를 로봇이 담당한다. 네이버는 이러한 실증 경험을 쇼핑몰·물류 센터·스마트빌딩 등 외부 B2B 시장으로 확장해 ARC 기반 로봇 운영 기술을 클라우드 플랫폼 형태로 제공할 계획이다.

휴머노이드 분야에서는 MIT(하드웨어·기본 제어)와 KAIST(고차원 제어·튜닝)와 공동 개발한 약 1m 크기의 소형 2족 보행 로봇 '미니노이드'를 보유하고 있다. 브레인리스 구조로 ARC 클라우드를 통해 구동되며, 네트워크 제약에 대비한 온보드 AI도 병행 개발 중이다.

글로벌 확장 측면에서 네이버는 사우디아라비아 정부로부터 1억 달러 규모의 디지털트윈 플랫폼 구축 사업을 수주해 리야드·메카·메디나·제다·담맘을 대상으로 클라우드 기반 3D 디지털 트윈 플랫폼을 구축하고 있다. 메카·메디나에서는 성지순례 군중 안전 관리, 제다에서는 침수 재해 예방에 활용되고 있으며, 이는 1784에서 축적한 기술을 도시 단위로 스케일업한 해외 B2G 수출 사례다.

네이버 피지컬 AI 전략의 차별점은 소프트웨어 중심의 접근, 클라우드 +5G 기반 브레인리스 구조로 인한 비용 절감과 동시 업그레이드, 1784에서의 100대 이상 로봇 실증 경험, AI·로봇 OS·디지털트윈·클라우드·5G를 아우르는 풀스택 기술 보유, 그리고 국내 실증에서 해외 도시 수출로 이어지는 확장 모델로 요약할 수 있다.

다만 외부 상용화 매출이 본격화되지 않은 초기 단계이며, 사우디 사업의 확장 속도와 국내 B2B 시장 침투율이 핵심 포인트다.

휴머노이드 로봇 부품 수직 통합화와
한국 부품 제조사의 미래

설계를 쥔 자가 가치사슬을 지배한다

휴머노이드 로봇 산업이 시제품 단계를 넘어 양산 체제로 전환하는 2026년, 글로벌 완성 로봇 기업들은 하나같이 같은 방향으로 움직이고 있다. Boston Dynamics, Tesla, Figure AI, 1X Technologies, Agility Robotics에 이르기까지 주요 휴머노이드 제조사들은 로봇의 핵심이라 할 수 있는 액추에이터, 핸드, 배터리 팩을 모두 자체 설계하는 수직 통합 전략을 채택하고 있다.

세계 최대 휴머노이드 제조국인 중국의 Unitree, UBTECH, Xiaomi도 자국 부품사와 함께 액추에이터에서 비전 센서, 배터리, 구조체까지 닫힌 생태계를 구축하고 있다.

미국·유럽형 수직 통합: '설계와 조립은 우리가, 가공은 너희가'

Tesla는 Optimus 로봇의 액추에이터를 처음부터 끝까지 자체 설계한다고 반복적으로 강조해왔다. 자석 설계, 기어 트레인, 모터 패키징에 이르기까지 풀 시스템 설계를 Tesla 내부에서 수행하며, 2025년 공개된 Optimus 전용 공장 영상에서는 프레임 가공, 액추에이터 조립, 사지 통합, 센서 설치, 최종 캘리브레이션까지 자체 공정으로 진행하는 모습을 보여주었다.

배터리 역시 4680 셀 기반의 스왑형 팩을 Tesla가 직접 설계·조립한다. Tesla는 2026년부터 Optimus 대량 생산에 돌입하며, 2027년에는 시중에 판매한다는 계획을 밝히고 있다. 이러한 양산 체제에서 외부 부품사에 열려 있는 영역은 극히 제한적이다. Tesla Optimus의 눈 역할을 하는 카메라 모듈은 삼성전기가 소니 이미지 센서에 자사의 렌즈와 구동부를 결합해 공급한다고 알려졌지만, 이는 시스템 아키텍처와 소프트웨어 스택 전체를 Tesla가 장악한 상태에서 하나의 모듈을 납품하는 구조에 해당한다.

Figure AI는 이 흐름을 더욱 극단적으로 보여주는 사례이다. Figure는 BotQ 공장 블로그에서 "휴머노이드 로봇 산업에는 성숙한 공급망이 없기 때문에 액추에이터, 모터, 센서, 배터리 팩, 전자부품까지 거의 전부를 처음부터 직접 설계했다"고 명시했다. 핵심 모듈인 액추에이터, 손, 배터리, 최종 조립은 반드시 사내에서 수행하며, 외부 벤더에 맡기는 것은 사출, 다이캐스팅, 스탬핑 같은 피스 파트 가공뿐이라고 밝혔다.

이 기업들은 액추에이터, 핸드, 배터리 팩이라는 휴머노이드의 핵심 기계부를 자체 설계하고, 설계 IP와 시스템 통합 역량을 내부에 축적하며, 외부에 열어두는 영역은 도면 기반의 부품 가공과 일부 모듈 조립에 한정한다. McKinsey의 2025년 10월 보고서도 "북미 휴머노이드 기업들은 대체로 수직 통합에 베팅하고 있으며, 액추에이터와 제어 시스템, AI 스택을 자체 설계함으로써 성능, 안전성, 방어 가능한 지식재산권을 확보하려 한다"고 분석한 바 있다.

중국형 수직 통합: 자국 통합자와 자국 부품으로 닫힌 가치사슬

중국 휴머노이드 기업들은 부품 가치사슬을 자국 내에서 거의 완결하고 있다. Unitree는 고토크 관절 모터와 기어 트레인을 자체 개발하며, LiDAR는 중국 Livox 제품을 사용한다. UBTECH는 Walker S 로봇에 41개 서보 조인트를 탑재하는데, 각 조인트는 프레임리스 토크 모터, 하모닉 감속기, 드라이브 컨트롤러, 듀얼 엔코더를 하나로 통합한 UBTECH 고유의 드라이브 유닛으로 구성된다.

이 구조에서 한국 부품사가 중국 OEM에 대규모로 부품을 공급할 수 있는 가능성은 극히 제한적이다. 한국 부품사가 진입할 수 있는 틈새가 있다면, 그것은 중국이 아직 기술적으로 따라잡지 못한 극소수의 고부가 세그먼트, 예를 들어 고신뢰도 카메라 모듈이나 특수 반도체 정도에 한정된다.

한국 부품사의 현재 위치: 핵심 공급자이되, 주체적 통합자는 아니다

한국 기업들이 휴머노이드 로봇 공급망에서 존재감을 드러내고 있는 것은 분명한 사실이다. 삼성전기는 소니 이미지 센서에 자사의 렌즈와 구동부를 결합하여 모듈화한 제품을 Tesla에 공급하며, 2분기 실적 컨퍼런스콜에서 "복수의 글로벌 톱티어 고객사와 휴머노이드·4족 보행 로봇용 카메라 모듈 개발 프로젝트를 수행하고 있다"고 밝혔다. 삼성전기의 Tesla 관련 매출 비중은 FC-BGA, MLCC, 카메라 모듈을 합산해 2025년 기준 약 9~10%로 추정된다.

주요 휴머노이드 로봇 제조사별 부품 수직 통합 구조

회사·로봇	액추에이터	배터리	비전 센서	로봇 핸드
Tesla Optimus	자체 설계 제조는 중국 (중국 공급망 중심의 Optimus Chain 형성, 한국의 **로보티즈** 언급)	팩 자체 설계, 셀 제조는 **LG에너지솔루션** (Tesla의 전기차용 배터리도 공급)	카메라 모듈은 **삼성전기**(소니 센서)	액추에이터 포함 자체 설계 (실 제조사는 비공개, 자체/전용 파트너 추정)
Figure AI Figure 03	자체 설계 제조사 비공개	팩 자체 설계 셀 제조사는 비공개	카메라·LiDAR 등 COTS	손은 자체 설계, 조립은 BotQ에서 수행
Boston Dynamics Atlas	**현대모비스**가 액추에이터 설계·제조 **로보티즈** 납품 보도 있음	**LG에너지솔루션** (4족 로봇 Spot에도 배터리 공급) **삼성SDI** 전고체 배터리 양산 시 Atlas에 도입 검토 단계임	카메라·센서 브랜드 미공개 (**LG이노텍** 유력)	그리퍼/손 자체 설계, 생산 파트너 미공개
Agility Digit	모터 자체 설계 제조사 비공개	자체 설계 셀 제조사는 비공개	LiDAR·Depth 카메라 등 COTS	물류용 그리퍼 자체 설계, 생산은 외주 추정
Unitree H1	자체 개발 고토크 관절 모터 **로보티즈** 납품 보도 있음	중국 (하이파워테크놀로지)	LiDAR: Livox(중국), Depth: Intel RealSense(해외)	옵션 핸드 자체 개발
UBTECH Walker S/S1	UBTECH 고유 구동 유닛	중국	고해상도 RGBD·여러 센서 COTS	양손·그리퍼 자체 설계

※COTS: 이미 시중에 판매되고 있는 범용 상용 부품이나 제품을 구매해 자체 통합하여 사용하는 것

현대모비스는 생산형 Atlas용 전기 액추에이터를 공급한다고 공식 발표했다. 현대모비스는 액추에이터가 휴머노이드 로봇 원가의 약 60%를 차지한다고 언급하면서, 향후 손 그리퍼, 센서, 컨트롤러, 배터리 팩까지 로봇 핵심 부품 포트폴리오를 확장하겠다는 계획을 밝혔다. 현대차그룹은 북미에 연간 3만 대 규모의 로봇 공장을 건설할 계획이며, Atlas 플랫폼을 중심으로 그룹 내부 수직 통합 모델을 구축하고 있다.

그러나 이 성과들을 자세히 들여다보면, 한국 기업의 구조적 위치가 선명하게 드러 난다. 삼성전기가 Optimus의 눈을 공급한다 해도, 로봇의 제품 아키텍처, 시스템 통합, 소프트웨어 스택, 브랜드, 글로벌 판매 채널은 전부 Tesla의 것이다.

카메라 모듈의 사양, 수량, 납품 단가는 Tesla의 양산 일정과 원가 목표에 종속된다. 현대모비스가 Atlas 액추에이터를 공급하는 것도, Boston Dynamics가 현대차그룹 산하에 있기 때문에 가능한 그룹 내 분업이지, 현대모비스가 독자적인 범용 액추에이터 플랫폼을 글로벌 시장에 공급하는 것은 아니다.

'설계하는 자'와 '만드는 자' 사이의 가치 격차

휴머노이드 로봇 부품에서 가장 큰 부가가치는 액추에이터에 집중되어 있다. 현대모비스의 언급처럼 액추에이터는 휴머노이드 로봇 원가의 약 60%를 차지하며, 로봇 한 대에 23개에서 53개에 이르는 자유도를 구현하기 위해 각 관절마다 전용 액추에이터가 필요하다.

그런데 Tesla, Figure AI, 1X, Apptronik, Agility를 포함한 미국의 주요 휴머노이드 기업들은 모두 이 액추에이터를 자체 설계한다. Tesla는 맞춤 자석과 기어체인을 포함한 풀 시스템을 자사 공장에서 제조·조립하고, Figure는 액추에이터와 모터를 직접 설계하여 BotQ에서 사내 조립한다.

이 상황에서 한국 부품사가 진입할 수 있는 영역은 이들 OEM이 외주로 내보내는 '피스 파트', 즉 사출, 다이캐스팅, 정밀 가공, 스탬핑 수준의 부품 제조에 한정될 가능성이 높다. Figure가 BotQ 블로그에서 밝힌 것처럼 "핵심 모듈은 우리가 조립하지만, 개별 금속 부품은 외부 전문 벤더에 맡긴다"는 구조에서, 한국 업체는 도면을 받아 가공하는 벤더가 되는 것이다. 휴머노이드 산업에서는 완성 로봇사가 부품 설계까지 쥐고 있으므로, 부품사의 교섭력과 마진은 구조적으로 제한된다.

배터리 분야

배터리 역시 비슷한 패턴을 따른다. 휴머노이드 로봇의 배터리 팩은 2~3kWh 수준으로 전기차 대비 훨씬 작지만, 핫 스왑 구조와 로봇 특화 열관리, 경량화라는 고유한 요구사항이 있다.

Tesla는 4680 셀 기반의 팩을 자체 설계·조립하고, Figure와 Agility, Apptronik 도 팩 설계를 내부에서 수행한다. 셀 자체는 파나소닉, CATL, LG에너지솔루션, 삼성 SDI 등 기존 EV 공급망에서 구매하는 구조이지만, 팩 아키텍처와 BMS는 로봇사가 직접 설계한다. 따라서 한국 배터리 셀 업체들은 셀 단위의 공급자로서는 참여할 수 있으나, 로봇 특화 팩 설계에 대한 주도권은 갖지 못한다. 중국 역시 CATL 등 자국 셀 업체를 활용하고 팩은 로봇사가 자체 설계하는 구조여서, 한국 셀의 중국 시장 진입 여지는 더욱 좁다.

비전 센서 분야

비전 센서 영역은 한국에 상대적으로 유리한 포지션이 존재한다. Tesla가 Optimus에 삼성전기 카메라 모듈을 채택한 것은, 삼성전기가 스마트폰과 전장 카메라에서 축적한 렌즈 설계, 액추에이터 제조, 고신뢰성 모듈화 기술을 로봇 분야에 전개한 결과이다.

그러나 이 시장에서도 Tesla의 설계 종속성은 존재한다. Tesla는 카메라만으로 환경 인식을 수행하는 '비전 온리' 철학을 고수하고 있어, 이 전략이 바뀌지 않는 한 삼성전기의 공급 기회는 유지되지만, 사양과 가격은 Tesla가 결정한다. 한편 중국 OEM들은 Ofilm 등 자국 카메라 모듈 업체와 협업하며 비전 센서 분야에서도 국산화를 추진하고 있다. 삼성전기가 중국 시장에 카메라 모듈을 대규모로 공급할 가능성은 낮다고 보는 것이 현실적이다.

로봇 핸드 분야

핸드 분야는 수직 통합의 경향이 가장 강한 영역이다. Tesla, Figure, 1X, UBTECH 모두 로봇 손을 자체 설계한다. 로봇 손은 액추에이터, 촉각 센서, 정밀 기구부가 집약되는 고난도 모듈이기 때문에, 완성 로봇사들이 이를 외부에 맡기려 하지 않는다.

한국의 로봇 핸드에 미국의 주요 휴머노이드 제조업체가 관심을 가진다는 보도는 있으나 글로벌 수준의 범용 로봇 핸드 플랫폼을 공급하는 기업은 아직 등장하지 않았다.

한국 휴머노이드 부품사의 미래 매출 구조에 대한 함의

이상의 분석을 종합하면, 한국 휴머노이드 부품 제조사들의 미래 매출 구조는 세 가지 경로로 나뉜다.

첫째는 미국·유럽 OEM 부품 공급이다. 삼성전기의 Tesla 카메라 모듈, 현대모비스의 Atlas 액추에이터가 대표적이다. 이 경로에서 매출은 분명히 발생하며, Tesla가 연간 수만 대, 나아가 수십만 대의 Optimus를 양산할 경우 삼성전기의 관련 매출은 의미 있는 규모로 성장할 수 있다. 그러나 이 매출의 질은 OEM에 종속적이다. 설계 권한과 플랫폼 주도권이 Tesla와 Boston Dynamics에 있으므로, 단가 압박과 전용 설계 종속에서 자유롭기 어렵다. OEM이 내재화를 심화하거나 공급선을 다변화할 경우, 한국 부품사의 교체 가능성은 항상 존재한다.

둘째는 중국 OEM 공급이다. 그러나 이 경로의 전망은 비관적이다. 중국 휴머노이드 기업들은 액추에이터, 센서, 배터리, 구조체를 이미 자국 공급망으로 거의 완결하고 있으며, 중국 정부 정책도 국산화율을 높이는 방향으로 설정되어 있다.

셋째는 한국 자체 OEM을 통한 내수 및 수출이다. 네이버와 레인보우로보틱스가 자체 로봇을 개발하며, 삼성전자가 독자 휴머노이드를 준비한다는 보도가 있다. 이들의 글로벌 시장 점유율이 Tesla나 중국 기업들과 어깨를 나란히 할 수준으로 성장하지 못한다면, 한국 부품사의 자국 OEM용 매출은 소수에 그칠 수밖에 없다.

결국 핵심 쟁점은 한국이 '부품을 만드는 나라'에 머무를 것인가, 아니면 '부품을 설계하고 통합하는 나라'로 올라설 수 있느냐에 달려 있다. 현대모비스가 Atlas 액추에이터 공급을 시작으로 핸드, 센서, 배터리 팩까지 포트폴리오를 확장하겠다고 밝힌 것은 올바른 방향이지만, 이것이 현대차그룹 내부의 계열사 간 분업을 넘어 글로벌 범용 플랫폼으로 성장하지 못하면 '그룹 내 하청'의 변형에 불과할 수 있다. 삼성전기가 카메라 모듈에서 축적한 광학 기술을 로봇 전체의 비전 시스템으로 확장하지 못하면, Tesla 공급망 안의 모듈 납품업체로 남게 된다.

한국 휴머노이드 부품사의 미래 매출은 양적으로는 성장할 수 있으나, 질적으로는 OEM 종속적인 구조에 갇힐 위험이 크다. 이 구조를 돌파하려면 부품 수준을 넘어 액추에이터 플랫폼, 핸드 플랫폼, 비전 시스템이라는 서브시스템 단위에서 글로벌 표준을 주도하는 기업이 한국에서 나와야 한다.

산업용 협동로봇

증시에 상장된 협동로봇 제조사는 두산로보틱스·레인보우로보틱스·유일로보틱스·뉴로메카·나우로보틱스가 있다. 이들 대부분은 2024년 기준 영업적자 상태이며, 시가총액 대비 매출 규모가 낮아 실질 펀더멘털보다 성장 기대감이 주가를 지탱하고 있다.

투자 시에는 각 기업의 실제 수주 계약, 반복 매출 구조, 흑자전환 시점 등 구체적 지표를 기준으로 판단해야 하며, **현재 국면은 휴머노이드 로봇 테마주 열풍으로 주가가 상승하고 있으나 아직은 투자 버블과 실적 현실 사이의 간극이 매우 큰 구간에 놓여 있다.**

기업명	협동로봇 포지션	매출액	상장 여부
두산로보틱스	M·H 시리즈 등 순수 협동로봇 전문	2025년 매출액 약 330억 원, 영업 손실 약 595억 원	코스피(454910)
유일로보틱스	YBL 시리즈 협동로봇 다관절·취출로봇 등	2025년 매출액 369억 원, 영업 이익 약 123억 원	코스닥(388720)
뉴로메카	Indy 시리즈 협동로봇	2025 3분기 기준 매출액 110억 원 누적 영업손실 113억 원	코스닥(348340)
레인보우로보틱스	RB·RBH 협동로봇	2025년 3분기 누적 전년 동기 대비 연결기준 매출액 117.6% 증가, 영업손실 4.0% 증가, 당기순손실 17.5% 증가	코스닥(277810)
나우로보틱스	산업용/고속 협동로봇	2025년 3분기 누적 전년동기 대비 별도기준 매출액 13.9% 증가, 영업손실 104.5% 증가, 당기순손실 57.9% 증가	코스닥(459510)

로봇 솔루션 기업

피지컬 AI 생태계에는 대형주 외에도 밸류체인 곳곳에서 핵심 역할을 하는 중소형주들이 있다. 이들 기업은 로봇 하드웨어를 직접 제조하되, 시스템·플랫폼·자동화 솔루션을 함께 제공하거나 로봇 운용·플릿 매니지먼트·로봇 기반 자동화를 소프트웨어/플랫폼으로 제공한다. 피지컬 AI 시장의 성장에 따라 동반 성장할 잠재력을 가진다.

현대오토에버는 현대자동차그룹의 IT 서비스 전문 계열사로, 차량 OS·정밀지도·내비게이션·모빌리티 플랫폼 등 등 그룹 전반의 디지털 전환을 주도한다. 2025년 기준 연 매출 약 4조 2,521억 원(영업이익 2,553억 원)을 달성하며, SI·차량 SW·플랫폼 사업을 결합한 초연결 ICT 기업으로 자리잡고 있다

나머지 중소형주는 높은 성장률과 변동성을 가지므로, 투자자는 기술력과 재무 건전성을 면밀히 검토해야 한다.

소프트웨어·플랫폼 중심 로봇 솔루션 기업

기업명	핵심 로봇 솔루션 역할	특징	상장 여부
현대오토에버	공장·물류 로봇 플릿 관리, 디지털트윈·RPA·로봇 기반 자동화 플랫폼	로봇 운용·플랫폼·소프트웨어 중심 솔루션 기업	코스피(307950)
클로봇	클라우드 기반 로봇 플릿 관리·운영 플랫폼	소프트웨어·플랫폼 중심 로봇 서비스 기업	코스닥(466100)
씨메스	로봇·AI 기반 자동화 솔루션, 공정·물류 자동화 플랫폼	로봇 SW·플랫폼 부문 강점	코스닥(475400)

액추에이터 부품 기업

국내 액추에이터 제조 분야에서는 대형 자동차 부품사와 전문 로봇 기업이 각자의 강점을 바탕으로 시장을 공략하고 있다.

현대모비스는 현대자동차그룹의 핵심 부품 계열사로, 전동화 부품과 조향·제동 시스템에 탑재되는 고성능 액추에이터를 양산하며 글로벌 완성차 시장에 안정적으로 공급하고 있다. 휴머노이드 분야에서 Boston Dynamics의 Atlas에 액추에이터를 공급한 것으로 알려졌으며, 이 관계가 지속된다면 향후 Atlas 대량 생산이 시작될 때 관련 매출이 증가할 것으로 예상된다.

로보티즈는 액추에이터 전문 기업으로, 자사의 다이나믹셀 시리즈가 연구·교육 분야의 사실상 표준 부품으로 자리 잡고 있다. 또한 모든 관절에 자체 초소형 핑거 액추에이터를 탑재한 로봇 핸드도 개발했다. LG전자는 로보티즈의 2대 주주이자 전략적 파트너이다. 단순 재무적 투자를 넘어 실질적인 협력 관계를 맺고 있다.

하이젠알앤엠은 LG전자 모터사업부에서 출발한 60년 전통의 모터·구동 모듈 전문 기업이다. 로봇 구동모듈, 전기차·모빌리티용 구동 모듈, 서보 시스템, 산업용 모터 등 다양한 분야의 고성능 구동 솔루션을 공급한다. 특히 협동로봇·휴머노이드 등 로봇용 스마트 액추에이터에서 통합 구동 모듈 기술력을 보유하고 있다. 기술 기반은 탄탄하나, 2025년 연간 매출액은 735억 원, 영업손실은 약 89억 원으로 적자를 기록하는 등 현재 로봇 산업 성장기에 맞춰 전환하는 과정에서 실적 변동성이 있다.

액추에이터 제조 기업

기업명	로봇·액추에이터 관련 역할	상장 여부
현대모비스	Boston Dynamics **Atlas 휴머노이드 로봇 대량 생산 시 액추에이터 공급 유력**. 로봇 액추에이터 매출은 아직 전체 매출에 비해 작은 수준이나 지속 성장할 것으로 전망	코스피 (012330)
원익홀딩스	반도체 장비·소재 지주회사로, 자회사 **원익로보틱스**의 로봇·로봇 핸드·로봇 솔루션 사업을 지배. 로봇 솔루션·로봇 핸드 부품 비중은 전체 매출의 일부	코스피 (030530)
제우스	반도체·FPD·전장용 로봇·자동화 시스템을 공급하며, 로봇 액추에이터·구동장치를 포함한 로봇 시스템·장비 업체	코스닥 (079370)
에스피지	로봇·공장용 서보모터·감속기·로봇 액추에이터 핵심 부품(하모닉 감속기 국산화)을 공급하는 로봇 감속기·모터 전문 기업	코스닥 (058610)
네오오토	로봇·전동화용 정밀 감속기, 로봇용 액추에이터에 사용되는 감속기·변속기 부품 제조	코스닥 (212560)
휴림로봇	휴머노이드·서비스 로봇용 허큘러스 스마트 모터. 직교·리니어 로봇용 DRM/DRA 시리즈 액추에이터	코스닥 (090710)
로보스타	로봇 액추에이터·구동장치를 포함한 로봇 모듈을 자체 제조·통합	코스닥 (090360)
알에스오토메이션	로봇 모션 제어·서보 드라이브·제어기·로봇 액추에이터 구동 제어 솔루션을 공급. 로봇 액추에이터 제어 비중이 큼	코스닥 (140670)
하이젠알앤엠	로봇용 서보모터·감속기·스마트 액추에이터(모터+감속기 통합 모듈) 개발, 협동로봇·휴머노이드 로봇용 액추에이터 모듈 공급	코스닥 (160190)
유일로보틱스	산업용 로봇·자동화 시스템 전문, 로봇·자동화 시스템 내부에 로봇 액추에이터·구동장치를 포함	코스닥 (388720)
로보티즈	**로봇용 액추에이터 모듈(다이내믹셀) 제조, 로봇 핸드 개발 등 휴머노이드 로봇 산업에 적극 대응**	코스닥 (108490)
뉴로메카	협동로봇·로봇 플랫폼 제조, 로봇 액추에이터·제어기·소프트웨어 일체형 플랫폼 제공	코스닥 (348340)
한국피아이엠	금속분말사출성형으로 제조된 로봇·휴머노이드용 초소형 감속기·기어·관절 부품 공급, 로봇용 부품 소재 전문	코스닥 (448900)

레인보우로보틱스	협동·휴머노이드·2족 보행 로봇 플랫폼, 로봇 액추에이터·제어 시스템을 통합한 로봇 플랫폼 기업	코스닥 (277810)
에스비비테크	로봇용 하모닉 감속기·베어링·액추에이터 핵심 부품(국내 최초 하모닉 감속기 개발, 로봇 관절용 부품 전문)	코스닥 (389500)

LG전자는 2026년 CES에서 로봇용 액추에이터 브랜드 '악시움(Axium)'을 공식 론칭했다. 현재는 3D 렌더링 이미지로만 공개된 상태이며, 구체적인 기술 사양이나 생산 시기는 미정이다.

소프트웨어 기업

한국의 로봇 제어 소프트웨어 산업은 제조 현장 중심의 협동로봇 수요와 글로벌 ROS 오픈소스 생태계 참여를 기반으로 성장해왔다. 세계 최고 수준의 제조업 로봇 밀도(국제로봇연맹 기준 1위)가 내수 시장의 실수요를 만들었고, 이를 바탕으로 소수의 전문 기업이 제어 소프트웨어 역량을 축적해왔다. 다만 글로벌 시장에서의 점유율과 영향력은 미국·일본·독일의 주요 기업들과 비교할 때 아직 제한적인 수준이다.

뉴로메카는 자체 협동로봇 인디(Indy) 시리즈와 전용 제어 소프트웨어 플랫폼을 함께 개발·공급하는 국내 협동로봇 전문 기업이다. 하드웨어와 소프트웨어를 자체 설계하는 수직 통합 구조를 갖추고 있으며, 직관적인 티치펜던트[*] 기반 운용 인터페이스를 특징으로 한다.

국내 스마트 팩토리 구축 사업에 납품 레퍼런스를 보유하고 있으며, 중소 제조업체를 주요 고객층으로 확보해왔다. 2023년 기준 코스닥 상장사로, 협동로봇 시장 내 국내 독립 SW·HW 통합 공급사 중 하나로 자리하고 있다.

로보티즈는 로보틱스 연구·교육 시장에 널리 알려진 코스닥 상장 기업으로 글로벌 ROS 커뮤니티 내 기여 기업으로 실질적 인지도를 갖추고 있다. 로보티즈는 액추에이터 판매와 소프트웨어·플랫폼 생태계를 연계하고 있으며 자체 개발한 로봇 핸드(HX5-D20)를 보유하고 있어 휴머노이드 로봇 시장 확대 시 부품 수요 증가의 직접적 수혜가 기대되는 기업이다.

로봇 소프트웨어 관련 기업

기업명	주요 로봇 SW 기술	상장 여부
네이버	클라우드 중심의 ARC(AI·Robot·Cloud) 시스템 **ARC Mind**(로봇 전용 OS): 네이버 웨일 OS 기반 웹 플랫폼, **ARC Eye** (측위·인식 모듈): 디지털 트윈 데이터·AI 기반 실내 측위, **ARC Brain**(멀티 로봇 두뇌): 클라우드 중앙 연산, 이동·측위·태스크 계획 처리, 브레인리스 로봇 명령 단순화·실시간 실행	코스피(035420)
뉴로메카	모션 제어 SDK: 실시간 임베디드 EtherCAT 마스터·아키텍처, 비선형 H-infinity 임피던스 제어·딥러닝 비전·자동학습 파이프라인	코스닥(348340)
로보티즈	ROS 오픈소스 기반 TurtleBot3·OpenMANIPULATOR, SDK·매니퓰레이터 라이브러리, 피지컬 AI 조작 학습, 로봇 핸드	코스닥(108490)

유진로봇	자율주행·물류 로봇 제어 SW, AMR 플랫폼 연계 비전·네비게이션 알고리즘	코스닥(056080)
씨메스	3D 비전 AI 인식·모션 패스 최적화, 강화학습 멀티로봇 작업 분배, 클라우드 생산 분석	코스닥(475400)
휴림로봇	센서 융합·자율 Navigation AI, 로봇 언어 Interpreter, 3D 보간·Spline 제어	코스닥(090710)
엔젤로보틱스	온디바이스 AI 의도 파악, 생체역학·동작 보조 알고리즘, 앱 데이터 모니터링	코스닥(455900)
클로봇	카멜레온 자율주행·관제 SW, 클라우드 로봇 제어·실내 자율주행 플랫폼	코스닥(466100)

비전 시스템·센서 제조 기업

피지컬 AI 시대에 로봇이 자율적으로 환경을 인식하고 판단하려면 카메라·라이다·레이더 등 비전시스템이 핵심 감각기관 역할을 해야 한다. 한국에는 이 분야에서 글로벌 경쟁력을 갖춘 상장기업이 다수 포진해 있다.

광학·비전 모듈 분야 국내 최대 업체인 **LG이노텍**은 자율주행과 휴머노이드 로봇용 카메라 모듈 공급 가능성이 높은 기업으로 꼽히며, 삼성전기는 전장 카메라 모듈에서 대형 플레이어로 자리 잡고 있다. **현대모비스**는 카메라·레이더·라이다를 통합한 ADAS 센서 시스템을 직접 개발하며 자율주행 비전의 핵심 기업으로 부상했다.

자동차 카메라 모듈 분야에서는 엠씨넥스가 글로벌 규모로 성장했고, 세코닉스는 차량용 카메라 렌즈·모듈을 현대모비스에 공급하며 밸류체인 내 입지를 확보하고 있다.

비전 시스템 제조 기업

회사명	주요 제품/특징	응용 분야	상장 여부
LG이노텍	국내 최대 광학·비전 모듈 업체	자율주행, 휴머노이드 **Atlas에 채택 가능성 높음**	코스피(011070)
삼성전기	카메라모듈·전장 카메라 대형 플레이어	자율주행·ADAS용 카메라 모듈	코스피(009150)
현대모비스	ADAS 센서(카메라· 레이더·라이다) 시스템	자율주행 비전 시스템의 핵심 기업	코스피(012330)
엠씨넥스	자동차 카메라 모듈 글로벌 Top5	자동차 카메라 모듈의 국내 최대 규모 기업	코스피(097520)
세코닉스	차량용 카메라 렌즈·모듈 중심	현대모비스에 차량용 카메라 공급	코스닥(053450)
뷰웍스	산업용 머신비전 카메라, 로봇 비전 기반	산업용 로봇·협동로봇의 '눈' 역할	코스닥(100120)
에스오에스랩	자율주행·로봇용 라이다	자율주행차·로봇(휴머노이드 포함) 3D 비전 센서	코스닥(464080)
씨메스	3D 비전 로봇 정밀제어 솔루션	3D 비전+AI+로봇 제어를 묶은 비전 솔루션	코스닥(475400)

배터리 소재 기업 – 이차전지 및 전고체 배터리

배터리 소재 기업들도 피지컬 AI 수혜주다. 로봇과 자율주행차는 모두 고성능 배터리를 필요로 하며, 배터리 소재의 품질이 최종 제품의 성능을 좌우한다. **포스코퓨처엠**은 양극재, 음극재, 리튬 등 배터리 핵심 소재를 통합 생산하는 국내 최대 기업이다. 2025년 매출 2조 9,387억 원, 영업이익 328억 원을 기록하며 안정적인 수익성을 보인다. 포스코퓨처엠은 GM과

합작한 배터리 소재 생산법인을 통해 북미 시장을 중심으로 양극재를 포함한 배터리 핵심 소재를 공급하며, GM의 전기차 공급망 내 핵심 파트너로 자리 잡고 있다.

에코프로비엠은 하이니켈 양극재 분야의 강자다. 하이니켈 양극재는 에너지 밀도가 높아 같은 무게로 더 오래 작동할 수 있으며, 이는 로봇과 전기차에 필수적인 소재로 평가된다.

에코프로비엠의 2025년 연결 기준 매출은 약 2조 5000억 원, 영업이익 1,428억 원 수준이다. 2024년 전기차 수요 둔화로 인해 주가는 크게 조정받았고, 2022년 고점 대비 60% 이상 하락하며 밸류에이션이 크게 낮아졌다. 향후 전기차와 로봇 수요가 회복되면, 실적과 주가 모두 반등 여력이 크다는 전망이 우세하다.

엘앤에프는 NCMA(니켈·코발트·망간·알루미늄) 계열 하이니켈 양극재를 핵심으로 하는 기업이다. NCMA는 안정성과 에너지 밀도의 균형이 우수해 고성능·프리미엄 전기차에 주로 적용된다.

엘앤에프는 LG에너지솔루션 등 글로벌 셀 업체에 하이니켈 NCMA 양극재를 공급하며, 이들 파트너를 통해 Tesla·GM 등 글로벌 프리미엄 전기차에 공급되는 소재 업체로 평가된다. 2025년 연간 매출은 약 2조 1000억 원(영업손실 1,568억 원) 수준이며, 전기차 수요 둔화로 인해 주가가 하락했지만, 장기적으로는 전기차·ESS·로봇 등 전방 수요 증가가 예상되어 실적 및 주가 회복 가능성이 존재한다는 전망이 제기된다.

스타트업 투자

한국의 피지컬 AI 스타트업 생태계는 빠르게 성장하고 있다. M.AX 얼라이언스의 민간 투자와 정부 지원 프로그램이 스타트업 육성을 가속화한다. 특히 CES 2026에서 한국 스타트업들이 혁신상의 60%를 석권하며 기술력을 입증했다. 이들 스타트업은 대부분 시리즈 A~C 단계로, 고위험 고수익 투자 기회를 제공한다.

에이딘로보틱스는 초소형 6축 힘·토크 센서(AFT-MINI)를 개발했으며 손목·손가락·발목 등 휴머노이드 각 부위에 최적화된 센서 라인업을 보유하고 있다. 자체 개발 로봇 핸드인 AIDIN-Hand(16자유도, 100개 이상 촉각 센서 셀 탑재)로 사업을 확장하고 있다. 현재 삼성증권을 주관사로 2027년 코스닥 특례 상장을 목표로 하고 있다.

본시스템즈는 2015년 설립된 로봇 액추에이터 전문기업으로, 경남 창원에 본사와 공장을 두고 있으며 2025년 9월 코넥스 시장에 상장했다. 핵심 기술은 자체 개발한 '사이클로이드 감속기' 기반의 스마트 액추에이터로, 얇은 두께에서도 고토크·고내구성을 구현하는 것이 특징이다.

스타트업 투자 시 주의할 점은 기술 검증과 재무 건전성이다. 많은 스타트업이 인상적인 데모를 보여주지만 실제 상용화에서는 실패한다. 투자자는 파일럿 고객의 만족도, 재구매율, 단위당 경제성을 확인해야 한다. 또한 번레이트(현금 소진 속도)와 런웨이(현금이 바닥날 때까지의 기간)를 점검하여 추가 자금 조달 없이 수익성을 달성할 수 있는지 평가해야 한다.

로보티즈: 액추에이터, 로봇 핸드, 센서, 소프트웨어로 휴머노이드 시대를 준비한 기업

1999년 출발한 로보티즈는 오랫동안 로봇 업계의 조용한 강자였다. 화려한 완성 로봇을 만드는 회사가 아니었다. 로봇의 관절을 움직이는 핵심 구동 부품, 즉 액추에이터를 만드는 회사였다. 로보티즈는 출발부터 20년 이상 로봇 액추에이터를 핵심 사업축으로 발전시켜 왔다.

그 결과물이 다이나믹셀(Dynamixel)이다. 모터, 감속기, 센서, 제어기, 통신 기능을 하나로 통합한 모듈형 액추에이터로, 각 관절에 고유 ID를 부여해 네트워크로 연결하고 제어하는 방식이다. 구조가 단순하면서도 정밀하다.

다이나믹셀은 로봇 연구·교육·산업 현장에서 널리 채택되는 로봇 액추에이터 중 하나가 됐다. 구글 딥마인드와 스탠퍼드대학이 공동 진행한 알로하(ALOHA) 프로젝트에도 다이나믹셀이 탑재됐고, MIT와는 피지컬 AI 고도화를 위한 국제 공동 연구개발 과제를 수행 중이다.

로보티즈는 모든 관절에 초소형 핑거 액추에이터를 사용한 로봇 핸드(HX5-D20)를 개발했으며, 로봇 핸드의 손끝에 자체 개발한 고감도 촉각 센서 어레이를 내장해, 카메라 시야 밖에서도 물체 위치를 감지하고 정밀하게 파지할 수 있게 했다.

부품 기업이 생태계 기업이 된 이유

로보티즈를 단순 부품 공급사로 부르지 않은 데는 이유가 있다. 바로 소프트웨어다. 로보티즈는 로봇 운영체계(ROS) 기반의 개발 환경을 일찍부터 내재화했다. 국내 ROS 분야의 권위자로 꼽히는 표윤석 이사가 이 전략의 핵심 인물이다. 덕분에 로보티즈의 제품은 하드웨어 부품을 공급하는 데서 멈추지 않고, 그 위에 올라가는 소프트웨어 생태계까지 함께 제공한다. 다이나믹셀을 쓰는 개발자는 자연스럽게 로보티즈의 TurtleBot3, OpenMANIPULATOR-X, OpenCR 등의 ROS 패키지를 함께 쓰게 된다. 락인 효과가 생기는 구조다.

이 때문에 로보티즈는 액추에이터·하드웨어 관련 기업 리스트에도 등장하고, ROS 기반 소프트웨어 기업 리스트에도 등장하며, 로봇 핸드 공급사 리스트에도 이름을 올린다. 휴머노이드 관련 기업을 소개할 때 유독 여러 분야에서 교집합을 형성하며 반복적으로 나타나는 이유다.

LG전자와의 관계

LG전자는 2017년 90억 원을 투자해 로보티즈의 2대 주주가 됐다. 단순한 재무적 투자가 아니었다. 2019년 CES에서 두 회사는 공동 개발한 로봇 자율주행 모듈 시제품을 공개했고, 2024년에는 로보티즈의 실외 자율주행 로봇 '개미' 공급 마스터 계약을 체결했다. 2025년 로보티즈는 LG전자와 휴머노이드 로봇 공동 연구 및 사업화 협력을 강화하고, 연구용 휴머노이드 'AI 워커'를 납품했다. 두 회사의 관계는 지분 관계를 넘어 기술 협력으로 깊어지고 있다.

우즈베키스탄 생산 기지: 액추에이터 300만 개 생산 계획

2025년 8월, 로보티즈는 1,000억 원 규모의 유상증자를 공시했다. 목적지는 우즈베키스탄 타슈켄트다. 6만 6,000㎡ 부지에 액추에이터 및 휴머노이드 완제품 생산 라인, 여기에 NVIDIA Cosmos 시스템 기반의 AI 학습 데이터 팩토리까지 결합한 복합 생산기지를 짓는다. 2027년 상반기 가동이 목표다.

이 결정의 배경에는 중국을 포함한 저가 액추에이터 경쟁 심화와 피지컬 AI 수요 폭증이 고려되었다. 저렴한 인건비와 우즈베키스탄 정부의 전폭적 지원(세제 혜택, 부지 무상 제공)을 활용해 가격 경쟁력을 갖추겠다는 전략이다. 현재 연간 30만 개 수준인 액추에이터 생산 능력을 2027년 210만~300만 개 수준으로 끌어올리는 것이 목표다.

숫자로 보는 로보티즈

2025년 매출은 389.4억 원, 영업이익은 33.6억 원이다. 이 숫자를 과거와 비교하면 방향이 보인다. 2021년 224억 원, 2022년 259억 원, 2024년 300억 원으로 꾸준한 우상향이다. 증권가는 2026년 매출 625억 원, 2027년 매출 940억 원을 전망한다. 우즈베키스탄 공장이 가동되는 시점과 맞물려 있다.

Chapter 20

투자 시 고려 사항

현재 밸류에이션 분석: 고점인가, 시작점인가

2026년 초 피지컬 AI 관련 기업들의 주가는 이미 상당히 상승했다. NVIDIA의 주가는 2023년 초 대비 10배 이상 올랐고, SK하이닉스 역시 같은 기간 약 10배 이상 뛰었다. 이러한 급등 이후 투자자들은 당연한 질문을 던진다. "지금이 고점인가, 아니면 여전히 시작점에 불과한가?" 이 질문에 대한 답은 주가가 미래 실적을 얼마나 선반영했는지, 그리고 그 실적 전망이 얼마나 현실적인지에 달려 있다.

주가는 기본적으로 미래 수익의 현재 가치다. 투자자들은 기업이 향후 5~10년 동안 벌어들일 이익을 예상하고, 그것을 적절한 할인율로 현재 가치로 환산하여 주가를 결정한다. 따라서 주가 상승은 항상 실적 개선을 선행한다. 문제는 얼마나 앞서 가는지, 그리고 그 기대가 현실이 될 가능성이 얼마나 되는지다.

NVIDIA를 예로 들어보자. 2026년 2월 현재 NVIDIA의 시가총액은 약 4조 5,000억 달러이며, 2026 회계연도(2026년 1월 종료 기준) 순이익은 약 1,200억 달러였다. 이는 PER 약 40배에 해당하는 수준이다.

NVIDIA의 매출과 순이익 추이를 보면 성장의 규모를 실감할 수 있다. 2023 회계연도에 순이익 약 44억 달러에 불과했던 것이, 2024 회계연도에는 약 298억 달러, 2025 회계연도 729억 달러, 2026 회계연도 1,200억 달러로, 불과 3년 사이에 27배 이상 급증했다.

만약 이 성장이 대폭 둔화되어 향후 3년간 연 30% 내외의 성장에 그친다 해도, FY2029 순이익은 약 2,636억 달러에 이를 수 있다. 그렇다면 현재 주가는 FY2029 실적 기준 PER 20~30배 수준으로, 고성장 기술주로서는 상당히 합리적인 밸류에이션이라 할 수 있다.

NVIDIA 실적 추이 및 전망

회계연도	매출(억 달러)	순이익(억 달러)	시가총액(조 달러)	PER(배, 대략)
2023	270	43.7	1	50~60
2024	609	297.6	2.0~2.5	30~40
2025	1,304	728.8	3.0~3.5	30~40
2026	2,159	1,200	3.5~4.5	35~45
2027(E)*	2.745	1,458	4.0~5.0	30~40
2028(E)*	3,225	1,736	4.5~6.0	25~35

※(E)는 컨센서스 예상치

---

*   https://www.marketscreener.com/quote/stock/NVIDIA-CORPORATION-102194602/finances/

물론 이 전망이 실현되려면 여러 가정이 충족되어야 한다. AI 투자가 계속 증가해야 하고, NVIDIA가 시장 지배력을 유지해야 하며, 경쟁사가 CUDA 생태계를 무너뜨리지 못해야 한다. 만약 이 중 하나라도 어긋나면 주가는 크게 조정받을 수 있다. 하지만 지금까지의 추세와 산업 구조를 고려하면, 적어도 2027~2028년까지는 AI 칩 수요가 공급을 초과할 가능성이 크다.

SK하이닉스도 비슷한 논리가 적용된다. 2026년 2월 현재 SK하이닉스의 주가는 약 100만 원, 시가총액은 약 690조 원이다. 2025년 확정 순이익 약 43조 원을 기준으로 하면 PER은 약 12배에 해당한다. 이는 메모리 반도체 기업으로서 역사적 평균에 근접한 수준이다.

과거 메모리 호황기에 SK하이닉스의 PER은 10~15배까지 올라갔다. 만약 HBM 수요가 지속되고 2026~2027년 순이익이 60~80조 원 수준으로 성장한다면, 현재 주가는 여전히 저평가된 것이다. 반대로 AI 투자가 둔화되어 HBM 가격이 하락하고 실적이 꺾인다면, 현재 주가는 고평가 구간에 진입할 수 있다.

이처럼 현재 밸류에이션이 고점인지 시작점인지는 미래 실적 전망에 달려 있다. 보수적으로 접근하는 투자자는 '주가가 너무 많이 올라 위험하다'고 판단할 수 있다. 반면 낙관적 투자자는 '피지컬 AI 혁명은 이제 시작이며, 향후 10년간 지속될 것이므로 지금은 초기 단계'라고 본다. 역사적으로 큰 기술 전환기에는 후자가 옳았다. 2000년대 초 인터넷 버블 붕괴 후 살아남은 기업들(Amazon, Google, Apple)은 그 후 20년간 수십 배 상승했다. 2010년 스마트폰 혁명 초기에 투자한 사람들도 큰 수익을 거두었다.

주가는 미래 상황을 선반영하므로, 실적이 나오기를 기다렸다가 투자하면 이미 늦다. 주가는 뉴스나 실적 발표보다 6개월에서 1년 앞서 움직인다. 따라서 '지금부터가 진짜 투자 기회'라는 말은 일리가 있다. 다만 투자자는 자신의 리스크 허용도를 고려해야 한다. 단기 변동성을 견딜 수 없다면 조정 시점을 기다리거나 분할 매수를 고려해야 한다. 장기 투자자라면 밸류에이션보다는 기업의 구조적 경쟁 우위와 시장 지배력에 집중하는 것이 낫다.

밸류에이션과 리스크

피지컬 AI 기업에 투자할 때 밸류에이션 분석은 필수다. 하지만 전통적인 밸류에이션 지표(PER, PBR, PCR)를 적용하기 어려운 경우가 많다. 많은 피지컬 AI 기업이 아직 적자이거나 초기 단계여서 의미 있는 이익이나 현금흐름이 없기 때문이다. 이럴 때는 PSR(주가매출비율), EV/Sales(기업가치 대비 매출), 또는 비교 밸류에이션(comparable valuation)을 활용한다.

기술 실현 가능성 평가는 밸류에이션의 핵심이다. 로봇 기업이 인상적인 데모를 보여주더라도, 그것이 대량 생산과 실제 환경에서 안정적으로 작동할지는 별개 문제다. 투자자는 다음을 확인해야 한다. 첫째, 프로토타입에서 양산 단계로 넘어간 경험이 있는가. 둘째, 제조 파트너와 공급망이 확보되었는가. 셋째, 실제 고객이 상업적으로 사용하고 있으며 만족하는가. 넷째, 경쟁사 대비 명확한 기술적 우위가 있는가.

대량생산 역량 검증도 중요하다. 소량 생산에서는 작동했던 설계가 대량 생산에서는 품질 문제를 일으키는 경우가 많다. 수율(양품률), 생산 속도, 원가 절감 계획을 면밀히 살펴야 한다. Tesla가 Model 3 생산에서 겪은 생산 지옥(production hell)은 하드웨어 기업이 양산에서 얼마나 고전할 수 있는지 보여준다. 반면 FANUC이나 ABB처럼 수십 년 경험을 가진 기업은 양산 리스크가 훨씬 낮다.

규제 리스크는 특히 자율주행과 의료 로봇에서 크다. 자율주행차는 각국의 안전 기준을 충족해야 하며, 사고 발생 시 법적 책임 문제가 복잡하다. 의료 로봇은 미국 FDA, 한국 MFDS(식품의약품안전처), 유럽 EU MDR (의료기기규정, Regulation EU 2017/745) 기반의 공인 인증기관 등의 승인을 받아야 하며, 이는 수년이 걸릴 수 있다. 규제 승인이 지연되면 시장 진입이 늦어지고 경쟁사에게 기회를 빼앗길 수 있다. 반면 산업용 로봇과 창고 자동화는 규제가 상대적으로 느슨하여 리스크가 낮다.

피지컬 AI 기업 유형별 밸류에이션 지표 및 리스크

기업 유형	주요 밸류에이션 지표	핵심 리스크	리스크 완화 방법
AI 칩(NVIDIA)	PER, EV/EBITDA	경쟁 심화, 수요 둔화	생태계 락인, 기술 선도
메모리 (SK하이닉스)	PER, PBR	HBM 가격 하락, 공급 과잉	독점적 지위, NVIDIA 파트너십
휴머노이드	PSR, EV/Sales	양산 실패, 기술 미성숙	대기업 파트너, 정부 지원
자율주행	EV/ARR(예상 수익)	규제 지연, 안전 사고	보수적 배치, 보험 확보
산업로봇	PER, ROE	제조업 경기 둔화	다각화, 서비스 매출

지정학적 리스크는 2020년대 들어 크게 부각되었다. 미중 갈등으로 인한 기술 수출 통제, 공급망 재편, 관세 부과 등이 피지컬 AI 산업에 직접적 영향을 미친다. 중국은 세계 최대 로봇 시장이며 제조 강국이므로, 중국과의 거래가 제한되면 많은 기업이 타격을 받는다. 반면 이는 한국, 일본, 유럽 기업에게 기회가 될 수도 있다. 중국이 미국 기술을 사용하지 못하면 대안 공급자를 찾게 되기 때문이다.

환율 리스크도 고려해야 한다. 피지컬 AI 기업 대부분은 글로벌 시장에서 활동하며, 매출과 원가가 여러 통화로 발생한다. 달러 강세는 한국 기업의 수출 경쟁력을 높이지만, 달러로 표시된 부채나 원자재 비용을 증가시킨다. 투자자는 기업의 환헤지 정책과 통화 노출을 확인해야 한다.

기술 변화 리스크는 피지컬 AI처럼 빠르게 진화하는 산업에서 특히 크다. 현재 선도 기술이 2~3년 후 구식이 될 수 있다. 예를 들어 라이다 기반 자율주행이 주류였지만, Tesla는 카메라와 AI만으로 자율주행을 구현하는 비전 온리(vision-only) 접근을 택했다. 만약 Tesla가 성공하면 라이다 제조사들은 큰 타격을 받는다. 따라서 투자자는 기업이 기술 변화에 얼마나 민첩하게 대응할 수 있는지, 연구개발 역량과 혁신 문화를 평가해야 한다.

투자 리스크와 회피 전략

피지컬 AI 투자의 리스크를 최소화하려면 체계적인 접근이 필요하다. 첫 번째 원칙은 인프라 기업에 주목하는 것이다. 피지컬 AI 생태계에서 누가 승자가 될지 예측하기 어렵지만, 모든 플레이어가 의존하는 인프라 제공자는 확실한 수혜자다.

NVIDIA, 삼성전자, SK하이닉스 같은 AI 칩, GPU, 메모리 기업, 또는 CoreWeave 같은 AI 클라우드 제공자는 로봇 기업들의 성패와 무관하게 수익을 창출한다. 이는 골드러시 시대에 곡괭이와 삽을 판 상인들이 금광을 캐는 사람들보다 안정적으로 돈을 번 것과 같은 논리다.

버블 징후를 감지하는 것도 중요하다. 기술 버블의 전형적인 신호는 다음과 같다. 실적 없는 기업들의 밸류에이션이 천문학적으로 치솟는다. 모든 기업이 AI나 로봇이라는 단어만 붙이면 주가가 급등한다. 언론과 소셜 미디어에서 과장된 전망과 성공 스토리가 넘쳐난다. 개인 투자자들이 대거 몰려들고 빚을 내서 투자한다. 이러한 신호가 나타나면 포지션을 줄이거나 방어적으로 전환해야 한다.

버블 경고 신호 체크리스트

경고 신호	설명	현재 상황(2026년 초)
극단적 밸류에이션	매출 없는 기업이 수십억 달러 밸류에이션	일부 휴머노이드 스타트업에서 관찰
무분별한 IPO	준비 안 된 기업들의 상장 러시	아직 제한적
레버리지 급증	개인들이 빚내서 투자	일부 관찰되지만 2000년 수준은 아님
언론 과열	모든 미디어가 AI/로봇만 다룸	높은 관심이지만 과열은 아님
전문가 경고 무시	신중론이 조롱받음	아직 균형 잡힌 논의 유지

2000년 닷컴 버블과 2016~2019년 자율주행 버블로부터 배울 수 있는 교훈이 있다. 기술 자체는 진짜였지만, 시장이 실현 속도를 과대평가했다. 인터넷은 세상을 바꿨지만 2000년대 초반에 상장한 수백 개의 닷컴 기업 중 살아남은 것은 소수다.

자율주행도 결국 실현될 것이지만, 2016년에 '2020년이면 완전 자율주행차가 도로를 누빌 것'이라던 예측은 빗나갔다. 피지컬 AI도 마찬가지다. 10년 후에는 로봇이 어디에나 있을 것이지만, 지금 투자한 기업 중 상당수는 실패할 수 있다.

손절 기준을 미리 정하는 것도 리스크 관리의 핵심이다. 주식을 매수할 때 '이 주식이 ○% 하락하면 손절한다'는 규칙을 정하고 감정 없이 실행해야 한다. 일반적으로 개별 종목은 -20~-30%, 포트폴리오 전체는 -15~-20%를 손절선으로 설정한다. 물론 장기 투자자라면 단기 변동에 흔들리지 않아야 하지만, 기업의 펀더멘털이 근본적으로 훼손되었다면(예: 회계 부정, 핵심 기술 실패, 주요 고객 이탈) 손실을 인정하고 빠져나와야 한다.

분산 투자는 가장 기본적이면서 효과적인 리스크 관리 방법이다. 한두 개 종목에 집중하면 수익률이 극대화될 수 있지만, 그 종목이 실패하면 막대한 손실을 입는다. 반면 10~20개 종목에 분산하면 한두 개가 실패해도 포트폴리오 전체는 견딜 수 있다. 피지컬 AI 투자에서는 밸류체인을 따라 분산하는 것이 효과적이다. AI 칩, 메모리, 센서, 로봇 제조사, 소프트웨어, 응용 서비스 등 각 영역에서 12개 종목을 선택한다. 또한 지역별로도 분산한다. 미국 주식, 한국 주식, 유럽 주식을 적절히 섞으면 특정 지역의 리스크를 완화할 수 있다.

시간 분산(달러 코스트 애버리징, DCA)도 고려할 만하다. 일시에 큰 금액을 투자하는 대신, 매월 일정 금액을 규칙적으로 투자한다. 이는 고점에 많이 사는(몰빵하는) 리스크를 줄이고 심리적 부담을 낮춘다. 주가가 하락하면 더 많은 주식을 살 수 있고, 상승하면 이미 보유한 주식이 이익을 낸다. 장기적으로 시간 분산 투자는 한 번에 몰아넣는 투자(몰빵)보다 안정적인 수익을 제공한다.

Chapter 21

투자 전략과 포트폴리오

테마주 롤러코스터에 주의하라

2026년 초, 한국 증시에 뜨거운 바람이 불어 닥쳤다. CES 2026에서 피지컬 AI와 휴머노이드 로봇이 주요 화두로 떠오르면서 관련 종목들의 주가가 연일 상승 행진을 이어갔다.

현대차그룹이 Boston Dynamics의 Atlas 로봇과 구체적인 양산 계획을 공개하고, NVIDIA CEO 젠슨 황이 "피지컬 AI의 ChatGPT 모먼트가 왔다"라고 선언하자 시장은 즉각 반응했다. 레인보우로보틱스와 로보티즈, 두산로보틱스 같은 대표 기업은 물론이고 HL만도, 에스피지, 휴림로봇 등 부품 및 협력사들까지 동반 상승했다.

원익홀딩스는 2025년 한 해 동안 무려 1,472%라는 경이적인 상승률

을 기록했다. TIGER 코리아휴머노이드로봇산업 같은 ETF도 빠르게 상
승하며 투자자들의 관심을 끌었다.

그러나 이러한 열풍 속에서 투자자들이 반드시 기억해야 할 것이 있다.
한국 증시는 특정 테마가 부각될 때마다 관련주들이 단기간에 급등했다
가 빠르게 조정받는 패턴을 반복해왔다는 점이다. 2000년대 초반 IT버블
당시 코스닥 지수가 2천 포인트를 돌파했다가 폭락한 사례부터, 최근 몇
년간 반복된 바이오주와 AI 관련주의 급등락까지, 테마주 투자는 언제나
양날의 칼이었다.

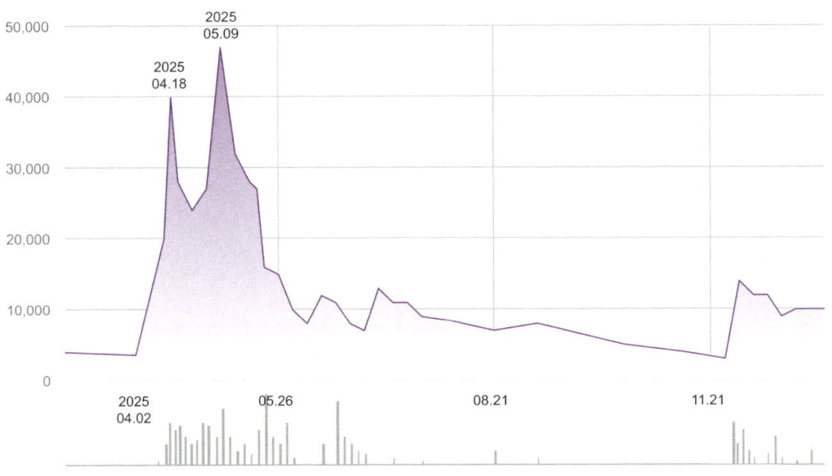

테마주 투자의 위험성. 대통령 후보 테마주로 거론되었던 상지건설의 주가 그래프

문제는 대부분의 개인투자자들이 상승 후반부에 진입하여 고점에 물
리는 경우가 많다는 것이다. 뉴스와 미디어를 통해 특정 테마가 화제가 되
고, 주변에서 수익 사례가 들려올 때쯤이면 이미 선점한 투자자들의 차익

실현 매물이 쏟아지기 시작한다. 2026년 초 피지컬 AI 테마주 역시 CES 개막 전후로 급등했지만, 행사가 끝난 직후부터 일부 종목들은 조정 국면에 진입하며 투자자들에게 경고등을 켜고 있다.

피지컬 AI 테마주는 피지컬 AI로 돈을 버는 곳이 없다

테마주 롤러코스터의 가장 큰 위험은 실체와 기대의 괴리에 있다. 피지컬 AI와 휴머노이드 로봇은 분명 미래 성장 산업이지만, 대부분의 관련 기업들은 아직 본격적인 수익을 창출하지 못하고 있다.

레인보우로보틱스는 기술력을 인정받아 삼성전자가 최대주주가 되었지만 여전히 적자 상태이며, 많은 로봇 관련 기업들도 연구개발 단계에 머물러 있다. 이들 기업의 주가는 현재 실적이 아니라 미래 기대감에 기반하고 있으며, 이러한 기대감은 언제든 급변할 수 있다.

중국 정부가 2025년 말 휴머노이드·로봇 산업의 과열과 저품질·중복 경쟁을 경고하며 규제·지침 강화 방향을 제시하자, 휴머노이드 로봇 관련 주들이 급락한 사례는 외부 변수가 테마주에 얼마나 큰 영향을 미치는지 보여준다.

유통 물량이 적은 중소형주의 테마주 바람을 조심하라

한국 시장의 테마주는 또 다른 고유한 특성을 가지고 있다. 유통 물량이 적은 중소형주들이 테마에 편입되면 소량의 거래로도 상한가와 하한가를 오가는 극심한 변동성을 보인다는 점이다. 이는 단기 수익을 노리는 투자자들에게는 기회로 작용하지만, 장기 투자 관점의 투자자들에게는 큰 심리적 부담이 된다.

아침에 상한가를 찍었던 종목이 오후에 급락하는 경우도 빈번하며, 이러한 급격한 등락은 투자자들의 합리적 판단을 흐리게 만든다. 특히 신용 거래나 미수거래로 레버리지를 활용한 투자자들은 순식간에 큰 손실을 입을 수 있다.

2026년 2월 중순 이후 일부 로봇 관련주들이 동반 조정을 받으면서 '로봇주 숨 고르기'라는 표현이 증권가에 등장한 것은 이러한 패턴의 반복을 보여준다.

피지컬 AI 투자. 이렇게 관점으로 바라보자

그렇다면 피지컬 AI 관련 기업에 투자할 때 어떤 점을 주의해야 할까? 첫째, 테마주 투자와 기업 가치 투자를 명확히 구분해야 한다. 테마주 투자는 단기 모멘텀을 활용한 매매 전략이며, 뉴스와 시장 심리에 민감하게 반응해야 한다. 반면 기업 가치 투자는 해당 기업의 기술력, 사업 모델, 재무 상태, 시장 지위를 면밀히 분석하여 장기 보유를 전제로 하는 접근이다.

많은 투자자들이 테마주에 진입하면서도 장기 투자 마인드를 갖는 실수를 범한다. 주가가 급등할 때는 '미래 가치'를 강조하다가, 급락할 때는 '곧 회복될 것'이라며 손절매를 미루는 것이다. 테마주에 투자한다면 명확한 수익 실현 목표와 손절 기준을 설정하고 기계적으로 실행해야 한다.

둘째, 본질적 가치를 판단하는 능력을 키워야 한다. 같은 '피지컬 AI 관련주'라는 딱지가 붙어 있어도 기업마다 실체는 천차만별이다. 실제로 휴머노이드 로봇을 개발하고 양산 계획을 가진 기업과, 단순히 로봇 부품의 일부를 공급하는 협력사는 장기적인 성장 잠재력이 완전히 다르다.

더 나아가 로봇과 직접적인 관련이 없으면서도 대주주가 관련 사업을 한다는 이유만으로 'OO 관련주'로 분류되는 종목들도 많다. 이런 기업들은 테마가 식으면 가장 먼저 조정을 받는다. 투자자들은 기업의 사업보고서를 읽고, 매출 구성을 확인하고, 실제로 어떤 제품과 기술을 보유했는지 파악해야 한다. 관련주 목록만 보고 투자하는 것은 도박에 가깝다.

셋째, 시장의 생태계 전반을 이해해야 한다. 피지컬 AI 산업은 하드웨어(로봇 본체, 액추에이터, 센서), 소프트웨어(AI 모델, 제어 시스템), 응용 분야(제조, 물류, 가정, 의료)로 나뉘며, 각 영역마다 승자가 다를 수 있다.

Tesla Optimus가 성공한다고 해서 모든 휴머노이드 기업이 수혜를 보는 것은 아니다. 오히려 Tesla가 부품 수직 계열화를 추구하면 부품사들은 타격을 받을 수 있다. 반대로 Boston Dynamics처럼 외부 공급망에 의존하는 전략을 취하면 협력사들이 혜택을 본다.

삼성전자가 레인보우로보틱스를 인수한 것은 휴머노이드 생태계 선점 전략의 일환이며, 이는 다른 대기업들도 유사한 움직임을 보일 것임을 시사한다. 투자자들은 단순히 '로봇주가 오른다'는 막연한 기대가 아니라, 어떤 기업이 생태계에서 어떤 위치를 차지하고 있는지 이해해야 한다.

넷째, 글로벌 경쟁 구도와 기술 격차를 냉정하게 평가해야 한다. 한국의 로봇 기업들은 분명 기술력을 갖추고 있지만, 미국의 Tesla와 Figure AI, Boston Dynamics, 중국의 Unitree와 UBTECH 같은 기업들과 경쟁해야 한다.

특히 중국은 정부 지원 하에 저가 공세로 시장 점유율을 높이고 있으며, 미국 기업들은 막대한 자본과 AI 기술을 무기로 하고 있다. 한국 기업들이 과연 이 경쟁에서 살아남아 수익을 낼 수 있을지, 아니면 기술 격차로 인해 도태될지는 아직 알 수 없다. 투자자들은 장밋빛 미래만 보지 말고, 기술 경쟁력과 사업화 가능성을 엄격하게 따져봐야 한다.

마지막으로, 투자 비중과 포트폴리오 관리가 중요하다. 피지컬 AI가 미래 산업이라는 확신이 있더라도, 포트폴리오의 전부를 관련주에 투자하는 것은 위험하다. 테마주는 변동성이 크기 때문에 전체 투자 자산의 일부만 할당하고, 나머지는 안정적인 자산에 분산 투자해야 한다.

ETF를 활용하는 것도 한 가지 방법이다. TIGER 코리아휴머노이드로봇산업이나 PLUS 글로벌휴머노이드로봇액티브 같은 ETF는 개별 종목 리스크를 분산시키면서도 섹터 전체의 성장에 참여할 수 있게 해준다. 다만 ETF 역시 구성 종목의 실적에 따라 수익률이 크게 달라질 수 있으므로, 보유 종목과 비중을 확인하고 투자해야 한다.

2026년 초 피지컬 AI 테마주의 급등은 분명 이 산업에 대한 시장의 기대를 반영한다. 하지만 이러한 기대가 모두 현실이 되려면 수년의 시간이 필요하며, 그 과정에서 수많은 기업들이 도태될 것이다. 투자자들은 테마주 롤러코스터에 휘말리지 않도록 냉정함을 유지해야 한다.

뉴스에 나오는 화려한 백덤블링 시연 영상과 장밋빛 전망 뒤에는 아직 해결되지 않은 기술적 난제들, 불확실한 시장 수요, 치열한 글로벌 경쟁이 자리하고 있다. 2000년 IT버블 당시 수많은 닷컴 기업들이 상장했지만 살아남은 것은 소수에 불과했던 것처럼, 지금의 피지컬 AI 열풍도 언젠가 정리될 것이다. 진정한 승자는 그때 드러날 것이며, 투자자들은 그 승자를 미리 찾아내는 혜안과, 단기 변동성에 흔들리지 않는 인내심을 동시에 갖춰야 한다. 테마주 롤러코스터는 짜릿한 경험을 주지만, 안전벨트 없이 탑승하는 순간 큰 부상을 입을 수 있다는 사실을 명심해야 한다.

Penny Stock에서 눈을 떼라

주식 투자 커뮤니티와 온라인 카페를 들여다보면 공통적으로 발견되는 패턴이 하나 있다. '5천 원짜리 주식을 1만 주 사면 5천만 원인데, 이게 두 배만 오르면 1억이잖아요'라는 식의 계산이다. 80만 원짜리 SK하이닉스 주식 62주를 사는 것보다, 5천 원짜리 주식 1만 주를 보유하는 것이 심리적으로 더 큰 만족감을 준다는 것이다.

많은 개인 투자자들이 5천 원에서 1만 원 사이의 이른바 저가주(Penny Stock)에 시선을 주는 이유다. 숫자상으로 많은 주식을 보유한다는 느낌, 주당 가격이 낮으니 상승 여력이 크다는 막연한 기대감, 그리고 '혹시 이 회사가 대박 나면?'이라는 로또 같은 희망이 복합적으로 작용한다.

Penny Stock인 이유를 조사하라

그러나 냉정한 현실은 다르다. 수익률은 투자 금액 대비 상승률로 결정되며, 주당 가격과는 아무런 관련이 없다. 5천 원짜리 주식이 1만 원이 되면 100% 수익이고, 50만 원짜리 주식이 100만 원이 되어도 마찬가지로 100% 수익이다. 오히려 저가주는 상승보다 하락 확률이 더 높은 경우가 많다. 왜냐하면 주가가 낮은 데에는 반드시 이유가 있기 때문이다. 기업의 수익성이 낮거나, 부채가 과다하거나, 시장 지위가 약하거나, 산업 자체가 사양길에 접어들었거나, 또는 과거 주가가 폭락한 역사를 가지고 있는 경우가 대부분이다.

2026년 현재 코스닥 시장에서 5천 원 이하로 거래되는 종목들 중 상당수는 만성적인 적자를 기록하고 있거나, 거래량이 극히 적어 유동성이 부족한 좀비 기업들이다.

저가주 투자의 가장 큰 함정은 '이미 많이 빠졌으니 더 떨어질 게 없다'는 착각이다. 주가가 5천 원에서 2천 500원으로 떨어지면 50% 손실이고, 다시 1천 250원으로 떨어지면 추가로 50% 손실이다. 바닥은 없다. 실제로 많은 저가주들이 상장폐지 위기에 처하거나, 관리종목으로 지정되어 투자자들에게 회복 불가능한 손실을 안긴다.

반면 해당 섹터의 대장주는 시장 변동성에도 불구하고 장기적으로 우상향하는 경향을 보인다. 피지컬 AI 섹터로 예를 들면, 레인보우로보틱스는 2025년 한 해 동안 큰 변동성을 보였지만 삼성전자가 최대주주가 되면서 시장의 신뢰를 얻었다. 반면 이름도 생소한 'OO 로봇 관련주'로 분류된 저가주들은 단기 테마에 편승해 급등했다가 더 큰 폭으로 하락했다.

항상 대장주에 시선을 줘라

대장주와 저가주의 차이는 본질적인 경쟁력에 있다. 대장주는 기술력, 시장 점유율, 브랜드 파워, 재무 건전성, 경영진의 역량 등 모든 면에서 우위를 점하고 있기 때문에 높은 가격을 형성한다. 투자자들이 프리미엄을 지불할 의향이 있다는 것은 그만큼 미래 가치를 인정받는다는 의미다.

로봇 산업에서 두산로보틱스가 협동로봇 시장의 강자로 인정받는 이유는 기술 축적과 글로벌 납품 실적 때문이며, 이것이 주가에 반영된다. 반면 저가주는 종종 '저평가된 숨은 보석'으로 포장되지만, 대부분은 그럴 만한 이유가 있어서 저평가된 것이다. **시장은 생각보다 효율적이며, 진짜 좋은 기업을 오래 방치하지 않는다.**

물론 예외는 존재한다. 구조조정을 성공적으로 마친 기업, 신기술 개발로 전환점을 맞은 기업, 또는 대주주 변경으로 경영 혁신이 일어난 경우에는 저가주에서 급등주로 탈바꿈하기도 한다. 하지만 이런 경우를 찾아내려면 기업 분석에 상당한 시간과 전문성을 투자해야 하며, 그럼에도 불구하고 실패 확률이 높다.

일반 개인 투자자가 수백 개의 저가주 중에서 진짜 반등 가능성이 있는 종목을 골라내기는 사실상 불가능에 가깝다. 차라리 그 시간과 노력을 해당 산업의 대장주를 분석하는 데 쓰는 것이 훨씬 합리적이다.

결론적으로 투자자들은 '많은 주식 수'라는 심리적 만족감에서 벗어나야 한다. 중요한 것은 보유 주식의 수가 아니라 투자 원금이 얼마나 성장하느냐다. 5만 원으로 5천 원짜리 주식 10주를 사는 것과 5만 원으로 5만 원짜리 주식 1주를 사는 것은 수익률 측면에서 동일하지만, 후자가 훨씬 안전하고 예측 가능한 투자다.

피지컬 AI에 투자하고 싶다면 이름도 모르는 'OO로봇'보다는 레인보우로보틱스나 두산로보틱스를, 반도체에 투자하고 싶다면 중소형 부품사보다는 삼성전자나 SK하이닉스를 선택하는 것이 현명하다. 대장주는 비싸 보이지만, 그 가격에는 시장의 신뢰와 미래 성장 가능성이 반영되어 있다. Penny Stock의 유혹에서 벗어나 진짜 가치 있는 기업에 투자하는 순간, 비로소 장기적이고 안정적인 수익의 길이 열린다.

보수적 투자자: 인프라 중심 투자

리스크를 최소화하고 안정적인 수익을 추구하는 보수적 투자자는 피지컬 AI 인프라 기업에 집중해야 한다. 이들 기업은 이미 검증된 비즈니스 모델과 수익성을 가지며, 피지컬 AI 시장의 성장과 함께 자연스럽게 혜택을 받는다.

한국 증시에서 이 역할을 담당하는 대표 기업은 SK하이닉스와 삼성전자다. 솔직히 말하면, 한국 증시에는 AI 칩 설계 기업이 존재하지 않는다(리벨리온, 퓨리오사AI 등은 2026년 상반기~2027년 상장 준비중). NVIDIA에 해당하는 순수 AI 반도체 설계 상장사가 없기 때문에, 한국 투자자가 한국 증시 안에서 피지컬 AI 인프라에 보수적으로 접근할 경우 포트폴리오 구성의 폭이 제한된다는 점을 먼저 인식해야 한다.

이러한 한계를 전제로 한국 증시 내 보수적 포트폴리오 예시를 제시하면 다음과 같다. SK하이닉스 45%, 삼성전자 35%, 현금 또는 국내 채권 20%. 이 포트폴리오는 피지컬 AI의 핵심 인프라인 AI 메모리에 집중하며, 두 기업 모두 2025년 연간 실적 기준으로 수익성과 재무 건전성이 이미 검증돼 있다.

종목	비중	선정 이유	리스크 수준
SK하이닉스	45%	HBM 시장 점유율 1위, AI 메모리 수요 수혜	중간
삼성전자	35%	다각화된 사업 포트폴리오, HBM 공급 확대	낮음
현금/채권	20%	유동성 확보, 시장 조정 시 추가 매수 재원	매우 낮음

SK하이닉스는 HBM 시장 점유율 1위 기업으로, 2025년 연간 매출 97조 1,467억 원, 영업이익 47조 2,063억 원(영업이익률 49%)을 기록하며 역대 최대 실적을 달성했다. 영업이익은 전년 대비 101% 증가했다.

삼성전자는 2025년 연간 매출 333조 6,000억 원, 영업이익 43조 6,000억 원을 기록했으며, 4분기 영업이익은 전분기 대비 65% 증가한 20조 1,000억 원으로 분기 기준 역대 최대를 달성했다.

이 포트폴리오의 기대 수익률과 리스크에 대해서는 명확한 한계를 먼저 밝힌다. 미래 수익률 전망은 어느 전문가도 보장할 수 없으며, 반도체는 경기 사이클에 따라 변동성이 크다. 코스피 장기 연평균 수익률이 약 5.9% 수준임을 고려할 때, AI 수요가 지속된다는 가정 하에 이 두 기업은 시장 평균을 상회하는 성과를 기대할 수 있으나 하락 시에는 -30~-50% 수준의 조정도 역사적으로 반복됐다는 점을 반드시 인지해야 한다.

보수적 투자자를 위한 추가 옵션으로는 협동로봇 분야의 두산로보틱스가 있다. 다만 두산로보틱스는 흑자 전환 여부를 투자 전 반드시 확인해야 한다. '이미 상업적 성공을 거둔 기업'이라는 표현은 현재 시점에서 적절하지 않다.

보수적 투자자의 투자 기간은 최소 3~5년이어야 한다. 단기적으로는 반도체 경기 사이클과 시장 변동성으로 손실이 발생할 수 있지만, 장기적으로 피지컬 AI 인프라 수요는 지속 증가할 것으로 전망된다.

배당을 선호한다면 삼성전자의 비중을 높이는 것도 방법이지만, 삼성전자의 배당수익률은 현재 주가 수준에서 약 1% 안팎으로 높지 않다는 점을 현실적으로 인식해야 한다. 삼성전자를 배당주가 아닌 성장주의 관점에서 접근하는 것이 더 적합하다.

공격적 투자자: 로봇 기업 직접 투자

높은 수익률을 추구하고 리스크를 감내할 수 있는 공격적 투자자는 휴머노이드 로봇 기업과 고성장 로봇 기업에 직접 투자한다. 다만 한국 증시에는 Tesla Optimus나 Figure AI처럼 순수 휴머노이드 완성품을 양산하는(또는 구체적인 양산 계획이 있는) 상장 기업이 존재하지 않는다.

현재 한국 증시에 상장된 기업 중 휴머노이드 개발에 가장 근접한 곳은 레인보우로보틱스이며, 그 외는 협동로봇·부품 기업들이다. LG전자가 KIST와 협력하여 케이팩스 휴머노이드 로봇을 개발하고 있지만 구체적인 로드맵이 제시되어 있지 않다. LG답게 조용히 물밑 작업을 수행한 후 갑자기 완성도 높은 휴머노이드를 공개할 수도 있지만, 알 수 없다. 이 한계를 명확히 인식한 상태에서 포트폴리오를 구성해야 한다.

한국 증시 내 공격적 포트폴리오 예시는 다음과 같다.

공격적 피지컬 AI 포트폴리오 구성

종목	비중	선정 이유	리스크 수준
레인보우로보틱스	35%	국내 대표 휴머노이드 개발사, 삼성전자 최대주주	높음
두산로보틱스	20%	협동로봇 상장사, 장기 성장 기대	높음
로보티즈	20%	로봇 액추에이터 원천기술 보유, 피지컬AI 부품	중간
코스닥·코넥스 로봇 중소형주	15%	멀티배거 가능성, 선별 투자	극도로 높음
현금	10%	시장 조정 시 추가 매수 재원	매우 낮음

레인보우로보틱스와 두산로보틱스 모두 현재 적자 상태다. 그렇다면 왜 공격적 포트폴리오에 이들을 넣는가?

현재 적자는 '투자 단계'의 적자이지, '사업 실패'의 적자가 아니기 때문이다. 두 기업의 손실 구조를 들여다보면 공통점이 있다. 매출원가가 아닌 R&D 비용과 판매관리비가 손실의 주요 원인이다. 레인보우로보틱스는 판관비가 매출의 30~40%에 달하고, 두산로보틱스는 미국 자회사 ONExia 인수 관련 일회성 비용과 R&D센터 개소 비용이 대거 반영됐다. 이는 미래 사업 기반을 다지기 위해 돈을 쓰는 것이지, 물건이 안 팔려서 손해를 보는 것이 아니다.

결론적으로, 공격적 투자자가 이 두 기업에 투자하는 것은 '지금 돈을 버는 기업'이 아니라 '미래에 돈을 벌 구조를 만들고 있는 기업'에 베팅하는 것이다. 이것이 벤처 투자의 본질이다. 다만 이 베팅이 틀릴 경우 손실도 그만큼 크다는 점을 공격적 투자자는 반드시 직시해야 한다.

비상장 스타트업에 투자하려면 코넥스 상장기업에 투자하거나 사모펀드·벤처캐피탈 펀드를 통해야 한다. 한국의 여러 벤처캐피탈이 피지컬 AI 관련 펀드를 운용한다. 다만 사모펀드 출자는 자본시장법상 일반 개인 투자자 기준 통상 1억 원 이상이 필요하다. 비상장 투자는 유동성이 없고(보통 5~7년 동안 회수 불가), 실패 시 전액 손실 가능성이 있으므로 투자 금액을 신중히 결정해야 한다.

공격적 투자자도 일부는 안정적인 자산에 배분해야 한다. 앞의 포트폴리오에서 현금 10% 비중은 변동성을 줄이고 심리적 안정을 제공한다. 모든 로봇 기업이 기대에 미치지 못하더라도, 현금을 보유하고 있으면 저점 매수 기회를 잡을 수 있다.

투자 기간은 최소 5~10년이어야 한다. 휴머노이드 로봇의 대량 생산과 상용화는 2027년 말에서 2030년 초반에나 본격화될 것으로 전망된다. 단기 변동에 흔들리지 말고 장기 관점을 유지해야 한다. 중간에 일부 기업이 실패하더라도 한두 개만 성공하면 포트폴리오 전체는 큰 수익을 낼 수 있다. 이는 벤처캐피탈의 전략과 유사하다. 벤처캐피탈은 10개 투자 중 7개는 실패하고 2개는 본전이지만, 1개의 대박으로 전체 수익을 낸다.

테마 분산: 밸류체인별 포트폴리오

리스크와 수익의 균형을 추구하는 투자자에게는 밸류체인 전체에 분산하는 전략이 적합하다. AI 메모리, 센서·부품, 로봇 제조, AI 소프트웨어, 응용 서비스 등 각 영역에서 1~2개 종목을 선택하여 포트폴리오를 구성하는 것이다. 어느 한 영역이 부진하더라도 다른 영역이 보완하여 안정적인 수익을 기대할 수 있다.

다만 한국 증시에는 밸류체인 전 영역을 상장주로 채울 수 없다. AI 칩 설계사가 없고(AI 칩 설계사인 리벨리온과 퓨리오사AI는 2026년 상반기~2027년 상장 준비중), 피지컬 AI 응용 서비스 분야의 상장 기업도 극히 제한적이다. 이 한계를 인식한 상태에서 편입 가능한 상장 종목으로 구성하면 다음과 같다.

밸류체인별 분산 포트폴리오 구성

밸류체인 영역	대표 종목	비중	역할	리스크
AI 메모리	SK하이닉스	25%	HBM 시장 점유율 1위, 핵심 인프라	중간
메모리·다각화	삼성전자	15%	다각화된 사업 포트폴리오, 안정성	낮음
로봇 제조	현대차 또는 레인보우로보틱스	15%	피지컬 AI 실행 주체	중간~높음
액추에이터, 로봇 핸드	로보티즈	10%	액추에이터와 로봇 핸드를 아우르는 강소기업	중간
이미징 센서	LG이노텍	10%	라이다 센서, 로봇·자율주행 핵심 부품	높음
전력·부품 인프라	LS일렉트릭	10%	로봇·공장 자동화 필수 전력 부품	낮음
AI 플랫폼	네이버	10%	AI 플랫폼 및 로봇 OS 사업 확장	중간
현금	-	5%	유동성, 기회 포착	없음

밸류체인 분산의 장점은 특정 영역의 부진을 다른 영역이 상쇄할 수 있다는 점이다. 예를 들어 휴머노이드 상용화가 지연되더라도 AI 메모리는 데이터센터 수요로 계속 성장할 수 있고, 반대로 메모리 업황이 하락하더라도 로봇 제조 종목이 모멘텀을 유지할 수 있다.

리밸런싱도 중요하다. 분기마다 포트폴리오 비중을 재조정하여 초기 설정으로 돌아간다. 예를 들어 SK하이닉스가 급등하여 비중이 25%에서 35%로 늘어났다면, 일부를 매도하고 비중이 줄어든 다른 종목을 매수한다. 이는 자동으로 '고가 매도, 저가 매수'를 실행하는 효과가 있으며, 장기적으로 수익률을 개선하는 데 도움이 된다.

투자 시간 프레임: 단기 vs 장기

피지컬 AI 투자에서 시간 프레임 설정은 전략의 핵심이다. 단기 투자(1년 이내)는 높은 변동성으로 인해 위험하며, 시장 타이밍을 정확히 맞추기 어렵다. 2025년 SK하이닉스와 레인보우로보틱스는 반도체 사이클·AI 수요, 로봇·AI 테마 확산 등으로 인해 높은 변동성을 보이며, 일부 구간에서 수주 단위로 20% 이상의 등락이 반복되는 모습을 보였다.

중기 투자(1~3년)는 기업의 실적 개선을 포착하기에 적절한 기간이다. SK하이닉스의 HBM4 본격 양산 확대, 삼성전자의 HBM 경쟁력 회복, 레인보우로보틱스의 흑자 전환 여부 등 구체적인 마일스톤을 목표로 투자할 수 있다. 중기 투자는 단기 변동을 무시하고 펀더멘털 개선에 집중하므로, 스트레스가 적고 수익률도 상대적으로 안정적이다.

장기 투자(5~10년)는 피지컬 AI 혁명의 전체 사이클을 포착한다. 2026년 현재는 피지컬 AI의 초기 단계이며, 2030년이 지나서야 로봇과 자율주행차가 일상화될 것으로 전망된다. 장기 투자자는 이 변화의 수혜자를 선택하고 꾸준히 보유한다.

한국 주식 중장기 보유의 힘을 보여주는 대표 사례는 삼성전자다. 2000년 초반 삼성전자를 매수하고 20년간 보유한 투자자는 주가 상승과 배당을 합산해 수십 배 수준의 수익을 거뒀다. 피지컬 AI 핵심 기업도 유사한 기회를 제공할 수 있다.

투자 시간 프레임별 전략 비교

시간 프레임	적합한 투자자	추천 종목	리스크	필요 노력
단기(~1년)	전문 트레이더	유동성 높은 대형주	매우 높음	매일 모니터링
중기(1~3년)	적극적 투자자	실적 개선 가시성 있는 기업	중간	월간 검토
장기(5~10년)	장기 투자자	구조적 경쟁우위 보유 기업	낮음(시간 분산)	연간 검토

장기 투자의 핵심은 기업의 구조적 경쟁 우위를 파악하는 것이다. SK하이닉스의 HBM 기술 선도력과 누적된 고객 신뢰, 삼성전자의 수직 계열화된 제조 역량, 레인보우로보틱스의 국내 유일 2족 보행 로봇 기술 등은 쉽게 무너지지 않는 해자의 후보다.

다만 이 해자가 실제로 유지될지는 기술 변화 속도와 경쟁 구도에 따라 달라지므로, 주기적으로 재검토해야 한다.

투자 시간 프레임은 개인의 재무 상황과 성격에 맞춰야 한다. 은퇴가 가까운 사람은 장기 투자가 어려울 수 있고, 젊은 직장인은 10년 이상 투자할 여유가 있다. 변동성을 견디는 심리적 능력도 중요하다. 주가가 50% 폭락해도 잠을 잘 수 있다면 장기 투자자 체질이고, 10% 하락에도 불안하다면 보수적 포트폴리오와 짧은 투자 기간이 적합하다.

ETF를 활용하라

개별 종목 선택이 부담스럽거나 분산 투자를 원하는 투자자에게는 ETF가 좋은 대안이다. ETF는 여러 종목을 한 번에 담아 자동으로 분산 투자를 제공하며, 거래가 간편하고 수수료가 낮다.

피지컬 AI 관련 ETF는 로봇·AI·휴머노이드 테마를 포함하거나 글로벌 피지컬 AI 산업 전반을 겨냥한 상품들이 있다.

HANARO 글로벌피지컬AI 액티브(0040S0)는 피지컬 AI 인프라(빅테크, 로보틱스)에 액티브 투자한다. Tesla, NVIDIA, UBTECH 등 글로벌 종목 포함되어 있다.

TIGER 코리아휴머노이드로봇산업(0148J0)은 한국 풀스택 경쟁력을 강조하는 상품이다. 부품(액추에이터, 감속기)·제조·소프트웨어를 중심으로 하며, 로보티즈, 에스피지, 레인보우로보틱스 비중이 높다.

피지컬 AI 관련 주요 ETF

ETF 이름	티커	운용사	투자 초점
KODEX 로봇액티브	445290	삼성자산운용	국내 AI·로봇 관련 기업 중심. 시가총액 기준 최대 규모
TIGER 코리아휴머노이드로봇산업	0148J0	미래에셋	국내 휴머노이드 로봇 밸류체인 (레인보우로보틱스 등 15종목)
RISE AI&로봇	469070	KB자산운용	iSelect AI&로봇 지수 추종. 국내 AI·로봇 밸류체인 핵심기업
HANARO 글로벌피지컬AI 액티브	0040S0	NH-Amundi	글로벌 피지컬 AI 기업 (로봇, 반도체 등 액티브 운용)
PLUS 글로벌휴머노이드로봇액티브	0035T0	한화자산운용	글로벌 (미국·한국·일본) 휴머노이드 로봇 액티브
KODEX 미국휴머노이드로봇	0038A0	삼성자산운용	미국 휴머노이드 로봇 지수 추종
RISE 미국휴머노이드로봇	0036R0	KB자산운용	미국 상장 휴머노이드 로봇 기업 투자

글로벌 로보틱스 ETF 중 대표적인 것은 ROBO(ROBO Global Robotics and Automation Index ETF)와 BOTZ(Global X Robotics & Artificial Intelligence ETF)다. ROBO는 약 80~90개 글로벌 로봇 및 자동화 기업에 투자하며, 야스카와 전기(Yaskawa Electric), Symbotic, Harmonic Drive Systems 등이 상위 종목이다.

BOTZ는 AI와 로봇 기업 약 50개를 담으며, NVIDIA, ABB, FANUC, Keyence, Intuitive Surgical 등에 투자한다. ROBO는 2013년 출시되었고 BOTZ는 2016년 출시되어 각각 장기 실적을 보유하며, 설정 이래 연평균 수익률은 약 10~11% 수준이다.

ETF	종류	보유 종목 수	주요 종목	비용 비율	3년 수익률
ROBO	로보틱스	약 80개	Yaskawa, Symbotic, Intuitive Surgical	0.95%	~12%
BOTZ	로보틱스+AI	약 50개	NVIDIA, Intuitive, ABB	0.68%	~18%
SOXX	반도체	34개	NVIDIA, AMD, Micron	0.34%	~39%
SMH	반도체	25개	NVIDIA, TSMC, ASML	0.35%	~56%
AIQ	AI 전반	약 85~89개	Samsung, Alphabet, Micron, SK Hynix, TSMC	0.68%	~35%

ETF 투자의 장점은 분산, 편의성, 저비용이다. 한 번의 거래로 수십 개 종목에 투자할 수 있으며, 개별 기업 리스크가 분산된다. 또한 전문 지식 없이도 테마에 투자할 수 있다. 단점은 수익률이 개별 종목보다 낮을 수 있다는 점이다. ETF에는 부진한 종목도 포함되어 평균 수익률로 수렴한다.

ETF를 선택할 때는 보유 종목, 비용 비율[*], 거래량을 확인해야 한다. 보유 종목이 자신의 투자 철학과 맞는지, 특정 종목에 과도하게 집중되어 있지 않은지 살펴본다. 비용 비율은 낮을수록 좋으며, 0.5% 이하가 이상적이다. 거래량이 많으면 유동성이 높아 원하는 가격에 매매하기 쉽다. 또한 ETF의 과거 수익률만 보지 말고, 그 구성 종목이 미래에도 경쟁력을 유지할지 판단해야 한다.

---

[*] 비용 비율(Expense Ratio)은 펀드 운용사가 자산을 관리·운용하는 데 드는 연간 총비용을 펀드 순자산 대비 비율(%)로 나타낸 것이다. 낮을수록 투자자에게 유리하다.

피지컬 AI는 우리를
어디로 데려갈 것인가

피지컬 AI는 위협인가, 기회인가

피지컬 AI를 둘러싼 가장 근본적인 질문은 이것이 인류에게 위협인가 기회인가 하는 것이다. 역사적으로 모든 혁명적 기술은 동시에 위협과 기회였으며, 피지컬 AI도 마찬가지다.

위협의 관점에서 보면, 첫째 ILO는 향후 20년간 전 세계 일자리의 14~30%가 자동화로 사라질 것으로 추정한다. 제조업 조립공, 창고 노동자, 트럭 운전사 등 육체노동 직종이 가장 큰 타격을 받는다. 둘째, 피지컬 AI의 혜택은 자본과 고급 기술을 보유한 소수에게 집중되어 이미 심각한 소득 불평등을 악화시킨다. 셋째, 군사용 자율 살상 무기나 감시 시스템의 확산은 통제력 상실과 프라이버시 침해의 위험을 낳는다.

하지만 기회의 관점에서 보면, 첫째 피지컬 AI는 광산, 고층 외벽 청소, 방사능 지역 작업 등 위험한 노동에서 인간을 해방시킨다. 둘째, 2050년 16억 명에 달할 노인 인구의 돌봄 위기를 완화한다. 셋째, McKinsey는 피지컬 AI가 2030년까지 전 세계 GDP에 연간 13조 달러를 추가할 수 있다고 전망한다. 넷째, 정밀 농업, 자율주행 전기차, AI 최적화 공장을 통해 기후 변화와 환경 문제 해결에 기여한다.

피지컬 AI의 위협과 기회

영역	위협	기회
고용	대규모 실업, 직업 불안정	위험 작업 대체, 새로운 직종 창출
경제	불평등 심화, 부의 집중	생산성 향상, 가격 하락
사회	통제력 상실, 감시 강화	돌봄 위기 해결, 삶의 질 개선
환경	전자 폐기물, 에너지 소비	기후 변화 완화, 자원 효율화
윤리	자율 무기, 책임 소재 불명	인간 존엄 보호, 안전 향상

결국 피지컬 AI가 위협인가 기회인가는 우리가 어떻게 이 기술을 설계하고 배치하고 규제하느냐에 달려 있다. 기술 자체는 중립적이다. 칼은 요리에도 살인에도 쓰일 수 있다. 마찬가지로 피지컬 AI는 인류를 풍요와 자유로 이끌 수도, 불평등과 억압의 도구가 될 수도 있다. 핵심은 기술 발전 과정에 민주적 통제와 윤리적 고려를 내재화하는 것이다.

이는 여러 이해관계자의 협력을 요구한다. 정부는 노동자 재교육 프로그램, 보편적 기본소득이나 로봇세 같은 재분배 정책, 안전 및 프라이버시 규제를 마련해야 한다. 기업은 단기 이익 극대화를 넘어 사회적 책임을 인식하고, 자동화로 절감한 비용의 일부를 노동자 지원과 지역사회 투자에 사용해야 한다.

연구자와 엔지니어는 안전성, 설명 가능성, 공정성을 설계 단계부터 고려해야 한다. 그리고 시민 사회는 기술 발전의 방향에 대한 공론장을 형성하고 감시와 견제의 역할을 해야 한다.

투자자로서도 단순히 수익만 추구할 것이 아니라, 투자하는 기업이 사회에 긍정적 영향을 미치는지 고려해야 한다. ESG(환경·사회·지배구조) 투자는 더 이상 선택이 아니라 필수다. 자율 살상 무기를 개발하는 기업, 노동자를 착취하는 기업, 개인정보를 무분별하게 수집하는 기업에 투자하는 것은 단기적으로 이익을 낼 수 있지만, 장기적으로는 규제 리스크와 평판 손상을 초래한다. 반면 윤리적으로 운영되고 지속 가능한 기업은 장기적으로 더 안정적인 수익을 제공한다.

인간만이 할 수 있는 것

피지컬 AI가 아무리 발전해도 인간을 완전히 대체할 수는 없다. 인간만이 가진 고유한 능력을 이해하는 것은 미래 사회에서 인간의 역할을 재정의하는 데 필수적이다.

첫째, 창의성과 혁신이다. AI는 기존 데이터를 학습하여 최적화할 수 있지만, 진정으로 새로운 것을 창조하는 능력은 제한적이다. 아인슈타인의 상대성 이론, 피카소의 입체주의, 스티브 잡스의 아이폰은 데이터 분석이 아니라 직관과 상상력에서 나왔다.

둘째, 공감과 감정적 연결이다. 로봇이 노인의 생활을 돕고 약을 제때 복용하게 할 수 있지만, 손을 잡고 진심으로 경청하며 외로움을 달래주는 것은 인간만이 할 수 있다.

셋째, 윤리적 판단과 가치 설정이다. 자율주행차의 사고 상황이나 의료 자원 배분 같은 윤리적 딜레마는 정의, 공정성, 존엄성에 대한 철학적 성찰을 요구한다.

미래 교육은 비판적 사고, 창의적 문제 해결, 협력, 정서 지능을 강조해야 하며, 평생 학습의 태도가 필수적이다. 직업의 미래는 인간과 AI의 협업에 있다. 의사는 AI가 영상 판독을 하면 환자 상담에 집중하고, 교사는 AI가 진도를 추적하면 동기 부여와 멘토링에 더 신경 쓸 수 있다. 궁극적으로 AI는 '어떻게 할지'의 전문가이며, 인간은 목표를 설정하고 가치를 선택하며 의미를 부여하는 존재로서 AI를 활용하여 더 나은 세상을 만들어 갈 책임이 있다.

이 책을 읽는 독자 중 많은 이가 피지컬 AI 기업에 투자할 것이다. 투자는 단순한 자본 배분이 아니라 미래에 대한 투표다. 우리가 어떤 기업에 투자하느냐는 어떤 기술이 발전하고 어떤 가치가 실현될지를 결정한다. 따라서 수익뿐 아니라 영향을 고려하는 임팩트 투자(impact investing)가 필요하다. 안전하고 윤리적이며 지속 가능한 피지컬 AI를 개발하는 기업에 투자한다면, 우리는 더 나은 미래를 만드는 데 기여하는 것이다.

피지컬 AI는 인류 역사에서 중요한 전환점이다. 이는 단순히 새로운 제품이나 산업이 아니라, 인간과 기계의 관계를 근본적으로 재정의한다. 수천 년 동안 도구는 인간의 연장이었다. 망치는 주먹을 강하게 하고, 자동차는 다리를 빠르게 했다. 하지만 피지컬 AI는 도구를 넘어 행위자(agent)가 된다. 로봇은 지시를 받아 실행하는 것을 넘어, 스스로 판단하고 행동한다. 이는 엄청난 가능성과 함께 심오한 질문을 제기한다.

우리는 이 질문들에 답할 준비가 되어 있지 않다. 하지만 답을 찾아가는 과정에서 기술과 인간성, 효율성과 가치, 혁신과 안전 사이의 균형을 모색해야 한다. 피지컬 AI의 미래는 정해져 있지 않다. 그것은 우리가 만들어간다. 이 책이 투자 결정을 돕는 것을 넘어, 더 나은 미래를 함께 만들어가는 데 작은 기여가 되기를 바란다.